AF261717

COUR CRIMINELLE DES ÉCHELLES DU LEVANT
ET DES ÉTATS BARBARESQUES

AFFAIRES D'OUDJDA

(ASSASSINAT DE MEYER)

DÉBATS DEVANT LA COUR D'AIX

6, 7, 8, 9 ET 10 JANVIER 1913

MONTDIDIER

IMPRIMERIE BELLIN

M.CM.XIII

AFFAIRE DE

L'ASSASSINAT DU BRIGADIER MEYER

A EL HEYMER (MAROC ORIENTAL)

Ire AUDIENCE — 6 JANVIER 1913

Acte d'accusation, Conclusions Meyer pour annulation de la procédure. Rapport de M. le Conseiller Dumas

Interrogatoire d'identité. Enumération des **accusations**.

Me David dépose des **conclusions** au nom de M. Meyer père pour **annulation de la procédure.** — Dessaisissement illégal de la justice militaire. — Actes personnels illégaux des consuls, d'ailleurs illégalement saisis.

Brève intervention de Me Willm (partie civile). — Premier appel des témoins. **Arrêt** de la Cour donnant **Acte des Conclusions.**

Rapport de M. le Conseiller Dumas : Récit de l'assassinat et du vol. Les télégrammes échangés avec le ministère. — *Intervention abusive de l'administration centrale auprès des magistrats.* — Ce que fit l'autorité militaire. — L'évasion de Mohamed ben Mokhtar. — Les interrogatoires de deux principaux coupables. — Les déclarations et les aveux des deux cousins. — Les charges qui pèsent sur Si Ahmed. — Les faits relevés à la charge des deux cousins. — Le vol des carabines : Moulay Amar, l'oncle. — Les charges contre le vieux Mokhtar. — Résumé du rapport, (traduit aux accusés par l'interprète).

Aujourd'hui, 6 janvier 1913, ont comparu devant la Cour Criminelle des Echelles du Levant et des États Barbaresques, présidée par M. le Premier Président Giraud, les meurtriers du brigadier

des douanes chérifiennes Meyer, assassiné dans la nuit du 20 au
21 octobre 1911 au poste d'El Heymer (Maroc Oriental).

A 1 h. 30, la Cour fait son entrée.

Au banc des accusés figurent :

> SI AHMED BEN MOKHTAR,
>
> AHMED BEN ABDELKADER,
>
> MOHAMED BEN AHMED,
>
> MOULAY AMAR BEN ALI,
>
> MOKHTAR BEN ABDELMOUMEN. .

Le principal accusé, SI MOHAMED BEN MOKHTAR, est en fuite.

ACTE D'ACCUSATION

M. le Greffier donne lecture de l'acte d'accusation.

M. le Premier Président, par l'intermédiaire de l'interprète
Hammar, fait subir aux accusés un interrogatoire d'identité et
porte à la connaissance de chacun d'eux l'accusation qui pèse
sur lui :

M. le Premier. — Si Ahmed ben Mokhtar, vous êtes accusé
d'avoir pris part à l'assassinat commis dans la nuit du 20 au 21
octobre 1911, à El Heymer, sur la personne du brigadier des
douanes Meyer.

Vous êtes accusé en même temps du vol du coffre-fort du
poste.

Ahmed ben Abdelkader, vous êtes accusé de complicité d'assassinat, et aussi du vol du coffre-fort.

Mohamed ben Ahmed, vous êtes accusé également de complicité d'assassinat, et du vol du coffre-fort.

Moulay Amar ben Ali, vous êtes accusé de complicité du vol
par aide et assistance.

Mokhtar ben Abdelmoumen, vous êtes accusé de complicité
par recel du vol.

M. le Premier. — La Cour décide qu'un des imprimés distribués et indiquant les différents chefs d'accusation sera joint aux pièces. Il en sera de même pour le plan qui va être remis tout à l'heure à chacun de MM. les Conseillers.

Maître David, vous avez la parole.

DÉPOT DE CONCLUSIONS

AU NOM DE M. MEYER, PÈRE (partie civile).

Maître David, Avoué. — Messieurs, voici le texte des conclusions prises au nom de la partie civile, c'est-à-dire de la famille du brigadier assassiné, contre Mohamed ben Moktar, Ahmed ben Mokhtar, et autres.

« PLAISE A LA COUR :

« Attendu que le brigadier Meyer, chef du poste des douanes d'El Heymer, a été assassiné dans la nuit du 20 au 21 octobre 1911, et que le Général commandant la division d'Oran et les troupes ayant franchi la frontière algéro-marocaine a, par un ordre d'informer du 27 octobre, saisi de ce crime le premier conseil de guerre siégeant à Oudjda ;

« Attendu que la juridiction militaire a dû, sur une injonction formelle du Ministre de la Guerre, se dessaisir de l'affaire, mais que le concluant a le plus grand intérêt à démontrer que *l'instruction* qui en a été continuée et poursuivie par MM. Kammerer, Lorgeou et Ballereau, fonctionnaires du commissariat d'Oudjda, est *radicalement nulle et dépourvue de valeur légale ;*

« Attendu tout d'abord qu'il ne saurait y avoir de juridiction consulaire *là où il n'y a pas de consulat,* qu'il n'y a jamais eu de consulat à Oudjda, ainsi d'ailleurs qu'il résulte des déclarations faites à la tribune de la Chambre des Députés le 27 décembre 1911 par le Ministre des Affaires étrangères M. de Selves, en réponse à une interpellation de M. Paul Bluysen ;

« Que si MM. Kammerer, Lorgeou et Ballereau appartenaient à la carrière consulaire, ce n'est pas comme consuls qu'ils étaient à Oudjda, mais en une toute autre qualité, celle de commissaires chargés sous l'autorité du haut-commissaire de l'exécution des accords ;

« Attendu, il est vrai, qu'ils prétendent avoir agi en vertu de délégations reçues de M. de Billy, chargé d'affaires de France au Maroc ; mais attendu que seuls, les consuls possèdent des pouvoirs de juridiction en vertu de l'ordonnance de 1681 (Art. 12, 13 et 14), de l'Édit de juin 1778 et de l'article 1er de la loi des 28 mai et 1er juin 1836 ; que les fonctions diplomatiques sont, au contraire, exclusives de toutes attributions administratives et judiciaires ; que notre chargé d'affaires au Maroc étant un ministre plénipotentiaire, c'est-à-dire un agent diplomatique, ne pouvait en conséquence *déléguer des pouvoirs* judiciaires *qu'il ne possédait pas lui-même* ;

« Attendu, au surplus, que dans les cas où ils ont prévu la délégation de leurs pouvoirs de juridiction par les consuls, les textes légaux indiquent toujours que ces pouvoirs sont conférés à des agents établis au siège du consulat (Art. 84 de l'Édit de 1778 et 2 de la loi de 1836), la loi française n'admettant ni les cours de circuit, ni les juges en tournée ; qu'à supposer donc qu'une délégation de pouvoirs juridictionnels pût émaner de M. de Billy, ce ne pouvait être en faveur d'un fonctionnaire établi dans une localité où lui-même, ministre, ne résidait pas ;

« Attendu, d'autre part, que le conseil de guerre d'Oudjda, qui était un conseil de guerre aux armées — le Maroc restant territoire ennemi — avait une compétence exclusive pour connaître des crimes d'assassinat et de vols perpétrés à El Heymer ; qu'en effet ces crimes étaient de nature à porter atteinte à la sécurité de l'armée et avaient été commis par des hommes dont deux au moins, étant des Algériens du cercle de Marnia (territoire militaire), étaient justiciables des tribunaux militaires dès le temps de paix ;

« Attendu que la juridiction militaire a donc *été dessaisie à tort* ; qu'elle l'a, de plus, été dans des conditions de la plus flagrante illégalité ; que le substitut du commissaire rapporteur, chargé de l'instruction, n'a demandé, et que le commandant du corps d'occupation n'a prononcé le dessaisissement qu'après en avoir, à deux reprises, reçu l'ordre du ministre de la guerre ; que cette violation de l'indépendance des deux magistrats militaires résulte aussi bien du texte du rapport en référé du commissaire rapporteur que de celui de l'ordonnance de dessaisissement ;

« Attendu qu'en présence de deux juridictions saisies du même fait, la seule procédure qu'autorisât la loi était le règlement de juges par la Cour de Cassation, dans les termes de l'article 527 du Code d'Instruction criminelle ; mais qu'une mesure de dessaisissement, obtenue en dehors de la libre volonté de ceux auxquels elle a été imposée, reste sans valeur légale, et ne permettait de saisir valablement aucune autre juridiction ;

« Attendu enfin que l'instruction suivie par MM. Kammerer, Lorgeou et

Ballereau n'est qu'un *tissu d'illégalités* ; qu'ainsi qu'il sera démontré, c'est sans pouvoirs judiciaires que M. Kammerer a rendu le 6 novembre 1911 une ordonnance d'informer ; qu'en admettant même et en effet qu'une juridiction consulaire pût valablement fonctionner à Oudjda par délégation de la légation de France au Maroc, il est certain que M. Kammerer n'avait, au jour où il a ouvert l'instruction, aucune délégation ; qu'il n'en avait non plus aucune, pas plus que de mandat d'arrêt, à l'heure où, dans la nuit du 6 au 7 novembre, il se faisait livrer à Martimprey les deux frères Mokhtar, les enlevant ainsi sans droit à l'autorité militaire qui les détenait légalement à la suite d'une information régulièrement ouverte ;

« Attendu que l'instruction incriminée, viciée à son origine, serait donc *complètement nulle*, même si le prétendu tribunal consulaire n'était pas lui-même illégal ;

« Attendu que c'est dans ces conditions que le concluant considère de son devoir de demander à la Cour de déclarer inexistante la procédure d'une information édifiée par une juridiction légalement inexistante, information qui paraît avoir laissé dans l'ombre des culpabilités et des complicités qu'il importe de fixer et au cours de laquelle le principal coupable, Mohamed ben Mokhtar, a pu s'évader ; que M. Meyer a le souci légitime de connaître les les mobiles de l'assassinat de son fils et les volontés qui ont armé les bras des assassins ; mais qu'il veut surtout laver la mémoire du brigadier Meyer de l'accusation de tentative de viol donnée par Mohamed Mokhtar, sous l'empire — semble-t-il — de mystérieuses suggestions, comme la justification et l'explication de son acte ;

« Que le concluant considère qu'il appartient à la juridiction militaire, illégalement dessaisie, de reprendre l'instruction au point où elle avait dû l'abandonner ; qu'il a la conviction profonde que, dans la plénitude de son indépendance, elle fera la lumière pleine et entière sur les causes du drame d'El Heymer et découvrira toutes les responsabilités.

PAR CES MOTIFS :

« Concéder acte au concluant de ce qu'il déclare se porter partie civile à l'effet de demander tels dommages-intérêts qu'il appartiendra pour la réparation du préjudice à lui causé par l'assassinat de son fils.

« Le déclarer recevable en son action ;

« Dire et juger qu'au 6 novembre, date à laquelle M. Kammerer a ouvert son information, il n'y avait à Oudjda *ni consulat ni juridiction consulaire* ;

« Dire et juger qu'à supposer que cette juridiction existât à Oudjda, M. Kammerer était *sans qualité* pour accomplir des actes judiciaires tels que des arrestations, des incarcérations et une ouverture d'instruction, parce qu'il n'avait *à ce moment aucun pouvoir judiciaire* ·

« Dire et juger qu'en surplus ces pouvoirs ne pouvaient lui être légalement conférés par une délégation du chargé d'affaires de France au Maroc, agent diplomatique dépourvu lui-même de pouvoirs de juridictions ;

« Dire et juger que le Conseil de guerre, ayant été illégalement dessaisi, aucune autre juridiction ne pouvait valablement être saisie des mêmes faits ;

« Dire et juger, en conséquence, que la *procédure* édifiée par MM. Kammerer, Lorgeou et Ballereau est *légalement inexistante*, dépourvue de toute valeur légale.

« Dire et juger qu'en toutes hypothèses elle est radicalement nulle ».

M. le Premier. — Sur la constitution d'une partie civile, quelles sont les observations de Maître Monbrun et de Maître Chavernac, défenseurs des accusés ?

Maître Monbrun. — Je m'en rapporte à la sagesse de la Cour en ce qui concerne Ahmed ben Abdelkader, Mohamed ben Ahmed, et Moulay Amar ben Ali, que je suis chargé de défendre.

Maître Chavernac. — Je m'en rapporte également à la Cour en ce qui concerne Si Ahmed ben Mokhtar et Mokhtar ben Abdelmoumen.

M. le Premier. — Je prie l'interprète d'expliquer aux accusés que le père du brigadier Meyer se porte partie civile, c'est-à-dire qu'il demande des dommages-intérêts en raison de l'assassinat dont son fils a été victime.

(*Il est ainsi procédé*).

M. le Premier — Sur la seconde partie des conclusions de la partie civile, Maître Willm, il pourrait être rendu un arrêt vous donnant acte de ces conclusions, et disant que tous vos droits étant intégralement réservés, la Cour passe à l'audition du rapport de M. le Conseiller rapporteur.

Maître Willm. — Monsieur le Premier, je suis tout à fait d'accord avec vous. Je m'incline absolument devant l'opinion que vous exprimez. Je crois, en effet, qu'il est indispensable de suivre les explications sur l'incident soulevé par la partie civile, et que, pour cela, il est nécessaire que ceux de MM. les Conseillers qui ne connaissent pas encore le dossier, soient mis au courant des faits et connaissent le rôle de chacun des accusés. En effet, si je n'ai pas le droit de parler du fond de l'affaire, j'y ferai cependant des allusions qui seront d'autant mieux comprises de MM. les Conseillers qu'ils auront entendu le rapport très complet et très clair qui va leur être fait.

M. le Premier. — De sorte que le véritable débat ne commencera qu'aux interrogatoires ; à ce moment-là, vous aurez toute liberté pour développer vos conclusions.

Vous déposez vos conclusions « in limine litis », elles sont absolument recevables en soi, sauf à discuter leur fondement lorsque le rapport aura été présenté à la Cour.

Maître Willm. — Voulez-vous me permettre de vous faire observer — je le dis pour qu'il n'y ait pas de vice de forme — qu'il y a des témoins qui ont été cités...

M. le Premier. — Je vous avais donné la parole au sujet des témoins ; ce n'est pas là le commencement du débat.

Maître Willm. — J'entends bien.

Maître David, Avoué. — C'est simplement pour qu'on ne puisse pas critiquer la présence des témoins pendant la lecture du rapport.

M. le Premier. — Faites donc appeler les témoins, et nous leur demanderons de ne pas assister à la lecture du rapport.

(L'huissier procède à l'appel des témoins) :

    M. le Général Toutée,

    M. le Lieutenant Garnier,

    M. Driot,

    M. Kammerer.

(Ce dernier, seul, ne répond pas à l'appel de son nom).

M. le Premier. — Pour M. Kammerer, il y a un incident, mais il n'est peut-être pas nécessaire de le soulever avant le moment où vous ferez appeler ce témoin, car ce serait un commencement de débat.

(*M. le Premier Président invite les témoins à se retirer et à se représenter le lendemain à 1 h. 1/2*).

M. le Premier. — Je demande aux accusés de faire connaître les objections qu'ils pourraient avoir à présenter contre la lecture du rapport que nous allons entendre.

(*Aucune objection n'est formulée*).

ARRÊT

DONNANT ACTE DES CONCLUSIONS

« Considérant que le sieur Meyer, père du brigadier des douanes qui a été trouvé assassiné le 21 octobre 1911, au poste d'El Heymer, dans l'amalat d'Oudjda (Maroc), déclare, sous la constitution de M⁰ David, avoué, à l'ouverture des débats devant la Cour Criminelle des Echelles du Levant, se porter partie civile à l'effet de demander tels dommages-intérêts qu'il appartiendra en vue de la réparation du préjudice à lui causé ;

« Qu'il demande en même temps d'annuler la procédure édifiée contre les cinq accusés à la suite de l'information ouverte par M. Kammerer, et ce pour la raison qu'il n'y aurait eu à Oudjda ni consulat, ni juridiction consulaire ;

« Considérant qu'il échet de donner acte à la partie civile de sa constitution, mais que d'accord avec M. l'Avocat général et les avocats des accusés, il paraît préférable, pour l'édification de la Cour et avant l'ouverture des débats en soi, d'entendre lecture du rapport qui doit être présenté par M. le Conseiller Dumas en conformité de l'article 71 de la loi du 28 mai-1ᵉʳ juin 1836, tous droits de la partie civile demeurant réservés,

« Par ces motifs,

« La Cour donne acte au sieur Meyer de ce qu'il déclare se porter partie civile ;

« Dit qu'il sera donné lecture du rapport par M. le Conseiller Dumas avant qu'il soit statué sur la demande en annulation de la procédure, tous droits du sieur Meyer étant de ce chef expressément réservés ».

Il est distribué à chacun des Conseillers un plan topographique destiné à leur permettre de suivre plus exactement les explications qui leur seront fournies par M. le Conseiller Rapporteur.

M. le Premier. — La parole est à M. le Conseiller Dumas, pour la lecture de son rapport.

RÉSUMÉ DU

RAPPORT DE M. LE CONSEILLER DUMAS

M. le Conseiller Dumas, rapporteur. — Messieurs, le plan que vous avez entre les mains représente les environs du poste d'El-Heymer. Ce poste touche presque à la Méditerranée.

La distance est de 5 kilomètres.

M. le Premier. — La Méditerranée se trouve, en effet, dans la direction de la flèche qui marque le Nord.

M. le Conseiller rapporteur. — A droite du plan se trouve l'Oued Kiss, rivière qui se jette dans la Méditerranée à 5 kilomètres vers le Nord et qui marquait la frontière algéro-marocaine avant l'occupation du Maroc par nos troupes.

Après cette occupation, la zône française s'est étendue jusqu'à la Moulouya, qui est sensiblement à gauche du plan et se jette également dans la Méditerranée.

A l'est de la Moulouya est la zone française et à l'ouest la zône espagnole.

Lorsque la France a été chargée de la surveillance de la région marocaine, elle a organisé à cet effet toute une administration dans la région d'Oudjda et elle a installé, notamment, sur divers points de la frontière, des postes pour la perception des droits de douane.

A El-Heymer se trouvait un de ces postes, très proche de la frontière.

Le poste était situé sur une petite élévation, à proximité des gourbis occupés par les autres douaniers, et aussi par une partie des accusés qui sont devant vous.

Le bâtiment du poste lui-même se compose d'une maison d'habitation comprenant, au milieu, un bureau avec une chambre à coucher de chaque côté : celle du brigadier d'un côté et, de l'autre, celle de l'interprète Mustapha Semghouni, le seul occupant avec lui de cette maison ; puis la cuisine, des écuries et une vaste cour.

Les gourbis des autres douaniers étaient situés en contre-bas, notamment celui de Mohamed ben Mokhtar qui était situé à 15 ou 20 mètres. La nuit, le poste était donc occupé seulement par Meyer et par l'interprète.

Le 21 octobre au matin, d'assez bonne heure, les douaniers constatèrent que la porte du poste était, contrairement à l'usage, grande ouverte. Ils y pénétrèrent et trouvèrent le corps du brigadier Meyer étendu sur le plancher du bureau, couvert de blessures, le ventre ouvert laissant échapper les entrailles et même les aliments du repas du soir, la gorge tranchée, la tête presque séparée du tronc.

Voici d'ailleurs l'état du cadavre tel qu'il a été constaté par le rapport du médecin major qui s'est transporté sur les lieux.

(*Lecture de ce rapport*).

Ces constatations, très importantes, ont été plus tard confirmées, mais le docteur émet des hypothèses sur la façon précise dont Meyer a été assassiné.

En même temps que l'assassinat, on constatait la disparition du coffre-fort contenant 26.300 francs en pesetas hassanis, ainsi que de quatre carabines. On remarquait, sur le sol, des traces de sang suivant un assez long parcours, et à quinze ou vingt mètres du poste, des empreintes de sabots d'une mule qui n'était pas ferrée. Bientôt après, on découvrait auprès du canal d'irrigation, à cent ou cent cinquante mètres de là, l'empreinte des sabots de la mule, un ciseau, un marteau et une espèce de pioche ayant servi à fracturer le coffre-fort.

Les traces de pas de la mule ont été indiquées en rouge sur le plan qui vous a été remis.

Voici, dans le dossier de l'affaire, le procès-verbal qui a été dressé dès le début de l'opération par le brigadier de gendarmerie.

Le maréchal des logis a interrogé toutes les personnes qui pouvaient éclairer la justice. Et ce qu'il y a de triste à dire, c'est de constater la lâcheté — je puis employer ce mot — de l'interprète qui se trouvait à côté de la chambre du brigadier Meyer et qui, entendu, a déclaré qu'il dormait cette nuit-là profondément et qu'il n'avait rien entendu du tout de ce qui s'était passé. Et cependant nous aurons la preuve qu'à un moment donné, entendant cette scène horrible, il a ouvert le carreau qui séparait sa chambre de celle du brigadier Meyer et que, pris de peur, il a refermé le judas. Cependant, il était là pour défendre son chef et pour défendre aussi le trésor que renfermait le coffre-fort du bureau.

Les deux frères Mokhtar s'étaient réfugiés dans la zone espagnole après avoir traversé la rivière de la Moulouya, montés l'un sur un cheval, l'autre sur une jument.

La justice militaire crut devoir, à ce moment-là, se saisir de l'affaire. Je dois dire que, plus tard, — c'est une question entre civils et militaires, — la juridiction consulaire fut définitivement chargée de l'instruction.

L'on échange des télégrammes nombreux, et je me demande s'il est utile que j'emploie les instants précieux de la Cour à donner lecture de toutes les pièces relatives à ce conflit. Des conclusions sont déposées sur le bureau de la Cour, au point de vue de la régularité de la procédure engagée par le consul.

Si donc M. le Président le permet, nous ne lirons pas les télégrammes échangés entre le ministère de la guerre et les autorités civiles d'Oudjda.

M. le Premier. — Les pièces ont été communiquées aux défenseurs.

M° Monbrun. — Elles font partie du dossier.

M. le Premier. — Par conséquent, elles ont été mises à la disposition de la défense.

M. le Conseiller rapporteur. — Il y a des télégrammes, il y a des rapports.

M° Willm. — Je me permettrai de demander à M. le Conseiller rapporteur — et je m'en excuse auprès de lui — de vouloir bien lire ces pièces, car elles se rattachent, à mon avis au moins, très directement à l'exception que je soulève devant la Cour.

M. le Premier. — Je demande donc à M. le rapporteur de vouloir bien lire ces pièces.

M. le Conseiller Rapporteur. — L'autorité militaire s'est transportée sur les lieux et a procédé aux constatations premières.

Entre temps, le Colonel Henrys, commandant supérieur des troupes, écrit au ministère de la guerre — la pièce porte la cote 120 du dossier :

« Oudjda, 14 novembre 1911.

« Le brigadier des douanes marocaines Meyer a été assassiné dans la nuit
« du 20 au 21 octobre dernier, par deux indigènes algériens, de la tribu des
« Beni Bengouch, cercle de Marnia, territoire militaire, avec la complicité pro-
« bable de plusieurs marocains.

« Le tribunal consulaire réclame comme ses justiciables les assassins dont
« le vol est le mobile. D'autre part, ils ont emporté en même temps qu'un
« coffre-fort 4 fusils appartenant à l'artillerie, fait qui peut être qualifié tra-
« hison.

« Deux ordres d'informer ont été délivrés, l'un pour assassinat, l'autre
« pour vol d'armes de guerre. La juridiction consulaire ne réclame que la
« première affaire. La juridiction militaire croit être seule compétente pour
« les deux affaires en raison connéxité. Vous serais reconnaissant de vouloir
« bien envoyer instructions à ce sujet ».

Autre télégramme, adressé de Paris au commandant des troupes. — (cote·121).

« Oudjda. — Paris. 12563. — 115/09 — 96 — 17.11. — 12 h. 35. — Guerre à commandant supérieur des troupes région nord. — Oudjda n° 161 : réponse à télégramme 150 du 14 novembre.

« Assassinat brigadier douanes marocaines ne peut pas être considéré comme
« attentatoire à la sécurité de l'armée. Vol coffre-fort paraît aussi intéresser
« exclusivement autorités marocaines, aucune raison s'oppose à compétence
« juridiction consulaire. Vol 4 fusils appartenant artillerie semble fait trop
« peu important pour être jugé avoir été cause assassinat brigadier ; semble
« fait accessoire et insuffisant pour permettre juridiction militaire revendiquer
« ensemble affaire à raison connexité. Par suite conseil de guerre doit rester
« saisi seulement inculpation vol d'armes ».

Autre télégramme, du 30 novembre 1911 (cote 122) :

« Colonel Henrys à Commissaire rapporteur conseil de guerre :
« *Note de service*. — A la date du 17 Novembre, sous le N° 3610j, je vous ai
« communiqué pour exécution les instructions contenues dans le télégramme
« N° 181 du 17 Novembre, du Ministre de la Guerre, concernant la compé-
« tence de la juridiction militaire dans l'affaire d'El-Heymer.
« Le 26 Novembre seulement, j'ai appris qu'elles n'avaient pas encore été exé-
« cutées. Je vous renouvelle l'ordre du ministre, contenu dans le dernier alinéa
« du télégramme précité, et je vous prescris conséquence de ne rester saisi que
« de l'affaire du vol d'armes et de vous dessaisir immédiatement au profit de
« de la juridiction consulaire des autres inculpations qui ne doivent plus être
« retenues par le conseil de guerre.
« Prière accuser réception de la présente note et de me rendre compte de
« l'exécution. Signé : Henrys ».

« *Note de transmission*. — Transmis à M. le Lieutenant Garnier, substitut
« désigné comme magistrat dans l'affaire d'El-Heymer, qui se conformera aux
« ordres de la note 3994ʲ de M. le Chef de la justice militaire ».

Autre dépêche (cote 123) :

« Oudjda, le 6 Décembre 1911.

« Le Colonel Henrys, commandant supérieur des troupes, à M. le Commis-
« saire rapporteur près le premier conseil de guerre à Oudjda.

« Dans sa lettre N° 860 du 30 Novembre 1911, M. le substitut rapporteur
« Garnier, répondant par votre intermédiaire à ma note de service N° 3994j,
« du 30 Novembre 1911, relative à l'affaire d'El-Heymer, semble faire des
« réserves sur les instructions données par le Ministre dans son télégramme
« 181 du 13 Novembre et ne pas admettre leur validité.

« D'autre part, vous n'émettez aucune opinion à cet égard dans votre trans-
« mission de la lettre précitée et vous indiquez simplement que vous persistez
« à croire le conseil de guerre compétent.

« Je vous prierai de vouloir bien expliquer d'une façon complète et précise
« pour chacun des deux points visés ci-dessus les arguments militants en fa-
« veur de la thèse que vous soutenez afin que je puisse s'il y a lieu soumettre
« le cas au Ministre ».

Voici, Messieurs, le rapport demandé, dans lequel le commissaire rapporteur du conseil de guerre expose les raisons qui lui
font considérer le conseil de guerre comme compétent (cote
124) :

« Oudjda, le 4 Décembre 1911.

« Le Capitaine rapporteur près le premier conseil de guerre de l'Amalat
« d'Oudjda à M. le Colonel chef de la justice militaire à Oudjda.

« En réponse à votre demande d'explications du 2 Décembre 1911, j'ai
« l'honneur de vous soumettre très respectueusement les considérations sui-
« vantes.

« 1° M. le substitut rapporteur Garnier et moi-même, nous avons cru de
« notre devoir de magistrats de faire des réserves sur les instructions données
« par le Ministre dans son télégramme 181 du 17 Novembre.

« Nous pensons que le Ministre n'a pas voulu se substituer à l'autorité
« judiciaire compétente pour régler un conflit positif de juridiction et que l'ex-
« pression « doit rester saisie » ne peut être qu'une formule télégraphique, de
« consultation, émanant du contentieux de la justice militaire.

« En effet, étant donné plusieurs crimes connexes commis par le même
« individu, dans l'intérêt de la bonne administration de la justice l'inculpé ne
« saurait être poursuivi devant deux juridictions différentes.

« C'est le même tribunal qui doit juger l'inculpé pour tous les crimes (Cas-
« sation 7 fév. 1856).

« En cas de conflit de juridiction, il y a lieu à règlement de juges par la Cour
« de Cassation.

« Il y a lieu à règlement de juges, lorsqu'un juge d'instruction d'une part
« et un conseil de guerre d'autre part sont saisis simultanément de la connais-
« sance du même délit (Cassation, 10 septembre 1841, 3 mars 1899).

« La demande en règlement de juges par l'un des inculpés ou son conseil
« poursuivi en même temps et devant le conseil de guerre et devant la juri-
« diction consulaire, serait justifiée (Cassation 3 mars 1899).

« 2° J'ai écrit que je persistais à croire le conseil de guerre compétent, et
« compétent pour tous les crimes, pour les raisons suivantes :

« A. Les indigènes inculpés, du territoire militaire de Marnia, sont justicia-
« bles du conseil de guerre dès le temps de paix.

« Commettant un crime en territoire étranger, en territoire ennemi, ils ne
« sauraient échapper à la juridiction militaire ainsi que leurs complices. (circul.
« minist. du 26 septembre 1907, N° 176. 3/10, art. 77 du code militaire).

« B. Le vol qualifié d'armes de guerre intéresse évidemment la sécurité de
« l'armée.

« C. L'assassinat d'un français, armé par nos soins, ayant par conséquent
« tous les caractères distinctifs d'un belligérant, est de nature à nuire à la sé-
« curité de nos troupes.

« Dans l'intérêt des indigènes, comme dans le nôtre, le brigadier Meyer ne
« saurait être considéré comme appartenant à la catégorie des habitants pai-
« sibles qui peuvent rester spectateurs indifférents aux opérations de guerre.

« D. Les crimes ont été commis dans le ressort des conseils de guerre aux
« armées.

« En résumé, à notre avis, une seule juridiction doit rester saisie de l'affaire
« complète d'El-Heymer : il y a donc lieu de demander à la Cour de Cassa-
« tion de régler de juges, en lui précisant quel est le tribunal qui a été le
« premier saisi ; parce que d'après la jurisprudence qui semble établie par la
« Cour Suprême, c'est le premier tribunal saisi qui doit connaître de la cause.

« Le conseil de guerre a été saisi de l'assassinat par ordre d'informer en
« date du 27 Octobre 1911.

« A la date du 2 Novembre 1911, M. le Commissaire du Gouvernement français
« écrivait à M. le substitut rapporteur Garnier, sous le numéro 1843, que cette
« affaire relevait de la justice indigène.

« A cette date donc, le tribunal consulaire ne semblait pas être saisi ».

Voici maintenant un télégramme du Général commandant les
troupes au Directeur du Contentieux et de la Justice militaire :

« Télégramme officiel chiffré. Oudjda, 13 Décembre 1911.

« Général commandant troupes confins marocains, à Ministre de la Guerre,
« direction du contentieux et justice militaire, bureau justice militaire. N° 4194¹,
« 257 groupes.

« Crois devoir vous rendre compte du point où en sont informations judi-
« ciaires contre MM. Destailleur, Lorgeou, Pandori, Ben Nacef et les fonction-
« naires marocains... », (c'était, Messieurs, une information Pandori
qui était en cours en même temps), « ... ainsi qu'à celle relative à l'af-
« faire d'El-Heymer...

« 3° Pour l'affaire d'El-Heymer, le Parquet n'a considéré votre télégramme
« du 17 Novembre que comme une indication et ne juge pas devoir se des-
« saisir des inculpations d'assassinat et de vol. Rapport pourra m'être remis
« dans huit jours.

« 4° Interprète Marty a été remis à disposition commandant troupes Nord;
« mais commissaire rapporteur demande qu'il soit maintenu Oudjda pour
« achever enquête judiciaire qui lui a été confiée.

. . . .

« 7° Je continue à étudier et à suivre de près les différentes informations de
« façon à obtenir des solutions rapides ».

Voici encore un télégramme du Ministre de la Guerre au
Général commandant les troupes des confins marocains.

« Guerre à Général etc... N° 193, 167 groupes.

« Dans votre télégramme N° 38.069 du 13 décembre, vous me faites connaître
« que, pour l'affaire d'El-Heymer, le Parquet n'a considéré mon télégramme
« du 17 Novembre que comme une indication et ne juge pas devoir se dessaisir
« de lui-même des inculpations d'assassinat et vol.

« Mon télégramme du 17 Novembre donnait non une indication *mais des*
« *instructions fermes* en ce qui concerne la non-compétence conseil de guerre
« pour assassinat et vol coffre-fort, le conseil devant rester saisi que du vol
« d'armes.

« Je considère cette inexécution à mes ordres comme *absolument intolérable*.

« D'autre part, vous me faites connaître que rapports sur inculpations autres
« que coalition fonctionnaires ne pourront vous être remis que sous délai
« encore éloigné... ».

C'était, Messieurs, l'affaire Pandori.

« ... Je suis surpris de ce retard et estime très désirable que solution inter-
« vienne dans délai rapproché.

« Je vous prie le faire connaître à capitaine rapporteur ».

Voici maintenant un autre télégramme du Commandant des
troupes :

« Vu le rapport, etc...

« Attendu qu'en réponse au télégramme... le chef du contentieux a donné
« non une indication, mais des instructions fermes, vous demandons bien
« vouloir dessaisir, et faire renvoi devant juridiction compétente, conformé-
« ment ordres du Ministre de la guerre ».

Enfin, décision du général Alix, commandant des troupes
d'occupation :

« Vu le rapport commissaire substitut rapporteur conseil de guerre, etc...
« déclare en conséquence que la justice militaire est dessaisie de l'affaire.

« Renvoie les inculpés Mohamed ben Mokhtar et autres devant l'autorité
« civile pour telle suite qu'il appartiendra ».

Telles sont, Messieurs, les diverses pièces qui ont trait à cet
incident.

Nantie de ces premières indications, l'autorité militaire, qui
a été dessaisie depuis et qui se trouvait encore en présence des
difficultés soulevées par la fuite des inculpés en territoire espa-

gnol, commença par prendre une mesure qui, en elle-même, n'était pas très régulière mais qui, en tout cas, était pratique.

Elle décida d'envoyer sur le territoire marocain espagnol un émissaire qui se renseignerait et tâcherait même de voir les deux inculpés pour obtenir quelques aveux de leur part. On verrait ensuite au sujet de l'opportunité de procéder à une réclamation officielle et énergique auprès des autorités marocaines espagnoles.

On envoya un émissaire nommé Derkaoui qui fut bien accueilli du Caïd et prit même le café avec les inculpés. Ils finirent par se livrer à des confidences que cet émissaire a rapportées dans une note que je trouve au dossier.

On arrêta Mohamed, celui qui est en fuite, et son frère, le premier des accusés que vous avez aujourd'hui devant vous.

Ils furent remis à l'autorité militaire et transportés en automobile à Oudjda et incarcérés à la prison.

L'instruction continua. Il y eut même un transport sur les lieux de M. le Commissaire rapporteur du conseil de guerre qui se rendit à El-Heymer, accompagné des deux accusés. Des constatations furent faites en présence d'une partie de leur famille, principalement du père, de la mère, de la femme et même des enfants.

C'est à ce moment qu'intervinrent les incidents dont j'ai parlé et où furent discutées la compétence de l'autorité militaire et de l'autorité civile. C'est pendant que ces incidents se produisaient que l'un des accusés, Mohamed Ben Mokhtar, parvint à s'évader, grâce à la complaisance, — pour ne pas dire la complicité, — d'un gardien qui eut le soin de lui faire passer une cuiller en fer achetée dans un bazar du pays, pour lui permettre de pratiquer une brèche dans le mur de la prison ; et le soir, il eut l'amabilité de ne pas l'enchaîner et de s'endormir profondément dans un couloir voisin. De plus la mère du prévenu — qui était incarcérée comme lui — lui fit passer dans un plat de couscous une somme d'argent.

Aussi, le lendemain la cellule était vide, Mohamed avait disparu.

Le pacha, surveillant de la prison, fit rechercher le coupable et ne parvint jamais à le retrouver malgré la prime qu'il avait promise. On déclara qu'il était passé sur la rive gauche de la Moulouya et s'était enrôlé dans une bande de pillards.

L'instruction suivit son cours ; et nous allons arriver aux premières déclarations qu'ont faites les accusés.

Vous avez devant vous, Messieurs, cinq accusés seulement.

Ils sont tous de la même famille.

Le premier que vous voyez est le frère de celui qui a pris la fuite.

Les deux qui viennent après, Ahmed ben Abdelkader et Mohamed ben Ahmed, sont les cousins des deux premiers. Nous les appellerons, si vous le voulez, les deux cousins. Ils ont joué, d'ailleurs, le même rôle, d'après l'accusation.

Viennent ensuite Moulay Amar ben Ali qui est le quatrième devant vous et qui est l'oncle des deux cousins.

Enfin, Si Mokhtar ben Abdelmoumen, le dernier des accusés, est le père de l'accusé en fuite ainsi que du premier accusé, Si Ahmed ben Mokhtar, ici présent.

Je ne veux pas donner lecture à la Cour des pièces qui sont relatives à Mohamed ben Mokhtar puisqu'il est en fuite et que nous n'avons pas à le juger.

Cependant, je donnerai quelques indications à son sujet car elles éclairent assez le rôle joué par son frère Ahmed.

Il faut que la Cour sache qui il était.

Son père nous renseigne lui-même. Il s'en plaint beaucoup et prétend qu'il n'a jamais pu rien en faire, qu'il a quitté la maison paternelle depuis fort longtemps. Il l'accuse même de faits assez graves mais qui ne sont pas absolument prouvés.

Dans l'enquête faite au sujet de l'évasion de Mohamed, je vois qu'il est âgé de 35 ans, qu'il est né près de Nemours, qu'il était cultivateur à El-Heymer et qu'il est entré ensuite au service des douanes. Il est marié et a quatre enfants.

Comme renseignements de police, il n'a aucun casier judiciaire.

Son père raconte qu'il a eu des difficultés avec lui au sujet de bestiaux qu'il ne voulait pas lui donner et qu'il a été obligé de faire venir le Caïd pour le protéger. Celui-ci a même expulsé son fils de la tribu. Le fils a volé ensuite une vache, un veau et une jument, exactement les bêtes que son père lui avait refusées.

Dans une autre pièce, on lit qu'il est très mécontent de son fils.

À la cote 108 du dossier du conseil de guerre, je trouve des renseignements analogues.

Je trouve ici l'interrogatoire par l'émissaire Derkaoui.

Récit du crime. Réveil de l'interprète pour avoir la clef de l'écurie afin de prendre le cheval.

Le soleil se levait lorsqu'ils franchirent la Moulouya au gué de Kirbacha.

Histoire du chien comme vengeance à tirer de Meyer.

Appels de Meyer pendant le crime, aboiements du chien ; l'interprète Semghouni ouvre la porte, et la referme vivement, ayant vu de quoi il s'agissait. Il avait peur. Mokhtar lui demande la clef et lui dit : « Aie soin du coffre-fort et des fusils ; moi, je me sauve aux Kebdanne ».

Mohamed, ayant été amené à Oudjda avec Ahmed son frère, fut interrogé par le rapporteur du conseil de guerre.

La déclaration des deux inculpés est en somme à peu près semblable au récit de l'émissaire.

Mohamed prend la responsabilité du crime. Mais il ne parle plus du chien. Il prétend que le brigadier avait des relations avec sa femme et qu'il avait voulu venger son honneur.

Je dois dire que la femme Zineb, entendue, a déclaré que jamais elle n'avait eu le moindre rapport avec le brigadier, qu'elle connaissait à peine.

Il est à peu près établi, par d'autres témoignages, que la raison donnée par Mohamed n'était pas sérieuse.

Les pièces de procédure montrent que le vol seul paraît avoir été le mobile du crime.

J'arrive maintenant à l'accusé Ahmed, frère du précédent, le premier des accusés qui sont devant vous.

Celui-ci paraît avoir eu, jusqu'au jour du crime, une conduite bien meilleure que celle de son frère.

Ahmed ben Mokhtar est âge de 24 ans. Il est né en Algérie. Il est célibataire, il a reçu une certaine culture intellectuelle, il aurait eu un certificat d'études, probablement en langue arabe. Il n'a pas de profession ; ses moyens d'existence ne sont pas très connus. Il n'habite pas avec son père, il déclare voyager et donner des leçons, soit dans une localité soit dans une autre.

Il serait, en somme, maître d'école ambulant.

Au moment du crime, il serait venu à El-Heymer, précisément pour rechercher son certificat d'études et des pièces qui devaient justifier une nouvelle demande qu'il voulait faire au consul d'Oudjda, pour une place de caïd.

Il proteste contre toute participation aux crimes qui lui sont reprochés.

Dans son premier interrogatoire, Mohamed avait déclaré être seul l'auteur du crime. Bientôt après, il a indiqué qu'il était allé chercher son frère chez lui pour l'aider à transporter le coffre-fort ; et je trouve à ce sujet, sous la cote 100 de la chemise 89, la première déclaration qu'Ahmed a faite au rapporteur près le Conseil de guerre.

Déclaration d'Ahmed.

N'a fait qu'aider Mohamed lequel est venu le chercher une fois l'assassinat commis.

Ils sont allés en territoire espagnol où il a remis une lettre à l'officier pour se disculper.

Quelques jours plus tard, le 4 décembre, l'inculpé Ahmed persiste dans ses déclarations. Il affirme ne rien connaître de l'histoire des fusils et du coffre-fort. Il a seulement conduit son frère au Cap de l'Eau. Il déclare que l'émissaire Derkaoui a parlé en grand secret avec Mohamed Ben Mokhtar.

Rapport du médecin sur les deux blessures au poignet de Mohamed.

Celui-ci avait été vu en territoire espagnol avec deux blessures au poignet. On soupçonnait qu'elles avaient été faites par son frère Ahmed au cours de la lutte contre le brigadier Meyer. Ce fait serait donc d'une importance considérable, puisque d'après l'accusation, elles auraient été faites par Ahmed qui aurait manqué son coup et aurait blessé au poignet Mohamed en voulant porter un coup mortel à la gorge de Meyer.

Les constatations du médecin figurent à la cote 22 du dossier.

Observations du médecin-major : l'auteur des blessures ne peut pas être Meyer, mais une tierce personne, qui serait le deuxième agresseur de Meyer.

J'arrive maintenant, Messieurs, aux déclarations faites par les deux cousins, qui figurent à la cote 130, au feuillet 15-5° de l'information ouverte par le consul, puisque le conseil de guerre venait d'être déclaré incompétent. Il n'y a qu'un seul compte-rendu d'interrogatoire pour les deux inculpés, ce qui est assez singulier. (Ils ne sont pour rien dans l'assassinat, déclarent-ils ; Ahmed est venu les chercher pour déménager avant le jour. Ils ont trouvé celui-ci tenant une hache à côté d'un coffre-fort ; son cheval, tout sellé, était près de lui. Sous la menace des fusils des deux frères, il les aidèrent à charger le très lourd coffre-fort qu'on avait brisé avec une sape, espèce de hache. Mohamed prit l'argent et les billets et brûla les autres papiers. Ils reçurent 400 francs ou 400 douros).

On met sous les yeux d'Ahmed une déclaration de ses deux cousins qui est presque un aveu de sa part.

Ahmed aurait déclaré qu'il avait aidé son frère et voulait couper le cou à Meyer, mais qu'il avait été maladroit et avait blessé son frère Mohamed.

Il est évident que, comme le dit Abdelkader, un seul homme n'aurait pu venir à bout de Meyer. D'autre part, comment croire que le coffre-fort qui pesait 200 kilogs avait pu être chargé sur la bête par deux hommes seulement, dont l'un, le plus grand et le plus robuste, était blessé aux poignets ?

Sur interpellation, l'interrogé déclare que ce n'était pas du tout pour venger son honneur que Mohamed avait tué Meyer. Ensuite, insinuations sur le père et la mère de Mohamed.

A la suite de cette déclaration, Abdelkader est confronté avec Ahmed.

D'après les confidences faites à Abdelkader, Ahmed aurait aidé son frère.

Ahmed, de son côté, dit qu'il n'a jamais participé au crime, que son frère ne lui a jamais fait part de son projet. Abdelkader insiste et répète qu'il a entendu Ahmed déclarer que s'il n'avait pas blessé son frère Mohktar dans la lutte, il ne serait pas venu demander de l'aide à ses deux cousins.

Plus tard, cette déclaration sera niée par l'intéressé.

En tout cas, dans l'enquête faite au sujet de l'évasion de Mohamed ben Mohktar, Abdelkader fait une déclaration intéressante en ce qu'elle donne des détails assez complets sur l'affaire. Je dois dire qu'Abdelkader a renouvelé devant le consul les déclarations qu'il avait faites précédemment, d'après lesquelles on ne serait pas venu leur demander leur aide si l'un des deux frères n'avait pas été blessé.

Ici, une déclaration de la jeune Fatma, âgée de douze ou treize ans, petite fille de la gardienne de la prison des femmes : « On a raconté devant moi, dit-elle, la scène du crime en l'attribuant à plusieurs individus. Pour que je n'écoute pas, on m'a envoyée chercher de l'eau, mais j'ai bien entendu qu'on s'entretenait du crime ; et en parlant des assassins, on disait toujours « ils ». Mais je ne peux pas dire de quelles personnes on parlait. Je ne le sais pas ».

L'enfant reproduit cette déclaration plusieurs fois et est confrontée avec Ahmed.

On a vu Ahmed traverser la Moulouya sur une jument, accompagnant son frère qui était monté sur un cheval. L'accusation prétend qu'il a fallu qu'il amène cette jument « à la main », de chez son père qui habite à cinq kilomètres de là. Il a fallu procéder à l'ouverture du coffre-fort, le charger sur le dos du mulet, se livrer à toutes les opérations que nous avons vues tout à l'heure et qui nous ont été racontées par Mohamed et par le cousin.

La préméditation est donc indéniable, probablement tout au moins de la part de Mohamed et d'Ahmed puisqu'ils avaient pris l'un et l'autre des précautions en vue de la fuite. Nous savons que Mohamed, après le crime, a demandé à Semghouni la clef de l'écurie pour pouvoir prendre un cheval dans le poste même. Mais la jument sur laquelle était monté Ahmed serait celle de son père.

L'accusé dit ne pas pouvoir nier qu'en effet il soit arrivé sur le territoire espagnol monté sur une jument ; mais cette jument il ne l'aurait pas prise chez son père : il aurait rencontré auprès de la rivière un individu qui avait acheté cette jument à son père quelques jours auparavant. Cet individu lui aurait dit : « Cette jument a un défaut ; je ne veux pas la garder. » Et il aurait repris la jument de son père, sur laquelle il serait monté pour gagner le territoire espagnol. Il prétend que c'est tout à fait par hasard qu'il aurait rencontré cet individu.

A ce point de vue il est absolument en contradiction avec l'é-missaire Derkaoui, âgé de 32 ans, interprète au bureau d'El-Heymer. Celui-ci dit : « La jument trouvée en la possession d'Ahmed était une jument alezan. Son frère m'a raconté qu'il était passé chez le père pour la prendre afin d'assurer sa fuite. J'ignore si le père savait tout ce qui se passait ». L'indication qu'il donne que le père n'a jamais vendu sa jument, est corroborée par l'interrogation du caïd qui, entendu, déclare qu'il n'a jamais eu connaissaissance que le père ait vendu sa jument, et qu'on a dû venir la lui prendre.

Le père de Mokhtar, de son côté, déclare qu'on lui a pris sa jument à son insu.

Enfin, l'accusation ajoute qu'on s'est emparé de quatre carabines.

Ce qui est certain, c'est qu'il doit y avoir eu plusieurs malfaiteurs, et qu'on ne comprendrait pas l'enlèvement de quatre carabines s'il n'y en avait eu qu'un, comme le prétend Ahmed. Il est très plausible que les malfaiteurs aient été quatre : Ahmed, Mohamed et les deux cousins ; et ils auraient pris chacun une carabine.

Ahmed a fait, au cours du supplément d'information suivi par M. le Conseiller Laugier, les déclarations suivantes :

« Ce n'est pas moi qui ai tué le brigadier, c'est mon frère. Nous avons pris le coffre-fort ».

Demande. — Depuis combien de temps habitez-vous El-Heymer ?

Réponse. — J'ai fait mes études à Oran. J'ai obtenu mon certificat d'études arabes. J'ai été ensuite à l'école israélite... Depuis cinq ans je n'habitais plus avec les miens.

D. — Vous n'avez pas de situation ?

R. — Au moment où j'ai été arrêté, je cherchais une place ; j'avais fait une demande pour un poste de caïd.

D. — Veniez-vous souvent à El-Heymer ?

R. — J'allais quelquefois voir mon frère à El-Heymer... Je n'y étais pas allé depuis une quinzaine de jours.

D. — D'où veniez-vous ?...

R. — Je ne me le rappelle pas. Je voyage toujours entre Taza et Oudjda. Quand je suis venu voir mon frère, j'étais allé chez mon père ; ou plutôt non, j'étais allé directement chez mon frère.

D. — Qu'étiez-vous venu faire chez votre frère ?

R. — Chercher du linge que j'y avais laissé. Ou plutôt non, ce n'est pas le linge, c'était le certificat d'études qui m'était nécessaire pour ma demande ; mon linge était chez mon père.

D. — Au sujet du meurtre du brigadier Meyer, les constatations qui ont été faites montrent que les assassins étaient au moins au nombre de deux, attendu que les blessures ont été faites avec deux armes différentes.

R. — Je ne sais rien. Mon frère a commis l'assassinat. Je dormais couché dans mon gourbi quand il est venu me réveiller, couvert de sang, et alors qu'il venait de tuer le brigadier Meyer ; il demandait nos cousins pour l'aider à déménager. Je suis allé chercher les deux cousins, à une heure de marche. J'ai fait la commission qu'il m'avait ordonnée. Lorsque je suis revenu, mon frère était prêt à charger le coffre-fort. Il me dit d'aller le rejoindre au Souk-Mer-La. Il ajouta qu'on avait défoncé le coffre-fort et me décida à l'accompagner.

D. — C'est votre frère qui a frappé le premier Meyer ? Il l'a frappé à l'épaule.

R. — J'ignore tout cela.

D. — Après l'arrestation de votre frère on a constaté qu'il portait des blessures faites avec une arme losangique et que ses deux blessures avaient la même forme que celles que portait le cadavre du brigadier Meyer. Les assassins étaient donc au nombre de deux ; un seul n'aurait pu se servir de deux armes à la fois.

R. — Depuis l'âge de sept ans, je n'ai jamais tenu un poignard entre mes mains. Je suis innocent.

D. — Qu'avez-vous dit à Abdelkader ?

R. — Je lui ai dit qu'il vienne avec Mohamed ben Ahmed, que c'était l'ordre de mon frère.

D. — Comment pouviez-vous savoir qu'il y avait une mule, puisqu'elle n'avait été empruntée que quelques jours auparavant?

R. — Elle avait été empruntée deux ou trois mois à l'avance pour nos moissons.

D. — Vous avez quitté le domicile de Mohamed avec vos cousins et la mule. Où les avez-vous conduits ?

R. — Nous nous sommes séparés.

D. — Vous les avez forcés, avec votre frère Mohamed et sous la menace de tirer un coup de fusil, à vous aider à charger le coffre-fort sur la mule ; ensuite à défoncer le coffre. Vous avez pris l'argent, fait la distribution.

R. — Ce n'est pas vrai. Ils ne disent pas la vérité.

D. — Vous savez bien qu'il a été pris quatre carabines ? Pourquoi quatre carabines si vous n'étiez pas quatre ?

R. — Je n'en ai pas pris. Ce sont mes cousins...

D. — Le brigadier Meyer aurait été d'abord tué, et vous seriez retournés ensuite dans le poste.

R. — Je ne sais pas ce qui s'est passé. Si je le savais, je l'avouerais.

On prétend encore, Messieurs, que le père Mokhtar se serait emparé d'une partie de la somme parce qu'il avait fiancé son fils avec une jeune fille du pays et qu'il avait promis 400 douros au père de la fiancée. C'est l'argent du coffre-fort qui aurait servi à payer cette somme. Or, Mohamed, qui était le fiancé, a déclaré qu'il n'avait pas de fiancée et que son père ne lui en avait jamais parlé. Cette déclaration coïncide avec celle qu'il a faite à l'instruction.

Revenant sur la question de leur monture, Ahmed dit qu'il était monté en croupe avec son frère sur le cheval. Cependant, après l'arrestation en territoire espagnol, voici une déclaration de lui que je trouve : « C'est vrai, la bête appartenait à mon père ; celui-ci l'a vendue à un individu que j'ai rencontré et qui m'a dit qu'elle avait un défaut. Et il me l'a revendue ».

Et le plus bizarre, Messieurs, c'est que quand on lui demande si cet homme ne lui a pas réclamé la restitution du prix, il répond : « Non, il ne m'a pas dit combien il l'avait achetée ».

Il nie les déclarations que Semghouni lui attribue et persiste à dire que c'est l'interprète qui lui en veut lorsqu'il dit que lui, Ahmed, aurait avoué avoir été aidé dans le crime lui-même par les deux cousins. Il n'a fait que chercher ses deux cousins, sur la demande de son frère, et les ramener. Quand on lui demande si l'arme avec laquelle son propre frère a été blessé était la sienne, il dit que l'arme était la propriété de son frère.

La confrontation de Derkaoui, l'émissaire, avec les deux frères, n'a donné aucun résultat.

Il a été envoyé à leur recherche et n'a entendu parler d'eux qu'au-delà de la Moulouya : ils avaient franchi cette rivière, montés Mohamed sur un cheval et son frère sur une jument qui aurait appartenu au père depuis deux ans. Ils furent arrêtés chez le caïd et ils firent un récit du crime.

Ahmed proteste : il n'a pas pu raconter au témoin la scène du crime puisqu'il n'y a pas participé.

Derkaoui prétend au contraire qu'Ahmed était présent lorsque son frère Mohamed a fait cette déclaration.

(A 4 heures moins un quart, M. le Premier déclare suspendre l'audience. — Elle est reprise à 4 heures).

Nous passons au cas des deux cousins : Ahmed ben Abdelkader et Mohamed ben Ahmed.

Ahmed ben Abdelkader a vingt-six ans. Il est marié, cultivateur à El-Heymer. Il est neveu de Moulay et cousin également des deux principaux accusés.

Mohamed ben Ahmed a vingt-huit ans. Il est le neveu de Moulay Amar et habite, ainsi qu'Abdelkader, avec leur oncle Moulay.

Les deux cousins sont accusés de complicité d'assassinat, et on leur reproche d'avoir été les co-auteurs du vol.

Voici dans quelles circonstances ils ont été impliqués dans l'affaire.

Lors des recherches entreprises après le crime, on découvrit, sous une meule de paille, dans la propriété du père de Mohamed, les carabines volées. A deux kilomètres du gourbi habité par les deux cousins, on découvrit les débris du coffre-fort et l'on en vint à conclure qu'ils étaient pour quelque chose dans le crime. Ils furent arrêtés, et leur interrogatoire par le rapporteur au conseil de guerre figure à la cote 102.

Mohamed prétend qu'il a passé la nuit du crime dans une autre tribu, avec plusieurs compagnons qu'il pourrait nommer.

Son oncle a une jument qu'ils ont achetée de moitié depuis peu, pour quarante douros. Il ne s'est jamais servi d'une mule chez son oncle. Il y en avait une qu'ils avaient empruntée trois mois auparavant.

Il nie être venu au poste des douanes dans la nuit du crime, et ne sait pas ce que c'est qu'un coffre-fort.

Mais on a constaté qu'une mule s'était approchée jusqu'à quinze mètres du poste. On en conclut qu'elle a été conduite là par Mohamed ben Ahmed et Abdelkader, malgré leurs dénégations que nous venons de voir.

Mohamed entre alors dans la voie des aveux :

« Ahmed est venu me réveiller. Il m'a averti que mon frère avait tué le brigadier. Il m'a demandé de venir avec la mule pour l'aider à déménager les affaires de son frère. J'ai refusé d'abord ; mais il a tellement insisté que nous sommes partis. A la Seguia, c'est-à-dire près du poste, nous avons chargé le coffre-fort que nous avons transporté jusqu'à un endroit où nous l'avons brisé et où nous avons partagé l'argent. Ahmed et son frère sont partis ».

Sur demande :

« Oui, j'ai vu les fusils, Mohamed et son frère les ont emportés... Quant aux papiers, nous les avons brûlés ».

Demande.— Vous avez, l'autre jour, été interrogé par le capitaine, parce que vous teniez à faire des aveux en l'absence de l'interprète. Vous avez dit que Mohamed ben Mokhtar vous avait recommandé de brûler les papiers. Il serait parti avant la fin de votre travail, vous laissant le soin de l'achever.

Réponse. — C'est une erreur.

Voici maintenant la déclaration d'Abdelkader.

Il ne sait rien ; il n'est qu'un pauvre cultivateur. Il ne vit pas avec son oncle, mais dans le même campement que lui. Il y avait une mule qu'on avait empruntée. Il prétend n'avoir rien vu ni rien entendu ; il n'est pas venu au poste pendant la nuit du 20 au 21 octobre et ne sait pas ce que c'est qu'un coffre-fort.

Quelques jours après, confrontation avec Ahmed, l'inculpé d'aujourd'hui. Ahmed reconnaît avoir été le chercher chez lui, s'être disputé avec lui, et maintient ses aveux. Le témoin déclare qu'on lui en veut et qu'on veut le perdre ; que c'est sûrement Mohamed ben Mokhtar qui a tué, « puisqu'il s'est sauvé » (*sic*).

Mais plus tard, le même Abdelkader dira : « Au milieu de la nuit, Mohamed est venu nous chercher pour le déménager. Je suis parti avec la mule, accompagné de Mohamed, mon cousin. Nous avons trouvé Mohamed ben Mokhtar avec son frère Ahmed.

Tous quatre nous sommes allés jusqu'au poste de douane. Là, nous avons ouvert le coffre-fort, partagé l'argent, tout l'argent, et je l'ai caché chez moi ».

Demande. — Y avait-il des papiers ?
Réponse. — Il n'y avait pas de papiers; nous les avions brûlés.

D. — Il y avait 20.000 francs en billets de banque ?...
R. — Il n'y avait que des douros.

D. — Pourquoi avez-vous brûlé les papiers ?
R. — Je ne sais pas.

D. — Vous avez dit l'autre jour au capitaine que Mohamed vous avait recommandé de brûler les papiers.
R. — Je reviens sur cette déclaration. Nous avons brûlé les papiers sans savoir pourquoi.

Telles sont les déclarations des deux cousins à la justice militaire.

Voici maintenant celles qu'ils ont faites devant le consul. Il y a une seule déclaration pour les deux accusés. C'est Mohamed qui parle, et, à la fin de sa déposition, Abdelkader confirme ce qu'il a dit.

« Ni moi ni mon frère Mohamed n'avons pris part à l'assassinat. Ahmed est venu me chercher en me disant que le jour allait se lever et qu'il avait besoin de nous pour déménager. Nous lui fîmes remarquer qu'il valait mieux attendre le jour. Il répondit que son frère avait démissionné de son emploi de douanier et qu'il avait intérêt à partir avant le jour. Nous habitions chez mon oncle Moulay, et je ne sais pas s'il est intervenu dans la conversation. Je ne sais même pas s'il était revenu ce jour-là. Sur les instances de Mohamed, nous sortîmes avec la mule et nous nous dirigeâmes vers El-Heymer. Mohamed marchait devant ; j'accompagnais la mule ».

Les voici donc arrivés près du poste. Il dit qu'il s'est arrêté à une centaine de mètres de la douane, alors qu'on constate que la mule s'est approchée jusqu'à quinze mètres seulement de la maison des douanes. Il y a là une contradiction évidente.

Ils se dirigent alors vers le canal d'irrigation de la Seguia :

« Nous aperçûmes Mohamed ben Mokhtar assis, le fusil à la main, une hache près de lui, auprès du coffre-fort, un cheval sellé près de lui. Ahmed ben Mokhtar avait aussi un fusil à la main. Il l'avait du reste quand il était venu nous chercher chez nous. Ils nous intimèrent l'ordre de charger le coffre-fort. Ils chargèrent leurs fusils, firent le geste de nous mettre en joue en nous disant : « Si vous ne faites pas ce que nous voulons, nous vous tuerons comme nous avons tué le brigadier... ». Le coffre-fort était très lourd. Nous nous mîmes deux de chaque côté. A nous quatre, avec beaucoup de peine, nous le chargeâmes. Mohamed monta à cheval, Ahmed resta à pied pour maintenir le coffre, et nous nous mîmes en route sous les injures et les menaces des deux assassins. Nous arrivâmes dans un endroit où Mohamed nous fit descendre le coffre-fort. Il s'assit le fusil à la main pendant que son frère Ahmed brisait le coffre avec une hache. Il en sortit des billets de banque et les mit dans la sacoche de son cheval. Nous travaillions à la lueur d'une bougie. Nous avons brûlé les papiers du coffre. Ahmed monta sur la mule ; je restai avec les assassins et je reçus une certaine somme que j'ignore (*sic*) : 400 francs ou 400 douros. Ahmed allait accompagner son frère de l'autre côté de la Moulouya, et revenir pour se marier. Je pris l'argent et me dirigeai vers mon gourbi... j'y enterrai l'argent que j'avais reçu. Je rentrai ensuite chez moi... à l'aurore ».

Sur interrogation, il dit être Algérien, et Mohamed ben Ahmed confirme sur ce point la déposition de son cousin. Ils sont d'ailleurs connus comme tels, puisqu'on les appelle « Bedri » (Algériens).

On reproche aux deux cousins d'avoir amené une mule. Il y aurait donc là une préméditation de leur part, d'autant plus qu'ils avaient eu le soin de faire déferrer l'animal. Quelques jours après, ils l'ont rendu après avoir pris la précaution de le ferrer à nouveau. Le propriétaire de la mule déclare qu'il l'avait prêtée ferrée et qu'on la lui a rendue ferrée.

M. le Premier. — Elle a été rendue ferrée à Our-Saïla.

M. le Conseiller rapporteur. — C'était le propriétaire véritable. On la lui a rendue ferrée de frais ; il y a une déclaration au dossier à ce sujet.

Le procès-verbal de la gendarmerie indique que les traces de pas de l'animal n'étaient qu'à quinze mètres de l'entrée du bureau où a été assassiné Meyer. Le brigadier de gendarmerie constate également qu'on a roulé le coffre-fort pendant les quinze mètres. Ce coffre-fort pesait 200 kilos au moins et contenait une certaine quantité de pièces d'argent et d'or.

Il fallut ensuite le charger sur la mule. Or, il est matériellement impossible qu'un homme ait pu faire sortir ce coffre de l'intérieur du poste, (étant donné que l'un des Mokhtar était blessé), et qu'on ait pu le rouler ainsi jusqu'au canal d'irrigation. Il est donc probable que les deux cousins sont venus au moins jusqu'à la porte du poste.

Les quatre carabines ont été volées également, et on leur reproche ce fait. On ne comprendrait pas, en effet, que Mohamed et Ahmed aient pris quatre carabines s'ils n'étaient que deux. Il est probable que les voleurs ont dû prendre chacun une carabine pour se défendre au cas où ils seraient surpris.

Quant au vol, les deux cousins reconnaissent avoir transporté le coffre-fort et l'avoir défoncé dans un endroit qu'ils désignent. Nous pouvons lire, à la cote 136 de l'enquête, les détails qu'Abdelkader donne sur le rôle qu'ils ont joué pendant cette opération (enquête faite au sujet de l'évasion de Mohamed, page 37).

Abdelkader dit :

« Le crime n'a pas été commis par Ahmed ben Mokhtar comme ils le disent. Ils étaient tous les deux pour frapper Meyer. Meyer était grand, fort et gros, un seul homme ne pouvait pas le tuer ; il en aurait fallu dix. Le frère de l'assassin est venu nous trouver dans la nuit du crime. « Mon frère a été renvoyé, dit-il, par le brigadier qui l'a mis en demeure d'emporter ses effets ». Il n'a pas parlé du crime à ce moment-là. Comme nous ne pouvions pas refuser, nous avons pris une mule, et Si Ahmed nous a conduit à la Séguia qui est près de l'Oued. Nous étions donc trois, mon cousin Mohamed, Si Ahmed ben Mokhtar frère de l'assassin, et moi. En arrivant près de la Séguia, nous avons trouvé Mohamed ben Mokhtar assis à terre, le fusil à la main, le coffre-fort en face de lui. Nous lui avons dit qu'on n'était pas venu nous chercher pour enlever le coffre-fort, mais bien pour déménager. Mohamed ben Mokhtar et son frère Ahmed, lequel avait repris son fusil, nous ont dit tous les deux : « Vous allez porter ce coffre, sinon nous vous tuerons comme nous avons tué le brigadier Meyer ». Nous ne savions pas d'où venait le coffre-fort. Nous n'avons pas demandé d'explications. Les deux frères étaient menaçants et nous n'avions pas d'armes. On sait bien que nous n'avons pas d'armes chez nous.

« Il faisait nuit. Mohamed ben Mokhtar était blessé à la main. Nous avons renversé le coffre-fort et nous l'avons chargé sur la mule. Nous nous sommes mis en route.. A une demi-heure de marche de là, on l'a défoncé, après quoi on a caché l'argent.

« C'est Ahmed seul qui a brisé le coffre-fort en trois ou quatre coups d'une hache qu'il avait trouvée. Au milieu du coffre-fort, il y avait des papiers. Je ne sais pas si c'étaient les pièces ; je n'ai pas vu ce qu'il y avait dedans. J'étais à cinq mètres environ. Mohamed ben Mokhtar, debout, tenait son fusil à la main ; il se faisait passer le contenu du coffre... et il le mettait dans la double sacoche. Il ne parlait pas ».

Le consul, Messieurs, a fait le schéma de cette opération d'après les déclarations des inculpés. Plusieurs plans sont annexés à l'enquête.

Après avoir vidé le coffre-fort, Ahmed ben Mokhtar déclara qu'il allait accompagner son frère et demanda qu'on cache l'argent dans un endroit où il puisse le retrouver pour verser aux parents la somme exigée en vue du mariage qui avait été conclu deux jours avant le crime. Abdelkader déclare le savoir parce qu'Ahmed lui-même le lui avait dit. Mohamed ben Ahmed n'aurait rien reçu. Les deux frères Mokhtar restant près du coffre-fort, Abdelkader est parti seul, à pied ; Mokhtar a brûlé les papiers devant son frère toujours debout. L'inculpé ayant demandé à Mohamed ben Mokhtar pourquoi il brûlait ces

papiers, l'autre lui a répondu : « Cela ne vous regarde pas ! ».
« Nous sommes partis. ajoute-t-il ; mon parent était monté sur la
mule. Je ne voulais pas garder cet argent chez moi ; je suis revenu
dans l'enclos ; avec un morceau de bois, j'ai creusé à une pro-
fondeur de 50 centimètres. Mais je puis dire que j'ai vu Mokhtar
brûler les papiers, etc... »

La suite n'intéresse pas spécialement ce débat. Je dois dire
qu'il est revenu sur ses déclarations.

Voyons maintenant ce que dit Mohamed ben Ahmed :

Ahmed lui aurait déclaré qu'il avait voulu couper le cou au
brigadier mais qu'il avait manqué son coup et qu'il avait blessé
son frère ; etc...

Il est revenu également sur ses déclarations.

Il raconte comment on est venu le chercher ; il traite Abdelkader de menteur et lorsqu'on le confronte avec Ahmed, il réi-
tère que les deux frères l'avaient menacé de lui faire subir le
même sort qu'au brigadier Meyer.

Et sur demande, il ajoute : « Ceux qui ont trouvé le coffre-
fort ont certainement tué le brigadier Meyer ; on m'avait remis
400 douros pour la fiancée ; j'ignore absolument ce qui s'est passé
dans la suite. »

On interroge Abdelkader, auquel Mohamed aurait remis 400
douros en le priant de cacher cette somme à un endroit désigné ;
mais l'argent n'y aurait pas été découvert quand on y est allé
voir. Il déclare que lors de l'information du conseil de guerre,
l'interprète a mal compris ce qu'il lui disait : Il nie avoir emmené une mule. Puis, quand on lui demande ce qu'est devenu
l'argent, il dit : « Je n'en sais rien, je n'ai fait que charger le
coffre-fort. »

Mohamed ben Ahmed est moins explicite :

Il dit être innocent, reprend la scène de l'arrivée d'Ahmed
venant le chercher, mais prétend s'être recouché et n'avoir aucune donnée sur les crimes dont on les accuse les uns et les autres.

Il incrimine l'interprète, mais M. l'officier interprète Renizio, dans le supplément d'informations, a déclaré n'avoir fait que reproduire ce que lui avait dit l'inculpé.

Et quand on dit à celui-ci que tel de ses compagnons est en contradiction avec lui, il déclare que c'est son ennemi et qu'il ne dit pas la vérité, que personnellement il n'a jamais fait d'aveux et que ses paroles ont été mal interprétées.

On lui objecte qu'il a déclaré dans son premier interrogatoire ne pas savoir signer, et que le procès-verbal de la déposition porte deux signatures en arabe ; et il répond : « Je sais écrire. Si je n'ai pas signé, c'est qu'on ne me l'a pas demandé. »

Au sujet des fiançailles de la jeune fille, Mohktar avait promis aux parents qu'il leur remettrait une somme de 400 douros. Il déclare qu'il n'y a jamais eu 400 douros, mais 170, avec une négresse et un bracelet en argent. Il ajoute que tous les intéressés vivent encore et qu'on lui « coupe la tête s'ils ne disent pas comme lui » ; qu'il aurait pu avoir les 400 douros, car il en a dépensé près de 200.

Je passe maintenant au vol des carabines.

Moulay Amar y est impliqué. Il a 60 ans, il est marié et cultivateur. Il est l'oncle de ceux que nous appelons les deux cousins. C'est lui qui aurait emprunté à un indigène nommé Our-Saïla la mule qui a servi à transporter le coffre-fort.

Il a été arrêté à la suite d'une déposition de Mohamed ben Mokhtar, le principal des accusés, où celui-ci racontait qu'il s'était évanoui à cause de ses blessures et que lorsque Ahmed était rentré avec les deux cousins, il était revenu à lui ; qu'ils se munirent alors d'un marteau et d'une pioche ; qu'après la scène, il se rendit chez son oncle Moulay Amar qui lui pardonna. Il déclare encore que Moulay Amar avait accompagné les deux cousins et la mule.

Moulay — interrogé à ce moment-là — se dit étranger à tout cela, déclare avoir ignoré tout ; le lendemain du crime il n'a pas remarqué que la mule était fatiguée ; que d'ailleurs il la prêtait de côté et d'autre, et qu'il l'a rendue à son propriétaire quand celui-ci la lui a réclamée. Que d'ailleurs, il ne s'occupe pas de ce que font ses neveux.

Voilà sa première déclaration.

Une autre charge relevée contre l'oncle, c'est que l'argent aurait été caché dans sa propriété, près de son aire à battre. La cour sait que le Consul s'y est transporté avec Abdelkader, mais qu'on n'a pas trouvé d'argent.

Enfin, Moulay-Amar se serait trouvé à Oudjda au moment de l'évasion de Mohamed, et le gardien chef El-Maoui soupçonna Moulay de ne pas y être étranger (Page 130). C'est alors que M. le Vice-Consul ordonna l'arrestation de Moulay.

A ce propos, la femme Zineb a déclaré un jour que Moulay aurait reçu de l'argent et que les enfants de Moulay auraient, depuis le crime, fait certaines dépenses. Les recherches entreprises à ce sujet ont démontré qu'au contraire Moulay avait été dans l'obligation d'emprunter pour pouvoir assurer ses dépenses.

L'oncle n'est d'ailleurs pas accusé de vol par recel ; on lui reproche seulement d'avoir prêté la mule. C'est la charge la plus importante qui pèse sur lui.

Passons au dernier accusé, le vieux Mokhtar, le père d'Ahmed et de Mohamed, Mokhtar ben Abdelmoumen.

Il est âgé de 75 ans environ, et serait né sur les confins de l'Algérie. Il est marié et cultivateur à El-Heymer. Si on en croit Abdelkader, il aurait eu quelques « difficultés » en Algérie où il se serait rendu coupable d'un vol de 1200 douros. On a dit aussi qu'il aurait perdu un procès et qu'il aurait été condamné à payer

1000 francs de dommages-intérêts, ce qui l'aurait déterminé à vendre ses biens et à venir au Maroc. Enfin, il serait marié à une femme sans mœurs. (J'ai ici les dépositions à ce sujet, mais elles n'ont pas beaucoup d'importance).

Je dois dire que dans l'enquête il y a des indications favorables Les renseignements recueillis sur lui à Oudjda sont également bons.

Voici la manière dont il a été inculpé dans l'affaire :

Le lendemain ou le surlendemain de l'assassinat, on découvrit dans sa propriété, à 5 kilomètres du poste (alors que ses fils hatent près du poste) les quatre carabines dans une meule de paille. Il ne fut arrêté que plus tard, par le rapporteur du conseil de guerre, lors du transport sur les lieux.

Il déclara, en prenant Dieu à témoin dans chacune de ses phrases, qu'il était étranger au crime, qu'il ne savait rien, qu'il n'avait entendu parler de rien, qu'il ne se rappelle plus le lieu de sa naissance, que son fils, qu'il a marié à 25 ans, est entré dans le service des douanes où il a fait ce qu'il a voulu, et qu'enfin, s'il a fait quelque chose, « Dieu seul le sait ». Telle est sa première déclaration.

Quelques jours après, la juridiction militaire était dessaisie, et le consul reprit l'information. A la suite des déclarations d'Abdelkader concernant la cachette de l'argent volé, le consul se transporta sur les lieux et ne trouva rien. Mokhtar était alors en liberté.

Mais les femmes déclarèrent que c'était Mokhtar qui avait dû prendre l'argent, qu'il se livrait, ainsi que sa famille, à des dépenses exagérées, et qu'il parlait de verser 20.000 francs pour la mise en liberté de ses fils.

C'est lors de ce transport que Mokhtar fut arrêté.

Voici comment Abdelkader raconte la scène où il a été amené à indiquer au vieux père Mokhtar la cachette de l'argent, sous un palmier nain. Le document figure à la cote 136 dans une enquête sur l'évasion.

Abdelkader parle des 400 douros qui devaient être donnés à la fiancée de Mohamed, renseignement qu'il tient de Mohamed lui-même.

Après avoir raconté la scène de l'ouverture du coffre-fort, il dit : « Ils n'ont rien donné à mon cousin. L'assassin Mohamed ben Mokhtar a brûlé les papiers, on a fait le partage. J'avais peur de garder cet argent-là chez moi, et je l'ai enfoui dans les conditions que vous connaissez ».

Deux mois après, dans la prison militaire, le père de Mokhtar m'a dit : « Tu es un ignorant, moi je connais la loi française, tu es arrêté à cause de l'argent français ; dis-moi combien mon fils t'a donné, nous rendrons l'argent au gouvernement français et nous serons tous libres ». Je lui confiai alors l'endroit où l'argent se trouvait, où vous savez... Nous étions sous la tente de la cour de la prison militaire. Le vieux père Mokhtar m'a dit qu'il ne fallait pas demander à parler au capitaine rapporteur ; qu'il se vengerait.

Dans le cahier des informations, Mokhtar déclare qu'il ne sait absolument rien de rien.

Au point de vue des dépenses qu'il a faites, il a été établi que ses enfants ont dû emprunter de l'argent pour assurer les frais de cette affaire.

Abdelkader ayant raconté que le père Mokhtar aurait profité du crime pour verser une somme de 400 douros au père de la fiancée de son fils, Mokhtar répond d'abord qu'il n'avait pas fiancé son fils ; puis, qu'on avait parlé non de 400 douros, mais de 170 douros avec une négresse et un bracelet. A la cote 412 se trouvent toutes les indications à ce sujet.

Telles sont, Messieurs, les pièces du débat.

RÉSUME DU RAPPORT TRADUIT AUX ACCUSÉS

M. le Premier. — Interprète Hamar, faites lever les accusés. Nous allons résumer pour eux le rapport de M. le Conseiller.

Dites-leur d'abord que M. le Rapporteur a parlé de l'assassinat du brigadier Meyer.

Qu'il a parlé ensuite du vol du coffre-fort.

Faites-leur remarquer que chacun d'eux sera interrogé par moi, séparément, sur tous les faits qui concernent leur culpabilité, qu'ils devront alors s'expliquer, pour se défendre, et que je résumerai, vis-à-vis de chacun d'eux, ce qui était dans le rapport les concernant.

Maître Chavernac, Maître Monbrun, croyez-vous qu'il y ait lieu de traduire plus complètement le rapport vis-à-vis des accusés ?

Maître Monbrun. — Non, Monsieur le Premier, sous la réserve que quand viendra l'interrogatoire, vous prendrez une à une les charges individuelles. Nous vous demanderons alors de recommander à M. l'interprète de bien traduire sur chacun des points. Pour l'instant, nous nous en rapportons à votre appréciation.

M. le Premier. — Si j'entrais aujourd'hui dans les détails, je serais forcé de me répéter demain ou après-demain, quand je les interrogerai à tour de rôle.

D'ailleurs, à ce moment-là, tous mes collègues auront le droit de poser des questions, ainsi que les défenseurs des accusés et celui de la partie civile.

Tenez-vous la traduction du rapport pour faite ?

Maître Monbrun. — En l'état, suffisante.

M. le Premier. — Monsieur l'Avocat Général ?...

M. l'Avocat Général. — Aucune objection.

M. le Premier. — Les débats sont renvoyés à demain, une heure et demie, dans la situation d'état qui a été précisée au moment où M. le Conseiller Rapporteur allait prendre la parole.

(L'audience est levée à 6 h. 1/4).

DEUXIÈME AUDIENCE

7 JANVIER 1913

PLAIDOIRIES : **M⁰ Willm, M⁰ Monbrun, M⁰ Chavernac.**
Intervention de M. l'Avocat Général Arrighi.

Première **plaidoirie de.Maître Willm** pour développer les conclusions de la partie civile. — La famille de Meyer est très digne d'intérêt. — La question de l'incompétence. — Il n'y a jamais eu de consulat à Oudjda. — Kammerer et autres n'avaient pas de pouvoirs judiciaires. — Interpellation Bluysen. La réponse de M. de Selves. — Il n'y a pas d'affaire Hauser. — Le conseil de guerre, seul tribunal. — Le rôle de Semghouni dans le drame. — L'enlèvement des prisonniers par Kammerer. — Le mandat d'amener du 6 novembre est antidaté. — Kammerer veut le dessaisissement par tous les moyens. — Lettre du capitaine Guennebaud. — Le règlement de juges. — M. Kammerer n'avait pas sa délégation. — Un jugement bizarre du tribunal consulaire sur l'information contre Destailleur et Pandori. — L'information est viciée à son origine. — Un fantôme de justice.

Plaidoirie de Maître Monbrun : Mêmes conclusions que la partie civile. — La justice militaire bousculée et dessaisie. — Le coup de force du tribunal consulaire. — Etranges procédés de justice. — Impéritie de l'autorité consulaire. — Le peu de valeur de l'instruction. — Les documents brûlés et le sous-main. — La procédure du tribunal consulaire est nulle et inacceptable.

Plaidoirie de Maître Chavernac : Les mystères de l'instruction consulaire. — Le silence de Mustapha. — L'évasion de Mohamed. — L'incinération des papiers. — Comparses inconscients. — Une nouvelle information nécessaire.

Intervention de M. l'Avocat Général Arrighi : L'historique de l'affaire. — L'ordre formel de dessaisissement du ministre. — L'avis écrit de M. Chervet. — L'arrêt de la Chambre des mises en accusation. — La procédure ne doit pas être annulée. — La Cour de Cassation seule pourra statuer. — Les charges contre Ahmed. (Mais il y a peut-être d'autres responsabilités et il faudrait annuler toute la procédure).

Résumé de l'audience pour les accusés par l'interprète.

MAITRE ALBERT WILLM

AVOCAT A LA COUR D'APPEL DE PARIS

M. le Premier Président. — L'audience est ouverte.

Je prie les témoins qui seront appelés plus tard de quitter la salle s'ils y sont entrés.

La parole est à l'avocat de la partie civile pour développer ses conclusions.

PLAIDOIRIE DE Mᵉ WILLM

AVOCAT DE LA PARTIE CIVILE

Monsieur le Premier,
Messieurs,

J'ai l'honneur de me présenter devant la Cour Criminelle pour développer des conclusions dont lecture vous a été donnée hier par Mᵉ David, avoué à la Cour ; et avant de développer les moyens à l'appui de ces conclusions, je ne peux me défendre d'envoyer un souvenir ému à celui qui n'est plus, à celui qui a été la victime d'un lâche attentat, objet des débats actuels.

Mais laissez-moi aussi par la pensée me reporter vers le vieillard dont je représente ici les intérêts ; qui, âgé de plus de 70 ans, ne peut pas se consoler de la perte douloureuse qu'il a faite non seulement d'un fonctionnaire estimable et estimé, non seulement d'un fils affectueux et respectueux, mais aussi de celui qui s'était volontairement condamné au célibat pour ne pas s'imposer les charges de sa propre famille, à lui, famille qu'il aurait pu créer, et cela afin de venir en aide au vieillard qui est là-bas sur le territoire de Belfort.

Et maintenant, Messieurs, laissez-moi vous montrer quel est l'intérêt de la partie civile à soutenir devant vous les conclusions qu'elle a prises.

Il semble à première vue que ce ne devrait pas être de ce côté
de la barre qu'on devrait soulever un incident tendant à l'annulation de la procédure qui a amené devant vous ces accusés,
présumés coupables d'assassinat. Mais laissez-moi ajouter aussi
que la partie civile défend à la fois des intérêts moraux et des
intérêts matériels, et que pour la défense de ces intérêts elle a le
choix de tous les moyens qui semblent de nature à faire revivre
son droit et à lui donner son amplitude complète.

Eh bien, la conviction qui nous anime au moment où nous
intervenons dans ce débat, c'est que *si la première juridiction
saisie du crime* d'El-Heymer, *seule légalement instituée* dans
l'amalat d'Oudjda, *était restée jusqu'au bout en possession de
cette instruction, le débat ne s'engagerait peut-être pas dans les
mêmes conditions devant vous.*

Je ne veux point ici, Messieurs, venir scruter la conscience
des magistrats, à quelque corps de justice qu'ils appartiennent !
Mais j'ai le droit de dire que lorsqu'on lit le dossier, lorsqu'on
prend connaissance des pièces de la procédure, on est convaincu
que dès le début de l'instruction, le magistrat qui représentait
le Conseil de Guerre et qui agissait en vertu des pouvoirs judiciaires qu'il tenait de la loi, avait un but, un but qu'il n'a jamais
dissimulé, c'était d'arriver, par tous les moyens possibles, à per-
cer le mystère qui entourait la fin tragique du brigadier Meyer.

Il est certain d'autre part, et je l'établirai au cours de mes
explications, que même au début de l'instruction, ses soupçons
ne s'étaient pas portés sur ceux-là seuls qui sont ici ; je suis sûr
que si l'instruction avait été poursuivie jusqu'au bout, peut-être
ces hommes se seraient-ils assis quand même devant vous sur le
banc des accusés, mais peut-être d'autres complicités auraient-
elles été révélées, d'autres complicités auraient-elles été mises
en lumière, et je dis très nettement — car j'ai toujours plaidé
loyalement devant les magistrats qui me font l'honneur de m'é-
couter — je dis hautement et loyalement que l'intervention abusive et illégale de M. Kammerer agissant comme Président du

Tribunal consulaire d'Oudjda en cette affaire, a eu pour résultat les conséquences les plus néfastes à la défense des intérêts mêmes de la partie civile.

Conséquences néfastes tout d'abord parce que toutes les responsabilités et toutes les complicités n'ont pas été établies; parce qu'il en est d'autres contre lesquelles nous aurions pu nous retourner, d'autres coupables contre lesquels nous aurions eu sans doute une action efficace et utile, si leur culpabilité avait été établie.

Et puis, que voyons-nous ? C'est que dès que cette intervention se produit, deux faits frappent l'attention de quiconque parcourt ce dossier, faits qui établissent immédiatement que cette instruction n'apparaît plus sous le même jour et avec les mêmes intentions. D'une part, une évasion avec un caractère *plus que suspect*, et dans des conditions que d'autres que moi établiront sans doute devant la Cour. Voilà le premier fait. Mohamed ben Mokhtar, considéré dès la première heure comme le principal coupable, s'évade. Le second fait, c'est le non-lieu ; en faveur de qui ? De l'homme qui, dès la première minute, apparaît comme ayant un rôle des plus suspects, Mustapha Semghouni, qu'on a vu, dès le début de l'information militaire, impliqué dans les poursuites, et qui *bénéficie d'un non-lieu*.

Mais comment se fait-il que cette instruction n'ait pas essayé de mettre en lumière le rôle de chacun des employés du poste d'El-Heymer et des habitants des gourbis voisins ? Enfin, comment se fait-il qu'on n'ait pas essayé d'éclaircir le mystère de ces assassins qui n'ont d'abord que le vol pour mobile, et qui ensuite s'arrêtent en pleine nuit, dans des circonstances dont il vous sera certainement parlé au cours de ces débats, allument un feu en pleine nuit, pour brûler les papiers contenus dans le coffre-fort ? Et puis enfin, lorsque ces assassins ont été remis entre les mains du Tribunal consulaire par un coup de force dont je vous entretiendrai lorsque j'aborderai le fond du débat, que se passe-t-il ? La procédure est là qui établit que, parmi les pièces à conviction qui ne figurent pas sur votre table, il y avait un bissac contenant des papiers trouvés sur les assassins en territoire espagnol. Que sont devenus ces papiers ? On n'a jamais pu les revoir.

Enfin, Messieurs, je relève un fait qui, à lui seul, justifierait ma présence à cette barre.

De même que dans un débat antérieur j'ai dit — et je remercie de tout cœur la Cour de m'avoir suivi au moins sur ce terrain — que nous avions le devoir de laver la mémoire du brigadier Meyer d'une imputation calomnieuse, dirigée contre lui parce qu'il n'était plus là pour se défendre. Je remercie, dis-je, la Cour de m'avoir suivi sur ce point, car dans un arrêt qui n'a pas pu nous donner complète satisfaction, nous avons eu au moins la joie de trouver des considérants qui établissent la parfaite honnêteté du brigadier Meyer.

Aujourd'hui que tente-t-on ? Et on ne le tente, ne l'oubliez pas, qu'après le coup de force qui s'est passé au poste de Martimprey, qu'après la prise, au milieu de la nuit, des prisonniers par M. Kammerer accompagné par M. Ballereau. On tente de laisser insinuer que ce ne serait plus l'histoire du chien qui aurait amené le crime ; que ce serait le fait, qu'on reproche à Meyer, d'avoir voulu violer la femme de Mohamed.

Je sais bien qu'il y sera à peine fait allusion, car je crois savoir que mes honorables et distingués confrères estiment que ce moyen ne servirait en rien la défense et la sauvegarde de leurs clients. Je retiens cependant que dans la procédure on a essayé d'insinuer, à un moment donné, que le fonctionnaire irréprochable qu'a été Meyer, pendant toute sa vie, a pu être soupçonné de ce crime. Ce mensonge devait être invoqué comme une excuse à l'égard des assassins. J'ai le droit de dire que je viens ici protester au nom de la mémoire outragée de celui dont je défends, dans le passé, et la probité et l'honneur. Je dois aussi vous signaler l'étrange coïncidence qui veut qu'on ne voit apparaître dans la procédure cette infâme calomnie qu'au lendemain du jour où, dans les conditions les plus illégales et les plus étranges dont il n'est point de précédent dans les annales judiciaires françaises, on est allé s'emparer, en pleine nuit, sans titre régulier, de gens accusés d'un crime, placés sous mandat de la justice militaire, mettre la main sur eux et les enfermer dans la prison du pacha.

Quelle est donc la situation qui nous est faite ?

Je m'expliquerai en terminant sur ce point. Je ne viens pas seulement invoquer une nullité de procédure devant la Cour. Je vais beaucoup plus loin ; et dans la défense qui vous est confiée des grands principes de notre droit criminel, la question qui se pose devant vous est une des plus intéressantes et des plus importantes qui soit. Je ne viens pas seulement vous dire, Messieurs, qu'il y a un vice de procédure. Si ce n'était que cela, je comprendrais l'objection qui me serait faite aisément. Je saisirais la difficulté juridique de ma discussion.

Mais mes conclusions ont un autre objet. Devant vous j'évoque la question d'incompétence la plus radicale qui ait jamais été soumise à l'une de nos juridictions. Je viens vous dire non seulement que vous n'avez pas été complétement saisis de la procédure à laquelle vous êtes appelés à donner telle suite qu'il appartiendra. Je viens vous dire que celui qui vous a saisis de cette procédure, n'était pas magistrat et n'avait pas le droit de vous en saisir. Par conséquent, je viens plaider devant vous qu'au début de l'instruction, à laquelle votre arrêt doit donner une sanction, il y a ce vice rhédibitoire, vice d'ordre public, que ce n'est ni un tribunal, ni un magistrat qui a instrumenté et statué.

Ai-je le droit de soutenir cela ? Nous sommes amenés, Messieurs, — je m'en excuse, mais vous comprendrez que je dois plaider mon moyen sous toutes ses formes et à toutes fins utiles, — à plaider tout d'abord devant vous, qu'il n'y avait pas, qu'il n'y a jamais eu de tribunal consulaire à Oudjda, soit avant les incidents qui ont provoqué les poursuites dont vous êtes saisis, soit après ces incidents.

En effet, il ne peut pas y avoir de pouvoirs judiciaires sans textes légaux. Or, la création du tribunal consulaire d'Oudjda ne repose sur une aucune base légale. Pourquoi ?

Tout d'abord parce que les consuls, fonctionnaires, agents ou délégués qu'un gouvernement entretient en pays étranger pour protéger les opérations commerciales et les personnes de ses nationaux, possèdent seuls des pouvoirs de juridiction. Ces pouvoirs de juridiction ont été nettement déterminés d'abord dans l'ordonnance sur la marine de 1681, ensuite dans l'Edit de juin 1778, et enfin par la loi des 28 mai-1er juin 1836.

Ce n'est pas la première fois que ce problème se pose devant la Cour d'Aix même, mais il ne s'est pas posé dans les mêmes termes, et je vais arriver à l'arrêt de la Chambre des mises en accusation qui ne peut pas faire échec, je m'empresse de le dire, à la thèse que je soutiens actuellement. Mais je fais allusion en ce moment à un arrêt de principe dont la portée est des plus considérables, car il n'y a pas chose jugée dans l'arrêt de la Chambre des mises en accusation auquel on pourrait faire allusion, vu que cet arrêt n'a pas été soumis à la Cour Suprême, vu que la Cour Suprême n'a jamais été appelée à se prononcer sur ce point. L'arrêt auquel je me réfère pour le moment est beaucoup plus important à mes yeux, parce qu'il va éclairer d'une singulière lumière les faits mêmes qui sont actuellement soumis à votre appréciation.

C'est un arrêt de la Cour d'Aix du 27 mai 1870 et qui est rapporté tout au long dans la jurisprudence générale Dalloz (1872-5-162).

Que dit cet arrêt ? Ah ! Il est intéressant car il vise évidemment le droit de jurisprudence des vice-consuls ; or, nous allons trouver tout à l'heure dans toute notre affaire, des vice-consuls, et vous allez voir dans quelles conditions :

« Dans les Echelles du Levant, les vice-consuls de France n'exercent aucune juridiction ». (Ord. 25 Oct. 1833, art. 2). Voilà l'intitulé.

« Affaire Béchard contre Farjon.

« La Cour, attendu qu'aux termes de l'ordonnance du 26 octobre 1833 les vice-consuls ne sont que des agents consulaires n'ayant pas de chanceliers et n'exerçant aucune juridiction ;

« Attendu qu'il résulte d'un document officiel émané du Ministère des Affaires Etrangères et soumis aux débats devant la Cour, qu'il n'y a pas à Ibraïla de tribunal consulaire français et que l'agent vice-consul de France dans cette localité ne possède aucun droit de juridiction ;

« Que ce document ajoute que, si des jugements ont été rendus par M. Malavasi aux dates indiquées ci-dessus, c'est que, chargé depuis peu de la gestion de ce poste, il n'était pas exactement fixé sur l'étendue de ses attributions;

« Attendu que les décisions attaquées par Béchard et dont se prévaut Farjon, sont atteintes d'un vice radical qui leur enlève toute autorité, toute force exécutoire ;

« Que, par suite, la Cour doit annuler non seulement le prétendu jugement du 15 mars 1869, mais encore celui du 27 novembre 1868 qu'il avait pour objet de valider ;

« Infirme ».

Il faut retenir de cet arrêt de la Cour d'Aix deux principes que je vais reprendre tout à l'heure. C'est que, d'une part, il n'y avait pas de tribunal consulaire à Ibraïla où se trouvait le vice-consul, et que d'autre part, en aucun état de cause, les vice-consuls n'ont d'attributions judiciaires.

Du reste, en ce qui concerne la question qui nous préoccupe aujourd'hui, je vous apporterai l'affirmation faite à la tribune de la Chambre par M. de Selves, ministre des Affaires Etrangères, qu'il n'y a pas de consulat à Oudjda. Nous aurons déjà acquis un premier point, qui sera singulièrement intéressant pour la suite de la discussion qui s'engage devant vous.

Mais il y a plus. Les consuls possèdent ce pouvoir de juridiction à l'exclusion des agents diplomatiques, représentants politiques, qui sont les délégués d'une souveraineté pour représenter cette souveraineté auprès d'une souveraineté étrangère. Or, il n'y a pas, il n'y avait pas à Oudjda de consul au moment de l'assassinat du brigadier Meyer.

J'arrive au point qui a pu être, dans une certaine mesure, cause de l'erreur, — je m'excuse d'employer ce mot, Messieurs, mais veuillez n'y voir que le sens que je lui donne, — l'erreur commise, de bonne foi incontestablement, par la Chambre des mises en accusation d'Aix.

On peut m'objecter : « Mais il y avait un consul à Oudjda ! » D'abord, il est fort étrange qu'il y ait un consul là où il n'y a pas de consulat. « Ce consul d'Oudjda, dit-on, c'était M. Destailleur, et, après le télégramme, son remplaçant M. Kammerer ». Ma réponse est simple. M. Destailleur n'est pas venu à Oudjda en qualité de consul.

Ici, entendons-nous bien. On peut avoir le titre de consul, et ne pas le perdre si l'on change de position ou d'emploi, et l'on peut très bien, étant consul en tant que titre et venant même d'exercer les fonctions de consul, être désigné pour un poste où on n'exercera pas les fonctions de consul. C'était le cas pour M. Destailleur.

En effet, qu'est-ce qu'était M. Destailleur ? Avant de venir à Oudjda il était contrôleur en Tunisie. Il est venu si peu à Oudjda pour y remplir les fonctions de consul qu'il ne fut promu à ce grade que deux ans après son arrivée au Maroc. Mais bien mieux ! Recherchons quel était le titre officiel de M. Destailleur à Oudjda ?

Laissez-moi, à ce sujet, vous soumettre une comparaison, qui sans s'appliquer absolument à notre espèce, ne se justifiera pas moins aux yeux de la Cour. Un officier donne sa démission ; il conserve le titre qu'il avait dans l'armée et reste commandant ou colonel ; cette situation l'empêche-t-elle d'exercer, par la suite, des fonctions qui n'ont rien à voir avec le grade qu'il occupait dans l'armée ? Eh! bien, M. Destailleur n'a été qualifié de consul à Oudjda dans aucun acte officiel.

Il portait le titre officiel de commissaire du gouvernement français pour l'exécution des accords franco-marocains. Que sont donc ces accords franco-marocains ? C'est tout simplement l'acte d'Algésiras. M. Destailleur était chargé, comme commissaire du gouvernement, de l'exécution de l'acte d'Algésiras ; il était préposé à l'organisation et à l'observation des dits accords. Mais il y avait un autre commissaire, qui avait le même titre, les mêmes prérogatives. C'était le capitaine Paré. Le choix même des deux commissaires vous indique que la qualité de consul n'avait rien à voir avec les fonctions qu'exerçait à Oudjda M. Destailleur.

Sur ce point il ne peut y avoir de difficulté. Si on se reporte aux instructions qui avaient été arrêtées entre le ministère des Affaires Etrangères et le ministère de la Guerre à la date du 10 janvier 1910, réglant les attributions du commissaire du gouvernement, à Oudjda, qui en un mot ont été données afin de permettre à chacun de connaître les attributions qui lui étaient réservées, on voit d'une façon très nette que le commissaire du gouvernement à Oudjda est le délégué du haut commissaire français dans la partie nord de la région frontière, Berguig exclu. Il est son agent d'exécution pour toutes les questions politiques et administratives, notamment celles qui se rattachent à l'application du régime des accords. Il correspond avec lui, ne reçoit d'ordres que de lui, et obtient de lui communication des ordres et instructions qui se rapportent à ces questions. Par conséquent, par l'accord intervenu entre les deux Départements, (celui dont relevait M. Destailleur et celui dont relevait le Haut-Commissaire du Gouvernement pour les régions frontières algéro-marocaines), M. Destailleur et plus tard M. Kammerer étaient les subordonnés du général Lyautey d'abord, du général Toutée ensuite, puisque ce sont ces deux officiers généraux qui ont successivement occupé les fonctions de Haut-Commissaire du Gouvernement Français.

Il me semble donc qu'il est peu important de savoir si M. Destailleur, de même que M. Kammerer, son remplaçant intérimaire, étaient consuls ou avaient le grade de consul. C'était, en fait, en toute autre qualité qu'ils étaient à Oudjda où il n'y avait pas de consulat, comme on l'a affirmé à plusieurs reprises, et dans des circonstances diverses. C'est volontairement qu'on n'avait pas créé de consulat à Oudjda, et cela en raison de préoccupations et de précautions très naturelles et tout à fait légitimes de politique étrangère.

On n'ignorait pas en haut lieu que le jour où on créerait à Oudjda et dans d'autres villes situées dans les mêmes régions des consuls français, dès le lendemain, les autres puissances intéressées aux questions marocaines établiraient à leur tour des consuls. Pour éviter des conflits possibles, pour éviter surtout un état de fait qui aurait pu amener plus tard des difficultés pour le règlement définitif de toutes les questions litigieuses soulevées par l'occupation du Maroc, il avait été décidé qu'on ne créerait pas de consulats.

La question revient donc à examiner très rapidement le problème suivant : *s'il n'y avait pas de consulat, pouvait-il exister à Oudjda un tribunal consulaire* ? Je sais bien qu'on a dit : « Mais il y a d'autres villes où il y a des tribunaux consulaires, Casablanca, Mogador ». Mais pourquoi donc, Messieurs ? Parce qu'il y avait des consuls à Casablanca et à Mogador.

Je sais qu'on élève un certain nombre d'objections à la thèse que je soutiens, à savoir que du moment qu'il n'y avait pas de consulat, il ne pouvait pas y avoir de tribunal consulaire. Je vais, très rapidement, passer ces objections en revue.

On nous dit notamment : Le commissaire du gouvernement à Oudjda a été investi d'un grand nombre d'attributions consulaires et notamment de pouvoirs de juridiction, par délégation du ministre de France à Tanger. Voilà la thèse un moment soutenue par le Ministère des Affaires Etrangères. Dans quelles conditions ? M. Paul Bluysen, député de l'Inde, avait écrit au ministre des Affaires Etrangères, (M. de Selves), pour protester — je prends les termes mêmes de sa lettre, et ce n'est point dans ma bouche que vous trouvez ces expressions ; cette lettre a été publiée dans tous les journaux, à l'époque — pour protester (disait-il) contre le *« guignol judiciaire d'Oudjda,* contre toutes ces *procédures illégales, absurdes,* parce qu'au début de notre occupation au Maroc, elles donnent la mesure de notre désarroi administratif et font redouter pour la suite une anarchie qui nous ridiculise devant notre protégé de demain. »

A cette lettre, M. de Selves a fait une réponse qui indique que si le ministre d'alors pouvait connaître admirablement — je veux le supposer au moins — les questions de politique extérieure, il connaissait moins. bien les questions purement juridiques. Il semble qu'autour de lui les gens qui le conseillaient ou qui étaient de nature à pouvoir le conseiller, avaient omis de lui donner là-dessus quelques principes généraux qu'il est bon qu'un ministre, même lorsqu'il n'est pas à la Chancellerie, possède dans les autres Départements. Voici en effet ce qu'il a répondu : « Un consulat de France n'existant pas à Oudjda... » (*aveu à retenir, Messieurs, pas de consulat de France à Oudjda*), « ...le chef du département des Affaires Etrangères, après avis des jurisconsultes du Département, a décidé, pour rapprocher le juge du justiciable, de faire octroyer au commissaire du Gouvernement à Oudjda, par la légation de France à Tanger, une délégation l'investissant, à titre personnel, des fonctions judiciaires appartenant soit dans l'ordre civil, soit dans l'ordre pénal, à nos consuls, dans les pays de capitulations. L'article 2 de la loi du 23 mai 1836 prévoit une délégation de cette nature, et aucune disposition de l'Edit de 1778 n'y fait obstacle ».

Eh bien, nous allons examiner très rapidement ce que valent ces affirmations.

Tout d'abord, il y a un aveu à retenir, qui est à la base même de ma discussion et qui la renforce singulièrement : il n'y avait pas de consulat ; donc, pas de consul, et partant, pas de tribunal consulaire à Oudjda. Mais pouvait-il y avoir là, comme le prétend M. de Selves ou plutôt les fonctionnaires de son Département, un tribunal consulaire par délégation de la légation de Tanger ? Eh ! bien, je réponds à cela que la légation de Tanger ne pouvait pas déléguer de pouvoirs judiciaires à qui que ce soit à Oudjda, et cela pour deux raisons.

En admettant que le ministre de France à Tanger soit investi régulièrement des fonctions judiciaires, en supposant qu'il en ait eu, il n'aurait pas pu les déléguer à un tiers pour les exercer dans une localité éloignée où lui-même ne résidait pas.

La loi française n'admet pas et n'a jamais admis ni les cours de circuit, ni les juges en tournée : les tribunaux ne se déplacent pas. Les tribunaux consulaires doivent se réunir dans la ville qui est le siège du consulat et dont la chancellerie est le greffe (décret du 18 mars 1910 — loi du 29 Ventôse an IV — loi du 21 Mars 1896). C'est ainsi que nous en trouvons la trace dans le décret du 18 mars 1910, dans la loi du 29 ventôse an IV et dans la loi du 21 mars 1896 au sujet de l'organisation de différentes chancelleries et de différents consulats. Les articles 84 de l'Edit de juin 1778 et 2 de la loi du 26 mai 1836 indiquent nettement que la délégation ne peut être donnée qu'à des fonctionnaires établis au siège du consulat, et qu'elle ne peut être donnée à des fonctionnaires établis là où il n'y a pas de consulat.

En effet, relisons le texte et vous verrez que la délégation n'est même pas possible dans ces dernières conditions :

Article 84 de l'Edit de juin 1778 : « Les vice-consuls ou autres officiers établis, sous quelque titre que ce soit, dans les différents consulats ou Echelles pour suppléer, pour remplacer et pour représenter les consuls, rempliront, à défaut de consuls, toutes les fonctions mentionnées au présent règlement ».

Qu'est-ce que cela veut donc dire ? Cela veut dire qu'ils sont là où il y a un consul, puisque la seule chose que prévoit la loi, c'est qu'ils seront appelés à le suppléer, à le remplacer et à le représenter. Mais on supplée quelqu'un quand on est à côté de lui pour exercer des fonctions qu'il exerce lui-même ; on remplace quelqu'un lorsque ce quelqu'un qui est, lui, le chef hiérarchique, se trouve pour une raison quelconque empêché d'exercer, et qu'on est à côté de lui pour exercer des fonctions similaires. On ne peut représenter les consuls qu'à condition que la représentation prenne son origine et son essence dans les pouvoirs attribués au consul, dans les lieux mêmes où ce consul exerce ses pouvoirs.

L'article 2 de la loi de 1836, qui se réfère incontestablement à cet article 84 de l'Edit de 1778 va éclairer d'un jour plus lumineux ce système, si toutefois c'était nécessaire. Que dit-il ? : « En cas de vacance des consulats, d'absence ou d'empêchement des consuls, les officiers ou autres personnes appelées à remplacer, suppléer ou représenter les consuls, exerceront les fonctions qui sont attribuées à ces derniers par la présente loi. »

Il y a « en cas de vacance, d'empêchement ou d'absence ». Mais pour qu'il y ait cas d'absence, d'empêchement ou de vacance, il faut que la personne qui est empêchée ou qui s'absente ait elle-même les attributions de consul et soit elle-même consul. On a prévu alors que dans un consulat il y aurait, à côté du consul, des collaborateurs susceptibles de remplacer le consul. Si vous lisez les notes qui figurent à l'agenda diplomatique, vous verrez que le consulat ne se compose pas seulement d'un seul homme, d'une seule tête. A côté du consul, il y a des vice-consuls auxquels l'article de loi que je viens de lire a reconnu le droit d'exercer, dans certains cas déterminés, les fonctions du consul. Il en est de même lorsque, par suite d'un hasard douloureux, pour cause de maladie, de deuil, ou pour tout autre motif grave, l'un de vos présidents ne pouvant pas siéger à l'une de vos Chambres, le doyen le remplace tout naturellement. Mais jamais il n'a été entendu par la loi que si le président est empêché, on va déléguer ses pouvoirs à un magistrat d'un autre siège que celui que vous occupez. Pas du tout. Et l'on n'a prévu cette suppléance que pour ceux qui sont déjà les collaborateurs de celui qu'il faut suppléer.

C'est donc à tort, à mon sens, que M. de Selves a invoqué cet article qui prévoit uniquement une délégation à des fonctionnaires de la ville où est établi le consulat et non pas à des fonctionnaires d'une ville où il n'y a pas de consulat.

Il est vrai que l'article 7 de la loi de 1836 prévoit que le consul pourra donner à ses agents consulaires, dans l'étendue de son arrondissement consulaire, une délégation spéciale, aux fins de visites et perquisitions à faire au domicile des inculpés. Mais cet article ne vise que des mesures d'instruction et non pas le jugement des délits, celui-ci restant réservé au consul; et l'agent consulaire ainsi délégué, s'il peut enquêter, perquisitionner, et remplir jusqu'à un certain point les fonctions d'officier de police judiciaire, il ne peut jamais constituer une juridiction de jugement.

Le consul dont il dépend peut seul juger, au siège même de l'établissement consulaire. Voilà l'esprit de la loi, voilà l'esprit des décrets, voilà l'esprit de toute la doctrine et de tous les textes qui régissent la matière.

J'ai donc le droit de dire, comme conclusion, que ni M. Destailleur, ni M. Kammerer, ni à plus forte raison M. Ballereau ou M. Lorgeou n'étant à Oudjda comme consuls, — à Oudjda où il n'y a pas de consulat ! — ne pouvaient être habilités à y exercer des fonctions judiciaires, surtout lorsque la délégation invoquée pour les habiliter à ces fonctions judiciaires, est une délégation émanant d'une autorité établie dans une région du Maroc fort lointaine, éloignée de plus de 600 kilomètres et dépourvue de moyens de communication. N'oubliez pas, en effet, que vous ne pouvez pas aller directement, par exemple, de Tanger à Oudjda. Ceux qui connaissent la carte du Maroc — et vous êtes de ceux-là puisqu'à chaque instant les affaires marocaines viennent à votre barre, — savent très bien qu'entre l'amalat d'Oudjda et l'autre partie du Maroc où est située la ville de Tanger, il n'y a pas de communication possible ; que le pays est divisé en deux zones bien distinctes, au point que lorsqu'on veut se rendre d'un de ces points à l'autre, on est obligé d'aller en bateau jusqu'à Oran et de revenir ensuite d'Oran par voie de terre.

Encore une fois, d'où donc venait la prétendue délégation ?

Elle émanait... d'un fonctionnaire diplomatique qui n'avait aucune autorité sur l'amalat d'Oudjda, car l'amalat n'était pas placé sous l'autorité, directe ou indirecte, du chargé d'affaires de France au Maroc. Il avait en effet été organisé d'une façon spéciale, en raison probablement de son voisinage avec les confins algériens. Il avait été placé sous la seule autorité du haut commissaire, général de division, dont le quartier général était à Oran.

Mais il y a mieux ; c'est que quelle que soit votre opinion sur cette partie de ma thèse, il est un point sur lequel, sans doute, vous serez d'accord avec moi ; c'est qu'on ne peut déléguer que les pouvoirs que l'on possède soi-même. Or, la délégation du pouvoir judiciaire au commissaire du gouvernement à Oudjda émanait de qui ?... du ministre de France à Tanger ! L'ordonnance de 1681 et l'Edit de 1778 ne confèrent aucun pouvoir de juridiction à ce ministre, car ils n'en confèrent à aucun autre fonctionnaire qu'aux consuls. Le ministre de France à Tanger n'a donc pas de pouvoirs de juridiction. Et puisqu'on nous parle de délégations données par M. de Billy qui remplaçait le ministre de France, voyons donc quelle était la qualité de M. de Billy. C'était un secrétaire de première classe, agent diplomatique, qui par conséquent n'a pu déléguer un pouvoir judiciaire qu'il n'a jamais possédé.

En effet, si je me reporte à l'annuaire diplomatique et consulaire du 1er janvier 1912, le dernier qui ait paru et qui se réfère à des dates antérieures (car vous savez que ces publications ne portent jamais les renseignements de la date à laquelle elles paraissent), je vois : « M. Robert de Billy, officier de la Légion d'Honneur, né en 1869, licencié en droit, diplômé des Sciences politiques, stagiaire à Berlin en 1892, cabinet du ministre en 1893, secrétaire de 3ᵉ classe en 1896, à Londres la même année, secrétaire de deuxième classe en 1899, (26 sept.) ; secrétaire de première classe un peu plus tard, en 1907 (27 janvier) ; Tanger 1909».

A la date dont nous nous occupons, quelle est donc la situation de nos représentants à Tanger ? M. de Selves, qui s'est inspiré de ce qui lui avait été dit, a déclaré — comme l'a fait la Chambre des mises en accusation, — qu'il y avait un pouvoir consulaire à Tanger. Mais où est-il donc ? Où avez-vous entendu parler de ce pouvoir consulaire ? Qui vous l'a dit ? Quel est le document officiel qui vous a permis d'affirmer cela ?

Pour moi, je vois au contraire qu'il y a à Tanger, à la date dont il s'agit et cela toujours suivant les indications de l'annuaire diplomatique et consulaire : M. Regnault, ministre de France ; M. de Billy, secrétaire de première classe ; M. De Larue-Caron-Beaumarchais, secrétaire de 2ᵉ classe ; M. Martin Henri, secrétaire de 3ᵉ classe ; M. Du Perron de Revel, attaché d'ambassade. Puis M. Blanc, 1ᵉʳ interprète ; M. Ronflard, 2ᵉ interprète ; enfin, *M. Filippi, consul; M. Henri, consul suppléant ; M. Besse-Desmoulliers, consul chargé de la Chancellerie ; M. Marican, vice-consul.*

Où avez-vous donc vu que les pouvoirs diplomatiques et les fonctions consulaires et judiciaires se rencontrent à Tanger dans les mêmes personnes ? Je comprends qu'il y ait là un tribunal consulaire pouvant fonctionner ; il y a un consul, et un consul entouré de fonctionnaires du consulat, ayant sous son autorité une chancellerie, en un mot tous les moyens et toutes les prérogatives qui constituent le consul dans la plénitude de ses attributions, et qui lui permet dès lors d'exercer la juridiction consulaire. J'ai le droit de proclamer que pour pouvoir investir l'un des fonctionnaires de l'ambassade des pouvoirs de juridiction réservés partout ailleurs aux seuls consuls, il aurait fallu un élément qui ne s'y trouvait pas ! Lequel ? Nous allons le voir.

Est-ce que c'est la première fois, par hasard, que se pose la question de savoir dans quelles conditions on pourra investir de pouvoirs juridictionnels d'autres fonctionnaires qu'un consul ? Point du tout ! Nous allons passer en revue les différentes étapes de la question, et vous allez voir qu'il faut une loi indiquant que dans telle localité déterminée les fonctions judiciaires ne seront pas exercées par un consul, et cela parce qu'il n'y en a a pas, parce qu'en conséquence il ne peut pas les exercer. Et alors on désigne d'une façon formelle les fonctionnaires qui seront appelés à remplir les dites fonctions.

C'est ainsi qu'il a fallu une disposition formelle de la loi du 28 mai 1836 (art. 2, § 2) pour Constantinople. En effet, aux termes de cet article de loi, on a investi de fonctions judiciaires un fonctionnaire diplomatique dans cette ville. Mais c'est la loi qui l'a stipulé expressément.

En Chine, en Perse, dans les postes diplomatiques, les fonctions judiciaires sont remplies par des fonctionnaires désignés par le chef de l'Etat en vertu des lois du 6 juillet 1852 (art. 18) et du 18 mai 1858 (art. 1er). Là encore ce ne sont point les consuls. mais les fonctionnaires diplomatiques, qui remplissent les pouvoirs judiciaires : et il a fallu l'intervention de la loi pour les investir de pouvoirs de juridiction.

A Macao et à Canton, même situation : un décret du 25 août 1852 porte que les fonctions judiciaires attribuées aux consuls de France en Chine seront remplies à Macao et à Canton, où il n'y a pas de consulat, par le Chancelier de la légation de France (Dalloz périodique 53-4-19). Mais c'était une loi précédente qui avait autorisé la nomination par décret du fonctionnaire diplomatique qui remplirait les fonctions judiciaires.

Même situation encore à Pékin : l'article 1er du décret du 31 janvier 1881 — nous nous rapprochons de l'époque actuelle — a décidé que les fonctions judiciaires, remplies d'ordinaire par les consuls, le seront à Pékin par un chancelier de la légation française (Dalloz : supplément au répertoire, V° consul ; page 674).

Vous pouvez remarquer, Messieurs, que dans tous les textes législatifs, ayant seuls qualité pour créer, on fait toujours allusion à ce principe : *les fonctions judiciaires ne peuvent être exercées que par les consuls.*

Il fallait donc une loi (et un décret, dans le cas où la loi aurait créé l'habilitation par décret) pour pouvoir créer des fonctions judiciaires, une loi qui aurait désigné le fonctionnaire pouvant occuper les fonctions judiciaires à Oudjda. Or, personne ne pourrait soutenir qu'il y a eu la moindre loi ou le moindre décret indiquant qu'exceptionnellement à Oudjda, où il n'y avait pas de consulat, tel fonctionnaire pourrait être chargé des fonctions judiciaires.

Je puis donc affirmer que toutes les *décisions rendues* par le tribunal consulaire d'Oudjda, *tribunal illégal, inexistant* en droit, sont *radicalement nulles*, et aussi nuls tous les actes accomplis en vertu du pouvoir judiciaire usurpé par MM. Kammerer, Ballereau et Lorgeou.

Je disais tout à l'heure, Messieurs, que la question avait été posée à la tribune de la Chambre dans la séance du 27 décembre 1911. M. Bluysen, dont j'ai déjà prononcé le nom, n'ayant pas été satisfait par les réponses que M. le Ministre des Affaires Étrangères avait faites aux deux lettres qu'il lui avait écrites, résolut de porter la question à la tribune sous la forme d'une proposition de résolution. Cette proposition, dont je vous communiquerai le texte, qui a été votée par la Chambre à l'unanimité, et qui a d'ailleurs été acceptée par le ministre des Affaires Étrangères, est intéressante pour vous. Mais ce qui est plus intéressant encore, c'est de savoir comment le débat s'est engagé devant la Chambre.

M. Paul Bluysen — et je m'empresse de dire que la Cour trouvera à mon dossier, au cas où elle voudrait des détails complets sur cette discussion, le numéro du *Journal Officiel*, — M. Bluysen a commencé par indiquer, ce qui était très naturel, qu'il ne poursuivait dans le débat qui s'instituait à la tribune de la Chambre aucun dessein politique et qu'il ne voulait pas entrer dans l'examen de difficultés qui s'étaient élevées dans l'amalat entre certaines personnalités. Il faisait ainsi allusion au conflit qui s'était élevé entre le général Toutée, haut-commissaire du gouvernement, et M. Destailleur, commissaire du gouvernement.

« Je laisse en dehors de ma dicussion toutes les questions de personnes, disait-il ; je me place simplement sur le terrain des principes et des faits. »

Voici, au surplus, ses déclarations :

« Parmi les nombreux télégrammes que j'ai reçu ces jours derniers d'Oudjda, en voici un, que je me permets de vous communiquer :

« L'inquiétude gagne les colons, qui espéraient que le gâchis et l'arbitraire de la précédente administration prendrait fin. M. Kammerer, qui a connu de l'affaire, a donné son opinion et ne peut juger. Il est à craindre que la situation réelle soit ignorée du ministre, et que les plaintes ne lui arrivent que dénaturées ».

« J'ai répondu simplement aux auteurs de cette dépêche :

« Je vous remercie de votre communication, je la porterai à la connaissance du Gouvernement, mais comptez que, en dehors de toute question de personne, je continuerai à défendre les droits des indigènes et des colons à une justice impartiale ». (*Très bien ! Très bien !*)

Et alors, abordant le fond de la question, après des considérations d'ordre général qui n'ont rien à voir avec la controverse actuelle, M. Bluysen continuait en ces termes :

« Messieurs, vous me permettrez maintenant de contester, contrairement à l'opinion de M. le Ministre des Affaires Étrangères, la légalité même du Tribunal consulaire ; c'est le fond de la question : si je peux vous démontrer qu'il n'y avait pas de Tribunal consulaire, il me semble que tout ce qui a été fait ou pourrait être fait demain, tombera ».

Et un peu plus loin :

« Je rappelle donc que, pour qu'une juridiction consulaire existe, il faut qu'il y ait un consul à Oudjda. Nous ne pouvions pas en avoir ; j'ai la langue libre pour le dire aujourd'hui. Pourquoi n'en avions-nous pas ? Parce que nous craignions que des puissances étrangères aient leur consul à côté du nôtre. Je ne voudrais pas insister trop longtemps sur ce fait ; mais il est extrêmement intéressant ; toute ma démonstration est là (*Très bien ! très bien !*).

« Dans ces conditions à qui voulez-vous alors transmettre des pouvoirs judiciaires ? Ne jouons pas sur les mots.

« M. Destailleur est consul, M. Kammerer est également consul. C'est un titre, c'est un grade ; mais, en réalité, ils n'étaient pas à Oudjda comme tels, ils n'y avaient pas les pouvoirs consulaires.

« Qu'avez-vous donc fait ? Vous avez fait tout simplement la transmission des pouvoirs, en vertu de la loi de 1836, à une personnalité consulaire qui n'existait pas (*Mouvements divers*).

« Messieurs, cet avis n'est pas seulement le mien ; il ressort d'une consultation qui a été publiée dans les journaux, et qui a pour auteur un homme très instruit de ces affaires ; c'est un avocat à la Cour d'appel, Maitre Charles-René Leclerc, dont le nom, en matière d'études musulmanes, est connu de la plupart d'entre nous ».

« M. Charles-René Leclerc s'associant entièrement à ma démonstration dit avec moi, d'une façon formelle, qu'il n'y a jamais eu de consul à Oudjda ; que si votre Ministère, en vertu de la loi de 1836, lui a transmis des pouvoirs, il les a transmis à une personne qui n'avait pas qualité pour les recevoir ».

Et encore plus loin :

« Voilà la démonstration que je voulais faire. Je pourrais l'étendre ; je pourrais vous montrer que je ne suis pas seul de mon avis, de l'avis de M. Charles-René Leclerc. La légalité de votre Tribunal, a été contestée de façon formelle également par l'avocat de l'officier Martinot, qui s'est appuyé, lui, sur d'autres motifs que les miens. Il a réclamé l'envoi de son client devant la justice militaire ».

Je ne pourrais pas, Messieurs, invoquer une autorité plus compétente que celle de mon honorable et distingué confrère, Maître Monbrun, du barreau d'Oran, car c'est à lui qu'il est ainsi fait allusion dans cette partie de l'argumentation.

Je reprends la lecture du discours de M. Bluysen :

« De tous côtés, Monsieur le Ministre, l'argumentation que vous avez insérée dans vos lettres et que vous allez sans doute porter à cette tribune, est combattue ; elle ne tient pas.

« Je le répète, il n'y a jamais eu de consul à Oudjda. Dans ces conditions, le ministre français de Tanger n'avait pas à lui transmettre des pouvoirs que, d'ailleurs, il n'avait pas lui-même ; car il aurait dû les tenir d'une loi, et cette loi n'a jamais été faite. »

Voilà, Messieurs, ce qui a été dit à la tribune de la Chambre ; c'est la confirmation absolue et complète de la thèse juridique que je viens de développer devant la Cour.

M. Bluysen ajoute :

« J'ai rédigé une proposition de résolution. Vous m'avez déclaré que vous l'acceptiez, Monsieur le Ministre. Je vous en remercie. Je ne pensais pas que vous le feriez si vite (*Rires*).

« Cette résolution vous invite à rechercher une juridiction compétente... Vous y consentez ? Mais alors, vous allez renoncer à ce tribunal d'Oudjda ? Qu'allez-vous en faire ? (*On rit*).

« *M. Molle*. — Il n'existe pas !

« *M. Paul Bluysen*. — Oui, il n'existe pas, légalement. Mais va-t-il continuer à siéger ? Que deviendra M. Kammerer ? Va-t-il rentrer à Paris dans vos bureaux ou persister à remplir ses fonctions judiciaires ? Il y a deux ans que le tribunal qu'il préside a été institué pour juger de petites affaires, des peccadilles, des vols de bourriquots par des Arabes. Vous lui avez renvoyé d'autres espèces plus graves. Vous en voyez le danger.

« Vous reconnaîtrez, Messieurs, qu'à tous les points de vue, administratif, judiciaire ou autres, l'affaire était digne de vous être exposée. Vous avez, à Oudjda, un tribunal illégal et que l'ignorance du droit expose aux plus dangereuses aventures. Est-donc une justice française ? (*Applaudissements*). »

M. le Ministre des Affaires Etrangères prend à son tour la parole. Je ne voudrais pas vous cacher la façon dont il a répondu. Je le ferai d'autant moins que dans des conditions singulières il s'est abrité derrière l'autorité de la Cour d'Aix, et j'ajoute que ce n'est pas là ce qu'il y a de moins étrange dans cette affaire

que de sentir que l'opinion du Parlement a été incontestablement impressionnée lorsqu'on a devant lui évoqué l'autorité qui
s'attache aux magistrats siégeant ici. Car, sans être même « de la
basoche », on connaît la Cour d'appel d'Aix, et on sait la réputation dont elle jouit dans le monde judiciaire et dans les autres
milieux en général. Vous appartenez, en effet à la juridiction qui
a peut-être sous son autorité l'étendue territoriale la plus considérable ; il est incontestable que dans les recueils vos arrêts sont
toujours accueillis avec empressement et commentés avec soin,
parce qu'on n'ignore pas qu'ils émanent de magistrats dont la
science juridique est incontestable.

Eh bien, vous allez voir comment M. le Ministre des Affaires
Etrangères a cru pouvoir se servir de l'autorité juridique et mo-
rale de la Cour d'Aix.

Après quelques mots de préambule le ministre s'exprime en
ces termes :

« La justice militaire, qui avait été saisie dans des conditions dont la légalité
et la régularité ont été contestées, s'est elle-même déclarée incompétente ».

Je veux vous avertir, avant même que j'aie été appelé à vous
apporter les preuves sur ce point de ma discussion, que ce n'est
pas toujours la vérité qui sort de la bouche d'un ministre ; il
suffit d'avoir entendu le rapport très complet et très documenté
que vous faisait hier l'honorable conseiller rapporteur pour se
souvenir dans quelles conditions l'autorité militaire « s'est » dessaisie. Et quand on a l'audace d'affirmer à la tribune du Parlement qu'elle a proclamé son incompétence et qu'elle s'est dessaisie elle-même, vous avouerez qu'il faut avoir une dose
inaccoutumée d'ignorance — ce qui est la meilleure excuse du
ministre, car certainement il ne connaissait pas dans leur exac-
titude les faits dont il parlait —.

« Le Maroc, ajoutait M. de Selves, est encore, à cette heure, un pays de juridiction ; la justice y est exercée, comme dans les autres pays hors chrétienté, par les consuls de France au regard de leurs nationaux. Spécialement, elle est représentée dans l'amalat d'Oudjda par un tribunal consulaire, qui depuis le début de 1909, est le juge de droit commun.

« Voici dans quelles circonstances ce tribunal a été constitué à cette époque :

« En vue d'assurer à Oudjda la répression des crimes et délits, ainsi que le jugement des procès civils et commerciaux intéressant les Français qui résident dans cette localité, le ministre des affaires étrangères, *en l'absence d'un consulat de France à Oudjda...* »

Remarquez bien, Messieurs, EN L'ABSENCE D'UN CONSULAT DE FRANCE A OUDJDA.

« ... a autorisé notre représentant au Maroc à délivrer au commissaire du Gouvernement une délégation investissant ce dernier des fonctions judiciaires en matière civile et pénale. »

Poursuivant ma lecture, je trouve un peu plus loin ceci :

« J'ajoute que le tribunal consulaire constitué dans les conditions que je vous indique depuis 1909, a jugé un très grand nombre d'affaires... »

Eh ! bien, Messieurs de la Cour, tous ceux qui ont habité Oudjda vous diront que c'est encore là une affirmation qui n'est pas exacte ; je ne veux pas employer d'autre mot.

M. Bluysen interrompt à ce moment le ministre en lui criant : « Des affaires insignifiantes ! »

Sur quoi M. de Selves continue :

« ... et en a renvoyé beaucoup devant la Cour d'Aix, conformément à la disposition que je viens de vous faire connaître.

« On a discuté la légalité de la délégation qui a été donnée par la légation de France à Tanger au commissaire du Gouvernement qui se trouvait à Oudjda ».

« Un plaideur, M. Hauser... ».

Je prie la Cour de bien écouter ceci, car elle verra non point par des mots, mais par un fait, ce que valent certaines affirmations dans des débats parlementaires aussi graves, puisqu'ils touchent, ne l'oubliez pas, à l'organisation du pouvoir judiciaire.

« ... Un plaideur, M. Hauser, a récemment soulevé l'exception de l'irrégularité de la constitution du tribunal consulaire d'Oudjda, qui par jugement motivé avait affirmé sa compétence.

« La question a été portée devant la Cour d'Aix, auprès de laquelle elle est encore pendante. Le substitut du procureur général, M. Chervet, a soutenu la thèse de la validité du tribunal d'Oudjda et présenté des conclusions conformes.

« La question que soulève M. Bluysen de la légalité de la constitution du tribunal consulaire d'Oudjda et de sa compétence est donc actuellement soumise à la Cour d'appel d'Aix par un plaideur, M. Hauser ».

J'appelle encore votre attention, Messieurs, sur le passage qui suit, car vous allez voir combien la discussion a été de suite modifiée quant à ses conséquences et à ses conclusions, par des paroles tombant de si haut et avec une telle autorité :

« ... La Chambre a-t-elle qualité pour décider, à l'heure actuelle, alors que la Cour d'Aix est saisie, si le tribunal d'Oudjda a ou non compétence ?

« Je vous avoue qu'en présence du principe de la séparation des pouvoirs... »

Le fameux principe, Messieurs ! si semblable aux jolies filles, devant qui on s'incline toujours, sauf à leur manquer de respect quand on le peut ! (*Sourires*).

« ... principe de la séparation des pouvoirs, je me demande si le ministre des affaires étrangères et si la Chambre peuvent prendre de semblables décisions.

« Je prie la Chambre de vouloir bien laisser à la Cour d'Aix le soin de trancher la question » (*Vifs applaudissements à gauche*).

Vous devez comprendre qu'étant donné que je savais avoir l'honneur de venir plaider devant vous, ces paroles m'avaient un peu ému. Je me suis dit : « Mais alors, dans quelle galère vais-je monter ? Je vais courir très confiant et très allègre vers Aix, et à mon arrivée je vais trouver une Cour qui me dira avec autant de courtoisie que de fermeté : Permettez ! La question, nous la connaissons admirablement ; nous l'avons tranchée. M. Chervet, magistrat distingué, a estimé, a conclu, et la Cour l'a suivi : il y a aujourd'hui un arrêt... » (l'arrêt qu'on attendait au moment de la discussion, mais qui a dû être rendu depuis ; c'était, en effet, le 27 décembre 1911 que s'engageait la discussion à la tribune de la Chambre et nous sommes au mois de Janvier 1913) « ...Je vais donc me trouver en face d'un mur ». Telles étaient mes réflexions. Heureusement pour moi l'affirmation du ministre n'avait qu'un tort : c'est qu'il n'y a pas eu d'affaire Hauser ; ou alors, si dans vos investigations vous l'aviez trouvée, c'est que vous auriez été singulièrement plus favorisés que moi, malgré toutes mes recherches.

Depuis mon arrivée à Aix, sous la hantise de cette préoccupation, je me suis livré aux plus minutieuses investigations. J'ai trouvé pour m'aider les collaborateurs les plus zélés, notamment dans la personne de M⁰ David, avoué à la Cour, qui m'assiste, et qui m'a dit : « Jamais il n'y a eu devant notre Cour une affaire Hauser ».

La vérité, c'est qu'en effet, à un moment donné, M. Hauser avait eu l'intention de saisir la Cour d'Appel d'Aix ; mais il n'est jamais allé jusqu'au bout. La vérité également, c'est que M. Chervet n'a jamais donné de conclusions dans une affaire Hauser, puisque l'affaire Hauser n'a jamais existé. Mais M. Chervet a eu l'occasion — consulté officieusement par le Département de la Justice — de donner, dans un rapport adressé à ce Département, son avis sur la question, avis qui peut avoir, bien entendu, l'importance qu'on doit toujours attacher à l'opinion d'un magistrat de valeur, mais qui en réalité, au point de vue

du débat actuel, n'existe ni juridiquement ni légalement. Tant
que cet avis n'aura pas été sanctionné par une décision de justice, tant que vous n'aurez pas inséré dans un arrêt la thèse de
M. Chervet, moi, je peux et je dois l'ignorer. M. Chervet n'a
d'ailleurs pas discuté son opinion contradictoirement avec nous;
il a simplement, consulté par son ministre, donné son opinion
personnelle, en temps qu'organe du ministère public.

Mais voyons ! Est-ce que je dors ? Est-ce que, par hasard,
depuis mon enfance je ne me serais point réveillé ? J'avais cru
entendre dire que bien souvent les avis du ministère public, si
intéressants et si documentés qu'ils puissent être, ne font pas
toujours la loi devant les tribunaux ou devant les Cours ! Par
conséquent, tant que le ministère public se cantonnera dans une
opinion de principe, ce qui est son droit et son devoir ; tant que
les magistrats du siège n'auront pas statué, je considérerai comme
nulle et comme non avenue l'opinion de M. Chervet ; et j'estime, Messieurs, qu'il faudra attacher au moins autant d'importance aux opinions contraires émises par les hommes les plus
compétents en matière de droit, opinions que je vous ferai
connaître.

C'est dans de telles conditions qu'on n'a pas craint de dire à
la Chambre : « La Cour d'Aix va marcher, elle va suivre, elle
est avec nous ; un magistrat vient à notre secours ; quant aux
autres, étant donné qu'il a développé ses conclusions, vous
pouvez être certains qu'ils vont le suivre ». En attendant, il n'y
avait pas de procès à ce moment-là, il n'y a pas eu d'arrêt depuis !

Il y a quelque chose de plus grave encore.

Dans un autre arrêt rendu par la Chambre des mises en accusation, il est parlé d'une « affaire précédente »; je vise bien entendu l'arrêt de renvoi dans l'affaire Pandori, arrêt de renvoi à
propos duquel il ne fut point introduit de pourvoi en Cassation.
L'accusé qui attendait avec impatience d'être fixé sur son sort
voulait être jugé rapidement ; il ne voulait pas, par un pourvoi

en Cassation, prolonger encore sa détention ; je le comprends très bien, et c'était au surplus son droit absolu. Mais j'ai été stupéfait lorsque j'ai vu que cet arrêt déclarait que déjà, dans une « affaire précédente », la Cour d'Aix avait statué. Où donc est cette « affaire précédente » ? me disais-je. Comme Diogène avec sa lanterne, j'étais à la recherche de l'arrêt de la Cour d'Aix. Je demande cet arrêt, je veux le voir ; si je dois le discuter, je désire en connaître les termes, la date, tous les éléments utiles en un mot. Or, il n'existe pas !

Comment peut-il se faire dès lors qu'à la Chambre, d'une part, on invoque une affaire Hauser qui n'est jamais venue à l'une de vos audiences, et que, d'autre part, votre Chambre des mises en accusation paraisse s'abriter derrière un arrêt rendu dans une « affaire précédente » dont personne n'a le souvenir ! L'espèce est assez intéressante cependant pour qu'elle ait fixé l'attention ; aurais-je, en effet, le droit de plaider en toute assurance cette question devant vous, si vraiment vous aviez déjà été saisis de la question et si déjà vous aviez statué ?

Revenons donc au projet de résolution voté à la Chambre des Députés.

M. Adigard a pris la parole après le ministre pour appuyer les arguments de M. Bluysen. Il a déclaré, lui aussi, que le tribunal d'Oudjda était un tribunal inexistant ; il a même exprimé les appréhensions les plus vives au point de vue de son autorité et de sa compétence, déclarant que les hommes qui composaient ce tribunal n'avaient aucun prestige et ne présentaient aucune garantie au point de vue juridique. En fin de compte, la proposition de M. Bluysen a été adoptée.

Quel en était le texte ? Je veux vous le lire, et vous allez voir que dans les débats les plus graves il y a souvent place, malgré tout, pour un moment de douce gaieté.

Voici la proposition de résolution acceptée par le Gouvernement à la date du 27 décembre 1911 et votée par la Chambre des députés :

« La Chambre invite le Gouvernement à envoyer devant la juridiction compétente tout fonctionnaire militaire ou civil dont les actes ont été l'objet d'instructions judiciaires dans l'amalat d'Oudjda ».

Que voulait dire ce projet de résolution ? Il voulait incontestablement indiquer (ou autrement il n'avait aucune raison d'être) que jusqu'alors le tribunal consulaire s'était à tort saisi des différentes affaires civiles et militaires retenues devant lui, et qu'on devait renvoyer enfin devant une juridiction compétente, quelle qu'elle fût, ceux qui étaient à ce moment-là l'objet d'une poursuite ou civile ou militaire.

Le Gouvernement a accepté le projet de résolution, qui a été voté à l'unanimité... et le tribunal consulaire d'Oudjda a continué à fonctionner. C'est inconcevable, c'est invraisemblable, mais c'est comme cela !...

Je n'en tire aucune conclusion pour le moment, mais j'ajoute que cette discussion ne peut apporter aucun renfort à la thèse de l'organisation légale et juridique du tribunal consulaire d'Oudjda.

Ce n'est d'ailleurs pas tout, car je n'ai pas uniquement en faveur de mon opinion la protestation apportée à la tribune de la Chambre par M. Bluysen, appuyé par son collègue M. Adigard.

Je me permets de vous faire remarquer que jusqu'à présent, il n'y a pas, à ma connaissance, de jurisconsulte (à part peut-être M. Chervet) qui ait, soit dans un article de revue, soit dans un article de journal, soit dans une discussion sous une forme quelconque, soutenu la légalité du tribunal consulaire d'Oudjda. Je connais, en revanche, l'opinion de plusieurs jurisconsultes, et tous sont unanimes à proclamer l'illégalité du tribunal consulaire d'Oudjda.

Rappellerai-je, en passant, que M. Charles René Leclerc a sur ce point, à différentes reprises, motivé très nettement son sentiment ? Or, M. Charles René Leclerc n'est pas seulement un homme connaissant le droit ; mais il a en outre cette spécialité (ce qui dans l'espèce a sa valeur) qu'il connaît admirablement toute la région algérienne et marocaine, et qu'il est aussi versé dans le droit musulman que dans le droit français ; il est d'ailleurs, à l'heure actuelle, directeur des affaires économiques du Maroc, à Rabat. En toutes circonstances il a, par la plume, affirmé que la délégation de Tanger n'avait aucune valeur et que *le tribunal consulaire d'Oudjda ne pouvait pas exister légalement.*

M. Charles René Garnier, avocat à la Cour d'Appel d'Alger, connaissant aussi très bien toute cette région où il a, non pas par lui-même, mais par sa famille, de gros intérêts qui l'ont amené à suivre de très près toutes les questions de propriété et tous les points de droit relatifs aux différents conflits qui peuvent s'élever, a également, dans une série d'articles publiés dans les revues les plus sérieuses et les plus appréciées, conclu à l'illégalité absolue du tribunal consulaire d'Oudjda.

Bien mieux ! je puis, pour ma discussion, faire état d'un arrêt de la Cour d'Aix dans lequel il est fait allusion à la question de la légalité du tribunal consulaire d'Oudjda.

Je ne puis pas en préciser la date ; car malgré les efforts que j'ai faits à Aix et à Marseille, je n'ai pas pu trouver le numéro de la revue où il a été publié, et je regrette de ne l'avoir pas apportée ici ; on commet toujours des oublis de ce genre au dernier moment d'un départ. Il s'agit en tout cas d'une revue de premier ordre que pour ma part je voudrais voir figurer dans beaucoup de bibliothèques de droit, car pour les intérêts de notre colonie de l'Afrique du Nord, elle présente la plus grande utilité : c'est la « Revue algérienne et tunisienne de jurisprudence et de législation ». Elle a été créée par un jurisconsulte, puis elle est devenue en quelque sorte la propriété de la Faculté de Droit d'Alger ; c'est dire qu'elle est publiée sous ses auspices, avec la collaboration de magistrats éminents, tant de la Cour de Cassation que de la Cour d'Alger et des différents tribunaux d'Algérie et de Tunisie, et d'un grand nombre d'avocats ; et je salue à la barre un de ses collaborateurs les plus distingués dans la personne de mon confrère et ami Maître Monbrun.

Eh bien, cette revue, qui publie tous vos arrêts et tous vos jugements intéressant l'Afrique du Nord, a rapporté comment, à la suite d'une décision émanée de vous mais dont la date m'échappe, la Cour a été appelée incidemment, dans une affaire civile, à se préoccuper de la question de la légalité du tribunal consulaire d'Oudjda. L'article de la Revue était signé par M. Larget, professeur de droit à la Faculté d'Alger.

M. Larget, qui jouit à juste titre dans toute l'Algérie, dans le monde universitaire, judiciaire et intellectuel, d'une très haute et très méritée réputation, conclut, après avoir discuté avec la courtoisie qui convient à des controverses de cette nature, qu'à ses yeux la Cour d'Aix commet une erreur absolue, et qu'elle se trompe complètement lorsque, saisie d'appels de jugements du tribunal d'Oudjda, elle croit se trouver en présence de jugements réguliers. Le tribunal consulaire d'Oudjda n'a, selon M. Larget. aucune existence, aucune compétence juridique ; il va plus loin : il proclame la nullité absolue et radicale de toutes les décisions rendues par ce tribunal.

N'avais-je donc pas raison de dire que le tribunal consulaire d'Oudjda est un tribunal inexistant ? j'insiste sur ce point, car tout à l'heure j'aurai à répondre à une objection qui peut m'être faite à ce sujet.

Vous voyez bien, Messieurs, que je ne me cantonne pas sur le terrain vraiment trop facile d'un vice de forme, d'un vice de procédure ; je viens au contraire vous dire : « A propos de quoi siégez-vous ? Sur quoi allez-vous statuer ? Est-ce que votre Chambre des mises en accusation a pu valablement renvoyer devant votre juridiction les accusés qui sont ici, alors que comme point de départ de toute la procédure il y a l'illégalité la plus flagrante, celle qui est basée sur l'inexistence du juge, sur *l'inexistence du Tribunal ?*

Ce n'est point seulement la compétence « materiæ », ce n'est point seulement la compétence « personæ », ce n'est point seulement la compétence « loci » que je soulève ici ; je soulève un point qui domine tout notre droit civil et criminel : celui de l'existence, au point de départ de l'instance, d'un pouvoir judiciaire ayant qualité pour instrumenter et pour juger. Là où il n'y a pas de pouvoir judiciaire il n'y a pas de place pour la justice, et là où il n'y a pas de pouvoir de juridiction il n'y a rien, que la table rase, devant laquelle vous ne pouvez pas juger.

Lorsqu'on me dira que je suis irrecevable et forclos, je protesterai avec la plus grande énergie. Comment ? je serais irrecevable et forclos, alors que je viens soulever devant vous le redoutable problème de savoir si, oui ou non, les garanties judiciaires existent pour tous les justiciables et si les grands principes qui président à notre organisation judiciaire doivent être respectés ; j'aurais le droit, lorsque le juge existe, mais lorsqu'il s'est saisi à tort d'un litige, de soulever en tout état de cause, même devant la Cour de Cassation, à n'importe quel moment, la question de compétence, et je n'aurais pas le droit, à n'importe quel moment et à n'importe quelle heure, de venir le proclamer dans une enceinte de justice alors qu'il n'y a eu au début même des opérations judiciaires ni magistrat, ni tribunal ? Prenez garde, Messieurs ! Vous allez couvrir de l'autorité de votre nom, de vos fonctions, de l'autorité qui s'attache à vos robes, la négation même de la justice, de ce qui n'est même plus un fantôme de justice, parce qu'au début il n'existait légalement aucun pouvoir judiciaire.

S'il y a, selon moi, une nullité qui doit être considérée comme étant d'ordre public et pouvant être invoquée à n'importe quel moment, c'est incontestablement celle-là, qui est bien au-dessus des questions de compétence les plus ardues et les plus délicates.

« Mais alors, me répondrez-vous, personne ne pouvait se saisir de la question ? Le crime devait-il rester impuni ? Les assassins pouvaient-ils circuler librement sans être inquiétés ?... » Allons donc ! Il y avait une autre justice, la seule qui fût légalement instituée là-bas ! Je n'ai pas à me prononcer actuellement sur la question de savoir s'il était fâcheux ou non qu'il n'y en eût pas d'autre. Je n'ai pas à examiner ce point et je n'ai pas à vous dire à cette heure quel est le sentiment qu'il y a lieu selon moi de professer à l'égard du fonctionnement des conseils de guerre. Je n'ai pas à m'en préoccuper pour le moment, et ce n'est pas la question ; mais je dis que légalement et juridiquement, en restant sur le terrain de ma discussion dont je ne veux pas m'écarter, *il n'y avait à Oudjda qu'un tribunal* qui pouvait à la fois juger et les indigènes et les ressortissants français ; ce tribunal, *c'était le Conseil de Guerre !*

Cela est tellement vrai que le Conseil de Guerre ne s'y est pas trompé. Dès que le crime a été commis, dès qu'il a été connu, un ordre d'informer émanant de l'autorité militaire est intervenu à la date du 21 octobre 1911.

Dans quelles conditions le brigadier des douanes Meyer est-il assassiné dans la nuit du 20 au 21 octobre ? Voilà la question qu'on se pose. Dès le 21 octobre, la gendarmerie de Martimprey enquête ; l'interprète militaire Renizio continue l'enquête le 22 ; et, le 27, le haut-commissaire du Gouvernement, commandant les troupes ayant franchi la frontière algéro-marocaine, ordonne qu'il soit informé contre X... par le commissaire rapporteur du premier Conseil de Guerre de l'amalat d'Oudjda.

Le 30 octobre, nouvel ordre d'informer, pour vol d'armes de guerre. Ensuite, trois ordres complémentaires d'informer, portant les dates des 31 octobre, 5 novembre et 8 novembre. Les accusés sont, à ce moment-là, les deux frères Mokhtar.

Vous voyez que l'autorité militaire, avec une rapidité que je souligne, avait mis la main sur ceux qui finalement devaient être traduits devant vous : les deux frères Mokhtar, leur père,

l'interprète Mustapha Semghouni, celui-là auquel faisait allusion
hier M. le rapporteur Dumas lorsque, lisant les pièces de la procédure et vous décrivant les lieux, il vous faisait remarquer la
présence de cet homme à quelques centimètres de l'endroit précis où l'assassinat était commis. Et à ce propos, lorsque vous vous
reporterez au dossier, lorsque vous examinerez le débat au fond,
lorsque vous aurez entendu le réquisitoire de M. l'Avocat Général, vous apprendrez que le crime a été commis dans des conditions odieuses de cruauté et de sauvagerie : le malheureux
brigadier Meyer, qu'on est allé réveiller au milieu de la nuit, se
lève, vêtu simplement de sa chemise et de son pantalon. Il ouvre :
et à peine a-t-il ouvert qu'il est frappé d'un coup terrible au
ventre. Il essaie de se défendre, il résiste, il crie. La lutte dure
pendant assez longtemps ; un corps-à-corps se produit ; Meyer est
frappé par un autre que celui qui l'avait blessé au début ; il roule
par terre, et ce n'est qu'à ce moment-là qu'on lui tranche la
gorge et qu'enfin le drame est accompli.

Il est certain, Messieurs que l'homme qui couchait à quelques
centimètres de là, séparé par une mince cloison percée elle-même
d'un vasistas, a, au dire des criminels eux-mêmes, non seulement
entendu le bruit de la lutte, mais il a ouvert la porte, d'abord
pendant que le crime s'accomplissait, et ensuite il l'a ouverte
une seconde fois pour donner à Mohamed ben Mokhtar la clef
de l'écurie, ce qui lui a permis de s'emparer d'un cheval pour
fuir !

Eh bien ! cet homme qui avait été retenu par l'autorité militaire dès le début de l'instruction, il est au moins étrange de ne
pas le voir traduit devant vous, surtout lorsqu'on voit les poursuites atteindre d'autres dont la participation au drame et aux
incidents qui l'ont suivi semble être bien moins caractérisée et
précisée à tous les points de vue. Il a fallu l'intervention de
M. Kammerer et de son tribunal consulaire pour que cet homme
obtienne un non-lieu ; il a fallu également la substitution d'un
tribunal consulaire au Conseil de Guerre pour qu'on oublie de

fermer le carcan du principal coupable Mohamed ben Mokhtar, pour qu'on cesse de lui mettre les chaînes, pour qu'on laisse ouvertes les portes de sa prison, pour qu'on ne vienne s'assurer qu'après son départ s'il a bien su profiter des singulières facilités mises à sa disposition pour une évasion !

Qu'on ne nous dise pas qu'il s'est échappé après avoir percé la muraille à l'aide de je ne sais quelle cuiller qu'on lui aurait fait passer subrepticement ! Ceux qui sont allés là-bas — et il en est ici — vous diront qu'il était matériellement impossible à un homme de passer par l'ouverture qu'on prétend avoir été faite par lui.

L'autorité militaire, chargée de l'enquête au début, s'est également préoccupée du fait que des pièces avaient disparu. Elle croyait trouver, à tort ou à raison, dans ces papiers subtilisés, évanouis, la preuve de certains faits dont la Cour d'Aix a été saisie dans un précédent procès criminel et sur lesquels elle a prononcé. L'autorité militaire espérait que dans le sous-main pris dans le bureau des douanes d'El-Heymer, sous-main qui était rempli de papiers, on trouverait peut-être des indications précises sur le rôle de chacun dans l'affaire de détournements.

Elle ouvre de suite son information et elle la suit, s'entourant de toutes les garanties possibles. C'est successivement le capitaine Guennebaud et le lieutenant Garnier qui s'efforcent, en temps que magistrats instructeurs, de découvrir la vérité et de mettre au jour toutes les complicités.

En délivrant les ordres d'informer, le général Toutée agissait tant en sa qualité de *chef de la justice militaire* comme commandant des troupes ayant franchi la frontière algéro-marocaine qu'en vertu des *pouvoirs spéciaux* de police qui lui avaient été conférés par la dépêche ministérielle du 30 octobre 1910. C'est vous dire qu'il s'inspirait à ce moment-là des instructions mêmes qui lui étaient parvenues du ministère.

Le ministère de la guerre avait en effet désigné pour remplir les fonctions de haut-commissaire français M. le général Toutée.

Celui-ci dirigeait, avec le haut commissaire chérifien, la police marocaine de la frontière. Sauf instructions spéciales du Gouvernement, il était chargé de l'exécution des mesures militaires prises pour l'application des accords. A ce titre il avait le commandement exclusif des troupes régulières françaises stationnées dans la région frontière.

Il se conformait à l'esprit même de la décision ministérielle antérieure qui avait créé deux conseils de guerre et un conseil de révision dans l'amalat d'Oudjda.

Voici d'ailleurs la teneur de cette dépêche :

« Paris le 5 août 1909. Le Ministre de la guerre à M. le général commandant la division d'Oran, etc.

« Le général commandant le 19e corps d'armée m'a transmis en l'appuyant la lettre que vous lui avez adressée le 19 février au sujet de crimes ou délits intéressant la sécurité de nos troupes dans l'amalat d'Oudjda et dans lesquels *des indigènes marocains se trouvent impliqués* soit comme auteurs, soit comme complices de sujets français.

« Estimant avec vous et avec M. le commissaire du Gouvernement qu'il y a intérêt à faire juger ces infractions par la juridiction militaire, j'ai décidé la formation, dans l'amalat d'Oudjda, de deux conseils de guerre et d'un conseil de révision.

« Pour le Ministre et par son ordre,
« Le Conseiller d'Etat
« Directeur du contentieux et de la justice militaire.

« Signé : (Illisible). »

Voilà donc la seule autorité judiciaire qui, à ce moment-là, fonctionnait dans l'amalat d'Oudjda. Elle avait été constituée dans quel but ? Pour juger les crimes et délits dans lesquels des indigènes marocains se trouveraient impliqués soit comme auteurs soit comme complices de sujets français.

Mais quel est donc le conseil de guerre établi à Oudjda ? Est-ce un conseil de guerre ordinaire ? Pas du tout. Ce conseil de guerre

avait un pouvoir juridictionnel d'autant plus étendu qu'il était
en réalité un conseil de guerre aux armées. Il n'est pas douteux
en effet qu'à l'époque dont il s'agit, et je puis dire encore à l'é-
poque actuelle, le Maroc n'était pas un territoire que l'on pût
considérer comme pacifié. On était évidemment, suivant les
termes mêmes que la Cour de Cassation a indiqués dans un arrêt que vous connaissez bien, dans la situation de troupes se trouvant sur territoire ennemi. Vous vous rappelez en effet que la
Cour de Cassation, dans un arrêt qui, à différentes reprises, a
été publié et commenté, a décidé qu'il faut entendre *lato sensu*
par territoire ennemi, « tout territoire étranger occupé par les
troupes françaises, même à la suite de la guerre pour la protection des intérêts publics qui commande cette occupation. »

Il est certain qu'on était dans cette situation et qu'on s'y trouve
encore, puisque les journaux de ces jours-ci ont fait connaître
aux plus sceptiques que nous étions loin d'être arrivés à la paci-
fication complète du Maroc. Je parcourais ce matin même les
journaux portant la date d'hier. On y trouve une série de dépêches originaires du Maroc indiquant que des goumiers ont été
attaqués, que des officiers et des soldats ont été tués ou blessés,
qu'une très vive agitation règne dans toute la région de Mogador, que la colonne Ruef et divers détachements ont dû soutenir
de véritables combats.

Je lisais à la fin de décembre :

« Une reconnaissance de goumiers partie de Debdou pour Taourirt a rencontré dans la plaine du Masouf, non loin de la Moulouya, des Beni Boumcor.
Aussitôt des coups de feu ont été tirés de part et d'autre ; deux goumiers
ont été tués et deux autres blessés ; mais le goum a réintégré le lendemain
soir le camp de Taourirt, renforcé par des détachements venus des postes
de Debdou et de Guercif. Il avait pu, au cours du combat, s'emparer de trois
troupeaux. De leur côté les Beni Boumcor ont laissé sur le terrain plusieurs
morts ».

Tel est le ton des dépêches paraissant sous la rubrique « Au Maroc » et qui presque tous les jours occupent une colonne des journaux.

Par conséquent, si jamais un conseil de guerre a dû être considéré comme conseil de guerre aux armées, c'est bien le cas des conseils de guerre qui actuellement fonctionnent au Maroc et particulièrement de celui qui fonctionnait en 1911, lors du drame d'El-Heymer, dans l'amalat d'Oudjda.

C'est d'ailleurs ainsi que de tout temps la jurisprudence a interprété l'esprit de la loi. Je ne voudrais pas abuser des lectures, Messieurs ; mais si vous voulez vous reporter aux références qui sont dans mon dossier, vous verrez que dans le Répertoire général du droit français, au mot : « Justice militaire », il est fait allusion aux décisions intervenues en ce qui concerne les corps d'occupation de Rome, du Mexique, et plus récemment encore, en ce qui concerne les troupes d'occupation de Casablanca. A différentes reprises il a été décidé par la jurisprudence que le conseil de guerre aux armées était compétent pour juger tous les crimes et tous les délits commis sur toute l'étendue des territoires occupés par nos troupes.

D'ailleurs, c'est la compétence telle qu'elle résulte en réalité de l'article 63 du code de justice militaire, qui s'exprime en ces termes :

« Sont justiciables du conseil de guerre, si l'armée est sur le territoire ennemi, tous individus prévenus, soit comme auteurs, soit comme complices, d'un des crimes ou délits prévus par le titre 2, livre IV du présent Code ».

Il faut compléter ce texte par l'article 267 qui dit :

« ... Les tribunaux militaires appliquent les peines portées par les lois pénales ordinaires à tous les crimes ou délits non prévus par le présent Code ».

Si donc vous vous reportez, Messieurs, aux arrêts de cassation auxquels je fais allusion, vous constaterez qu'à différentes reprises il a été décidé que les conseils de guerre étaient compétents pour statuer sur des crimes et des délits qui n'étaient pas du tout prévus par le code de justice militaire, notamment pour les affaires d'empoisonnement.

Par la généralité de ses termes, il n'est pas douteux que l'article 63 s'applique aux crimes et délits commis par des individus, militaires ou non militaires, quelle que soit leur nationalité, au préjudice de Français.

Le commandant des forces militaires de l'amalat est le chef de la justice régulière dans l'amalat ; il saisit la seule juridiction française légalement établie : le conseil de guerre.

Il ouvre, contre cinq inculpés « et tous autres que l'information pourra faire découvrir » une instruction pour assassinat et vol d'armes de guerre.

Est-ce que le haut commissaire a saisi valablement le conseil de guerre aux armées, la seule juridiction qui était établie à ce moment-là à Oudjda ? Oui, Messieurs, et nous allons le voir, puisque, je le répète, il n'y avait pas d'autre juridiction instituée dans l'amalat.

En ce qui concerne le vol d'armes, d'ailleurs, pas de difficultés, puisque, jusqu'à la dernière minute, on a reconnu sur ce point la compétence du conseil de guerre.

Quant à l'assassinat, j'estime que non seulement les termes généraux de l'article 63 autorisaient la compétence, dans l'espèce, du conseil de guerre ; mais j'ajoute que la situation des inculpés était telle qu'il ne pouvait pas en être autrement. Pourquoi ? Gardons-nous d'oublier que tous les accusés qui sont ici devant vous sont des Algériens d'origine ; où sont-ils nés, en effet ? Dans le cercle militaire de Marnia, commune mixte. N'oublions pas non plus qu'une commune mixte est une commune où les indigènes sont, en temps de paix, justiciables uniquement des conseils de guerre.

Mon confrère M⁰ Monbrun, s'il fallait sur ce point compléter les explications que je donne à la Cour, vous indiquerait à l'appui de ce que je vous disais tout à l'heure que sur le territoire d'une commune mixte, si une femme indigène commet un infanticide, elle est justiciable de quelle juridiction ? Du conseil de guerre !

Quel que soit son sexe, quel que soit son âge, quel que soit la nature du délit ou la nature du crime, l'indigène né sur le territoire militaire de la commune mixte de Marnia, n'est justiciable que des conseils de guerre. Nous arrivons alors à cette conception fantastique au point de vue juridique, que dans l'affaire actuelle ces hommes, qui par leur statut personnel ne sont justiciables dès le temps de paix que des conseils de guerre, échapperaient à cette juridiction lorsqu'ils auraient franchi la frontière marocaine, c'est-à-dire lorsqu'ils auraient fait quelques kilomètres pour arriver sur un territoire où l'armée française est en état de lutte, de bataille et de guerre ; sur un territoire occupé où c'est la seule juridiction des conseils de guerre qui fonctionne normalement, régulièrement et légalement. Et s'ils commettent là un assassinat, ils échapperaient à cette juridiction qui leur est pour ainsi dire naturelle ? Vraiment, Messieurs, c'est invraisemblable ! c'est plus qu'étrange ! Il me semble que je ne puisse pas mieux vous souligner ce qu'il y a d'illégal dans la procédure engagée, entamée et poursuivie par le tribunal consulaire d'Oudjda. Ce serait plus flagrant encore si je voulais serrer de plus près et sur d'autres points la question juridique.

Le corps des douaniers était un corps en armes ; c'est un des corps auxiliaires de l'armée, tant en raison de ses façons de procéder qu'en raison de son organisation et de son administration ; les douaniers sont en effet armés par les soins de l'artillerie. Or, vous n'ignorez pas que depuis la loi de 1875, tout corps en armes dépend, dans la mesure où il est corps armé, de la justice militaire.

Du reste, il n'y avait pas que le malheureux Meyer qui était un douanier armé à l'aide d'une carabine livrée par l'artillerie ;

Mohamed ben Mokhtar, le principal coupable, celui qui a pu s'échapper grâce à des complicités singulières, était lui-même, en tant que douanier, armé par les soins de l'artillerie. Il faisait par conséquent partie d'un corps en armes ; et si l'on admet un instant que le vol ait été l'unique mobile du crime, ou l'un de ses mobiles, du moment que ce vol a porté sur des espèces qui entraient dans la caisse chérifienne en qualité de droits de douane, qu'on veuille bien réfléchir aux dépenses auxquelles ces fonds étaient destinés! Ils avaient pour but de solder d'abord les forces de police. Or, quel était le caractère des forces de police dans l'amalat d'Oudjda ? Elles étaient les auxiliaires de l'armée, puisque d'après les accords c'étaient des troupes de police qui devaient collaborer, coopérer avec les troupes régulières au maintien •de la paix et de la tranquillité dans le pays. Il n'est donc pas excessif de prétendre que l'assassinat du brigadier Meyer et le vol qui l'a suivi portaient atteinte à la fois à l'entretien et à la sécurité du corps d'occupation.

Je suis donc en droit de dire qu'à tous les points de vue, il semble que par la nature du crime, par la personnalité de ceux qui y furent mêlés en raison de leur origine et de leur statut personnel, la seule compétence qui devait être revendiquée était celle de la seule juridiction légalement organisée, c'est-à-dire celle des conseils de guerre.

Je n'ignore pas que vous pourriez m'objecter que si le conseil de guerre a été compétemment saisi, il n'est pas resté saisi jusqu'au bout. Sans vouloir m'appesantir le moins du monde sur cette question, afin de ne pas abuser de vos instants et de votre bienveillante attention, je puis indiquer rapidement que vous comprendrez la nature de la lutte engagée entre la juridiction consulaire et la juridiction du conseil de guerre lorsque vous voudrez bien vous rappeler les incidents du 19 octobre. A cette date, par conséquent l'avant-veille du jour où Meyer devait être lâchement assassiné, (par une coïncidence fâcheuse, laissant place aux pires suggestions et aux pires appréhensions), M. le Haut-

commissaire du Gouvernement, agissant dans ce qu'il considé-
rait comme la plénitude de ses attributions — et ce n'est ni le
lieu ni le moment d'apprécier s'il a eu tort ou raison — avait mis
en état d'arrestation MM. Destailleur et Pandori dans les circonstances que vous connaissez en les inculpant de coalition de fonctionnaires et de détournements de deniers publics.

Or, quarante-huit heures après, le brigadier Meyer, l'un de
ceux qui passaient pour avoir signalé au général Toutée certaines
malversations qui s'accomplissaient à la frontière algéro-marocaine, certains actes de contrebande qui, paraît-il, étaient tolé-
rés presque quotidiennement et jouissaient de la plus complète
impunité, le brigadier Meyer est assassiné dans les conditions
que j'ai évoquées tout à l'heure !

L'ordre d'informer est lancé par l'autorité militaire dès le 27
octobre, et presque immédiatement arrive de Paris une commission d'enquête à la tête de laquelle est placée M. Berthelot,
fonctionnaire des affaires étrangères, pour enquêter sur place
sur les incidents d'Oudjda et sur le conflit d'attribution qui s'é-
tait élevé entre le haut-commissaire français et le commissaire
français à Oudjda. En même temps qu'elle, arrivait M. Kammerer, qui allait par intérim remplacer M. Destailleur suspendu.
M. Kammerer ne faisait pas partie de la commission d'enquête,
mais il y fut adjoint, (et ceci résulte très nettemement des déclarations de M. de Selves à la tribune), comme secrétaire,
avec voix non pas délibérative, mais purement consul-
tative.

En fait, il n'a pas su se borner en se cantonnant dans ses attributions ; à tout instant, au sein de la commission d'enquête. il
intervient pour donner son opinion, sur les affaires mêmes à propos desquelles il devait statuer comme président du prétendu
tribunal consulaire. A mon avis, le seul qui aurait dû s'abstenir
de revendiquer la connaissance de ces différents conflits, c'était
à coup sûr M. Kammerer. Il a manqué, pour ne pas dire plus, à la
réserve et au tact qui devraient toujours s'imposer aux fonction-

naires soucieux de leur dignité, surtout lorsqu'ils occupent des fonctions aussi délicates et aussi élevées.

D'ailleurs, si ce n'était pas hors du débat, je lirais la plainte qui fut adressée par M. Driot, l'un des notables faisant partie du tribunal consulaire d'Oudjda, au premier président de la Cour de Cassation, et où il signale des actes stupéfiants de M. Kammerer. M. Driot, dans cette plainte, raconte qu'on l'avait fait venir pour rendre un jugement dans une affaire intéressant les fonctionnaires qui avaient été impliqués dans les poursuites dirigées par le haut commissaire du gouvernement ; lorsqu'il entra dans la salle des délibérations, on lui dit : « Voilà ; le procès-verbal est prêt, vous n'avez plus qu'à signer ».

M. le Premier. — Cet incident s'est passé dans l'intérieur du tribunal ; je crois qu'on peut arriver rapidement à la délibération même du conseil.

Maître Willm. — C'est ce que j'allais faire, Monsieur le Premier. J'en ai d'ailleurs terminé avec cet incident. M. Driot a refusé de signer sans connaître les pièces, et c'est ensuite qu'indigné du rôle qu'on avait voulu lui faire jouer il a rédigé la plainte en question.

Mais je n'ai pas à insister là-dessus et je m'empresse de dire à la Cour criminelle que si j'ai rapporté ce fait incidemment, c'est qu'il renforce singulièrement la thèse que j'ai toujours soutenue, à savoir que depuis la première heure jusqu'à la dernière, sans que j'aie à rechercher les mobiles, pas plus que le but poursuivi, il est certain que les actes les plus illégaux et les plus inqualifiables ont été successivement accomplis.

J'examine maintenant les *conditions vraiment scandaleuses* dans lesquelles, par un *coup de force* du pouvoir exécutif à l'encontre du pouvoir judiciaire, un conseil de guerre régulièrement établi, régulièrement et compétemment saisi, a été dessaisi au profit d'une juridiction que j'ai démontrée illégalement constituée et légalement inexistante.

Malgré les difficultés qu'il pressentait, et malgré que le haut commissaire du gouvernement eût été rappelé, comme vous vous en souvenez, le conseil de guerre n'en continua pas moins son information.

Il était cependant facile de prévoir, dès les premières réunions de la commission d'enquête, que des incidents multiples allaient surgir.

M. Kammerer avait en effet, dès la première heure, revendiqué la compétence du tribunal consulaire pour l'assassinat, voulant bien reconnaître toutefois que le vol d'armes restait de la compétence du conseil de guerre. Mais, chose étrange que vous retrouverez dans la procédure et sur laquelle j'appelle votre attention, car c'est très important, M. Kammerer, qui n'est certainement pas un juriste (ce n'est pas un reproche que lui fais) n'était pas du tout fixé au début sur la nature de la juridiction compétente. Il n'a pas cru, tout d'abord, à la compétence du tribunal consulaire. Vous verrez en effet au dossier la première lettre qu'écrit M. Kammerer. Il parle, dans cette lettre, uniquement de la compétence de « l'autorité locale ». Mais qu'est-ce que c'est que l'autorité locale ? C'est le tribunal du pacha, ce n'est pas le tribunal consulaire. C'est dans la prison du pacha, en effet, que seront enfermés plus tard, dans des conditions regrettables, ces hommes qui sont algériens, qui sont sujets français et non point marocains.

M. Kammerer revendique donc pour l'autorité locale la connaissance de l'assassinat, et ce n'est que plus tard qu'il la revendique pour le tribunal consulaire. C'est dans ces conditions que les accusés, ayant été livrés par les autorités espagnoles aux autorités françaises, avaient été dirigés sur le poste de Martimprey où ils étaient arrivés à la date du 6 novembre 1911.

Le 6 novembre, à huit heures du soir, le haut commissaire français télégraphie au commandant du poste de Martimprey pour lui donner l'ordre de diriger le lendemain matin les accusés, non plus sur Oudjda, mais sur El-Heymer où ils devaient être interrogés et confrontés par le lieutenant Garnier, chargé comme officier rapporteur de l'information.

Par suite de circonstances que je ne connais pas et que je n'ai pas à expliquer, ce télégramme n'est parvenu qu'avec un retard considérable. Il ne fut délivré au poste de Martimprey qu'à trois heures et demie du matin, car il fallut le faire apporter par un goumier du poste de Berkanne.

Le commandant du poste de Martimprey, qui était le capitaine Joubé, n'ayant pas reçu le télégramme, avait pris simplement possession des prisonniers quand ils lui avaient été amenés avec les pièces à conviction. Ces dernières avaient été également prises en charge par le capitaine, notamment le couteau que vous avez sous les yeux et un bissac indigène contenant un sous-main et des papiers.

Entre onze heures et minuit était arrivée au poste de Martimprey l'automobile de la douane dans laquelle se trouvaient M. Kammerer et M. Ballereau. Le premier, s'adressant au capitaine Joubé, lui dit : « Je vous donne l'ordre de me livrer les prisonniers que vous avez sous main de justice ». Le capitaine Joubé fut très étonné de cette demande ; mais M. Kammerer, a ce moment-là, plaça devant ses yeux une pièce sur la nature de laquelle on n'est pas fixé, mais qui n'est assurément pas une délégation judiciaire, car à cette date la délégation n'était certainement pas parvenue à M. Kammerer. Il est probable que c'était la lettre de service par laquelle on le priait de remplacer M. Destailleur. En même temps il lui montra deux télégrammes dans lesquels il était certainement question de l'assassinat du brigadier Meyer.

M. le capitaine Joubé, en présence de ces pièces et dans l'ignorance du télégramme du haut-commissaire qui ne lui était pas parvenu, livra les accusés ; M. Kammerer et M. Ballereau les firent monter dans l'automobile de la douane, et s'emparèrent des pièces à conviction, *sans qu'il y ait nulle part trace*, dans la procédure, de procès-verbal régulier constatant l'identité, la

nature et le nombre de ces pièces ; ils emportèrent notamment
le bissac indigène. Ce fait est indiscutable. La lettre du capitaine
Joubé qui est au dossier et qui est adressée au haut-commissaire
français, indique dans quelles conditions il a fait la livraison des
pièces à conviction et des frères Mokhtar ; or ces pièces ont depuis disparu ; jamais on n'a plus revu ni le sous-main ni aucun
des papiers qu'il contenait.

Ceci est d'autant plus grave qu'il est certain qu'à ce moment-
là M. Kammerer n'avait ni lancé le moindre mandat, ni ouvert
une instruction quelconque.

Nous lui contestons d'ailleurs toute compétence à ce sujet ; et
si l'on me parle du mandat et de l'ordre d'informer du 6 novembre que l'on trouve au dossier, je répondrai par une démonstration péremptoire selon moi, que cet ordre d'informer, que ce
mandat n'ont pu être établis que le lendemain 7 novembre.

Ai-je le droit de dire cela ? Mais oui, Messieurs, et je vais vous
préciser pourquoi.

Le 6 novembre, — et je réponds ainsi à la préoccupation de
M. l'Avocat Général —, personne ne connaissait la nationalité
des accusés ; tout le monde unanimement les croyait marocains,
au point que M. Kammerer lui-même, dans la lettre à laquelle
je faisais allusion tout à l'heure, parlait de la juridiction locale,
c'est-à-dire du tribunal du pacha.

Quand donc a-t-on connu la véritable nationalité des deux
principaux accusés tout au moins ? On ne l'a connue, — et ceci
ressort nettement des pièces du dossier — que dans l'interrogatoire du 7, lorsque pour la première fois ils ont été entre les
mains de l'autorité consulaire, lorsque pour la première fois
celle-ci a pu les interroger.

Or, si vous vous reportez au mandat, à l'ordre d'informer,
vous constatez que ces deux pièces, qui sont datées du 6, men-
tionnent la nationalité des frères Mokhtar qu'on ignorait jusqu'alors.

J'ai donc le droit de dire que ces *deux documents sont certaine-*

ment antidatés, qu'ils ont été écrits le 7, qu'ils ne pouvaient pas
être établis le 6 avec les mentions qu'ils portent, puisque tout le
monde, à cette date du 6 novembre, ignorait la nationalité des
accusés.

J'ai encore le droit de signaler l'*illégalité qui consistait à s'emparer de ces hommes* alors qu'ils étaient sous mandat de justice
régulièrement délivré par les autorités militaires auxquelles ils
avaient été régulièrement remis par les autorités espagnoles.
C'est une illégalité nouvelle qui vient s'ajouter à toutes celles
que j'ai déjà signalées.

Ce qu'il y a de plus grave encore, c'est qu'alors que ce coup
de force s'était produit dans la nuit du 6 au 7 novembre,
M. Kammerer s'étant trouvé pendant toute la matinée du 7 en
compagnie du haut-commissaire français, ne lui souffla pas un
mot de ce qui s'est passé au cours de la nuit précédente ! le haut-
commissaire n'eut connaissance de l'enlèvement des prisonniers
(qu'il croyait alors à El Heymer en train de subir l'interrogatoire
du lieutenant Garnier) que dans l'après-midi ; il apprit à ce moment que les frères Mokhtar n'avaient pas pu être interrogés
par l'officier rapporteur parce qu'on s'était emparé de leur personne pendant la nuit !

Immédiatement — car il ne faut pas oublier que le conflit avait
déjà revêtu une certaine acuité, — il se rend à la prison du pacha, se fait livrer les prisonniers qui n'auraient jamais dû être
incarcérés puisqu'ils étaient non point Marocains, mais Algériens
et, en réalité, sujets français ; il les fait remettre de nouveau à
l'autorité militaire et conduire à El Heymer où ils sont interrogés, pour la première fois, par M. le lieutenant Garnier.

C'est dans cet interrogatoire, (alors que dans le récit du rekkas
— le seul qui nous ait transmis jusqu'à ce moment de la procédure les déclarations des frères Mokhtar recueillies en territoire
espagnol —, il n'a été question comme mobile *que* du vol, ou de
l'histoire du chien qui aurait jadis mordu Mohamed ben Mokhtar),
c'est là que les deux accusés, pour la première fois, inventent la

calomnie du prétendu viol de la femme de Mohamed par l'infortuné Meyer. Remarquez que les deux frères viennent d'être ramenés d'El-Heymer et qu'ils viennent de passer quarante-huit heures à la disposition de la juridiction consulaire.

Si je souligne ces faits en passant, c'est que cette infamie, cette calomnie est une des principales raisons de notre présence ici ; nous avons le devoir de constater que ce n'est qu'après avoir été enlevés à la juridiction régulièrement, légalement saisie, que les accusés ont pour la première fois fait allusion à une odieuse articulation qui, j'en suis convaincu, ne sera pas maintenue à la barre.

Je suis obligé de poursuivre rapidement mon exposé. Le conflit de juridiction, loin de s'apaiser, va aller grandissant ; le scandale va prendre une allure de plus en plus inquiétante, car ce que l'on veut, c'est à tout prix, par tous les moyens, avec une brutalité que je puis qualifier de cynique, *dessaisir le conseil de guerre.*

Je ne reviens pas sur les pièces qui vous ont été lues hier par M. le Conseiller rapporteur. Le général Alix était devenu haut commissaire du gouvernement ; le colonel Henrys était le chef de la justice militaire pour la subdivision de l'amalat d'Oudjda ; le capitaine Guennebaud (en qualité de commissaire rapporteur) et le lieutenant Garnier (comme adjoint au commissaire rapporteur) étaient chargés de la procédure d'information.

M. Kammerer multiplie ses lettres et ses démarches pour obtenir que l'on proclame la compétence du tribunal consulaire ; il va jusqu'à cette hérésie de déclarer au juge militaire dans une de ses lettres qu'il n'a plus à se saisir de la question des fusils, puisqu'ils viennent d'être retrouvés et que dès lors il n'y a donc plus de connexité entre l'assassinat et le vol des fusils. Voilà, Messieurs, ce que M. Kammerer ne craint pas d'écrire.

Laissez-moi remarquer en passant que nous n'ignorons pas que ce n'est point devant vous qu'il faudrait venir soutenir une pareille thèse (*Sourires*). Il est évident que si les fusils ont été retrouvés, c'est par une cause tout à fait indépendante de la volonté de ceux qui les avaient volés ; le délit n'a pas disparu parce qu'on aurait retrouvé le corps du délit. Mais peu importe !

M. Guennebaud et M. Garnier, par des scrupules que j'appellerai des scrupules de magistrat et par conséquent dignes de tous les respects, résistent au dessaisissement. On reçoit alors, après avoir consulté le ministre de la guerre, une dépêche de la rue Saint-Dominique que vous a lue hier M. le Conseiller rapporteur Dumas ; il y est indiqué que le ministère estime que le conseil de guerre n'est pas compétent et qu'on doit laisser suivre le cours de la justice du tribunal consulaire.

Le colonel Henrys — c'est ce qu'il y a aussi de curieux dans le dossier — ne veut pas prendre la responsabilité du dessaisissement. Il avait le droit de prendre cette responsabilité ; il préfère ne pas le faire. Il invite le capitaine Guennebaud et le lieutenant Garnier à se dessaisir ; il appelle leur attention sur les instructions venues du Ministère de la Guerre, et toutes ses interventions se bornent à leur dire : « Dessaisissez-vous ! »

Le 30 novembre, pressé par M. Kammerer, le colonel Henrys « renouvelle au Commissaire rapporteur l'ordre du ministre du 17 novembre et lui prescrit de se dessaisir immédiatement, au profit de la juridiction consulaire, de l'inculpation d'assassinat ».

Etrange injonction ! Pourquoi le colonel Henrys ne prend-il pas lui-même un ordre de dessaisissement et exige-t-il que le commissaire rapporteur le provoque lui-même ? Sans doute parce qu'il ne veut pas prendre la responsabilité d'un acte injustifié et qu'il veut laisser cette responsabilité au magistrat militaire.

A cette communication le lieutenant Garnier répond, le même jour, qu'il ne considère l'instruction ministérielle du 17 novembre que comme une consultation juridique, que comme l'expression d'une simple opinion ; mais qu'étant donné que son opinion personnelle est toute différente, il croit, en toute équité, devoir rester saisi.

Très dignement, avec une conscience de véritables magistrats, permettez-moi de vous le dire, de magistrats tout à fait dignes de ce nom, les deux officiers, qui comprenaient très bien quelle situation délicate leur était faite dans ce conflit qui n'était pas le leur, répondent qu'ils continuent à croire que la justice militaire est compétente, qu'ils estiment même qu'elle seule est compétente. Ils déclarent qu'ils considèrent les différentes indications fournies jusqu'alors par le contentieux du Ministère de la Guerre comme des consultations, et non pas comme des ordres péremptoires. Ils indiquent, oh ! en voilant les termes ! avec la courtoisie nécessaire ! qu'un magistrat n'a pas d'ordre à recevoir lorsqu'il agit dans la plénitude de ses attributions et dans la sérénité de sa conscience.

Le 2 décembre, le colonel Henrys, sans faire allusion aux ordres précédemment donnés, et de plus en plus gêné sans doute d'une situation qu'il comprend très fausse, demande au Commissaire rapporteur « de lui exposer les arguments qui militent en faveur de la thèse qu'il soutient, afin de pouvoir, s'il y a lieu, soumettre le cas au Ministre. ».

Et, le 4 décembre, dans une pièce qui figure à votre dossier, et qui est très belle, très digne, le capitaine Guennebaud indique nettement quelles sont les raisons pour lesquelles il continue à soutenir que le conseil de guerre demeure seul compétent :

« Oudjda, 4 Décembre.

« Le capitaine Guennebaud, Commissaire rapporteur près le premier Conseil de guerre de l'amalat d'Oudjda, à M. le colonel, chef de la justice militaire, à Oudjda.

« En réponse à votre demande d'explications du 2 décembre 1911, j'ai l'honneur de vous soumettre très respectueusement les considérations suivantes.

« 1º M. le substitut rapporteur Garnier et moi-même, nous avons cru de notre devoir de magistrats de faire des réserves sur les instructions données par le Ministre dans son télégramme 181, du 17 novembre.

« Nous pensons que le Ministre n'a pas voulu se substituer à l'autorité judiciaire compétente pour régler un conflit positif de juridiction, et que l'expression « doit rester saisie » ne peut être qu'une formule télégraphique de consultation émanant du contentieux de la justice militaire.

« En effet, étant donné plusieurs crimes connexes commis par le même individu, dans l'intérêt de la bonne administration de la justice l'inculpé ne saurait être poursuivi devant deux juridictions différentes.

« C'est le même tribunal qui doit juger l'inculpé pour tous les crimes. (Cassation, 7 février 1856).

« En cas de conflit de juridiction, il y a lieu à règlement de juges par la Cour de Cassation.

« Il y a lieu à règlement de juges lorsqu'un juge d'instruction d'une part, et un conseil de guerre d'autre part, sont saisis simultanément de la connaissance du même délit (Cassation, 10 septembre 1841 — 3 mars 1899).

« La demande en règlement de juges par l'un des inculpés ou son conseil poursuivi en même temps et devant le Conseil de guerre et devant la juridiction consulaire, serait justifiée. (Cassation, 3 mars 1899).

« 2º J'ai écrit que je persistais à croire le Conseil de guerre compétent, et compétent pour tous les crimes, pour les raisons suivantes :

« A. — Les indigènes inculpés, du territoire militaire de Marnia, sont justiciables du Conseil de guerre dès le temps de paix.

« Commettant un crime en territoire étranger, en territoire ennemi, ils ne sauraient échapper à la juridiction militaire, ainsi que leurs complices. (Circulaire ministérielle du 26 septembre 1907, Nº 176, 3-10 ; art. 77 du Code militaire).

« B. — Le vol qualifié d'armes de guerre intéresse évidemment la sécurité de l'armée.

« C. — L'assassinat d'un Français, armé par nos soins, ayant par conséquent tous les caractères distinctifs d'un belligérant, est de nature à nuire à la sécurité de nos troupes.

« Dans l'intérêt des indigènes comme dans le nôtre, le brigadier Meyer ne saurait être considéré comme appartenant à la catégorie des habitants paisibles qui peuvent rester spectateurs indifférents aux opérations de guerre.

« D. — Les crimes ont été commis dans le ressort des Conseils de guerre aux armées.

« En résumé, à notre avis, une seule juridiction doit rester saisie de l'affaire complète d'El Heymer ; il y a donc lieu de demander à la Cour de Cassation de régler de juges, en lui précisant quel est le tribunal qui a été le premier saisi, parce que d'après la jurisprudence qui semble établie par la Cour suprême, c'est le premier tribunal saisi qui doit connaître de la cause.

« Le Conseil de guerre a été saisi de l'assassinat par ordre d'informer en date du 27 octobre 1911.

« A la date du 2 novembre 1911, M. le Commissaire du Gouvernement Français écrivait à M. le Substitut rapporteur Garnier, sous le Nᵒ 1843, que cette affaire relevait de la justice indigène. A cette date donc, le tribunal consulaire ne semblait pas être saisi ».

(Suit la signature).

Eh bien, Messieurs, cette lettre, qui est très honorable pour le magistrat qui l'a écrite, démontre que le capitaine rapporteur avait une connaissance très complète de ses droits, une préoccupation très haute de sa mission. Cette lettre est restée sans effet, puisque l'on a donné l'ordre impérieux de se dessaisir ; et c'est dans ces conditions que le dessaisissement a été prononcé.

C'est alors, en effet, qu'une dépêche, brutale comme un coup de sabre, arrive du Ministère de la guerre ; elle vous a été lue hier. On y déclare que ce n'est pas une indication qui a été donnée, mais un « ordre » ; et elle se termine par une phrase stupéfiante et que pour ma part je trouve attristante, car j'ai encore, permettez-moi de vous le dire, quelques illusions : je veux croire encore à la justice, et je veux croire encore et malgré tout à l'indépendance du magistrat. Cette phrase, la voici : « *Il est intolérable que les ordres du Département ne soient pas exécutés* ».

Ce télégramme est notifié pour exécution au capitaine Guennebaud. — Contraint, cédant devant la force, le lieutenant Garnier envoie le jour même au Commandant des troupes un rapport en référé concluant au dessaisissement.

Et le 17 décembre, le Général Alix se prononce :

« Vu les prescriptions des télégrammes ministériels en date des 17 novembre
et 15 décembre d'après lesquels le Conseil de guerre doit rester saisi seulement
de l'inculpation de vol d'armes,

« Vu le rapport en référé aux fins de dessaisissement pour les inculpations
autres que celle de vol d'armes de M. le substitut rapporteur en date du
16 décembre 1911,

« Déclare le 1er Conseil de guerre de l'amalat d'Oudjda dessaisi de l'affaire
d'assassinat ».

Ajoutons pour mémoire que le 16 décembre, à la suite des
mêmes interventions, sous les mêmes pressions, le général Alix
se dessaisissait, au profit du tribunal consulaire, des inculpations
dirigées contre MM. Destailleur et Pandori. Le tribunal consulaire mettait hors de cause M. Destailleur. Il est permis de penser
que *cette mise hors de cause* émanant d'un tribunal sans existence
légale *n'a aucune valeur juridique*.

Vous n'avez pas été sans remarquer, Messieurs, que l'ordre
de dessaisissement qui figure au dossier fait allusion aux conditions dans lesquelles le Conseil de guerre a dû se déclarer incompétent. Il n'y est point dissimulé que c'est pour se conformer
à un ordre formel du ministre que les magistrats du parquet
militaire ont dû agir ainsi.

Par conséquent, lorsque du haut de la tribune de la Chambre
M. de Selves déclarait : « la justice militaire, qui avait été
saisie dans des conditions dont la légalité et la régularité ont été
contestées, s'est elle-même déclarée incompétente », il commettait au moins une inexactitude ; et j'ai le droit de regretter,
dossier en mains, qu'on ait avec tant d'insouciance jonglé ainsi
avec la vérité. Ce dossier fait apparaître, avec une clarté évidente, que jusqu'à la dernière minute, dans la mesure où ils
l'ont pu, les magistrats militaires ont protesté contre le dessaisissement et ont essayé de défendre leur compétence.

J'en ai fini, Messieurs, avec cette partie de ma discussion, car

je ne veux pas essayer devant vous de parler du règlement des
juges ni de la question de savoir à qui il appartenait de dire laquelle des deux juridictions était compétente. Vous savez comme
moi qu'à ce point de vue il n'y a pas de doute possible.

L'art. 441 du code d'instruction criminelle le dit de façon nette
et précise :

« ART. 441. — Lorsque sur l'exhibition d'un ordre formel à lui donné par le
ministre de la justice, le procureur général près la Cour de Cassation dénon-
cera à la section criminelle des actes judiciaires, arrêts ou jugements contraires
à la loi, ces actes, arrêts ou jugements pourront être annulés et les officiers
de police ou les juges poursuivis, s'il y a lieu, de la manière exprimée au cha-
pitre III du livre IV du présent livre ».

Par conséquent, le conflit pouvait être déféré à la Cour de
Cassation.

Bien plus ; à un autre point de vue, celui du règlement de
juges, il y a un article de loi non moins formel qui prévoit le cas
qui s'est produit à Oudjda, et qui dit dans quelles conditions la
Cour de Cassation aurait dû être saisie pour être statué par elle
sur le conflit de juridiction qui s'était élevé.

Que fallait-il faire pour rester dans la légalité, en présence de
deux instructions parallèles ouvertes à l'occasion du même fait ?

L'article 527 du Code d'instruction criminelle répond à cette
question. En voici le texte :

« Il y aura lieu également à être réglé de juges par la Cour de Cassation
lorsqu'un tribunal militaire ou maritime, ou un officier de police militaire ou
tout autre tribunal d'exception d'une part, — une cour d'appel ou d'assises,
un tribunal jugeant correctionnellement, un tribunal de police ou un juge
d'instruction d'autre part, — seront saisis de la connaissance du même délit
ou de délits connexes, ou de la même contravention ».

Il m'est par conséquent permis de dire que seule la Cour de
Cassation devait être consultée, que seule elle avait qualité pour
intervenir et pour indiquer où était la vérité juridique. Mais à
aucun titre, le ministre de la guerre ne pouvait se substituer à la

Cour de Cassation, car autrement l'article 527 n'a plus aucune raison d'être et il devrait être rayé de nos codes.

Le Conseil de guerre ne pouvait être dessaisi que par un arrêt de la Cour suprême. J'ai donc le droit de proclamer, arrivé à ce point de ma discussion, que tout ordre de dessaisissement était illégal ; et que le Conseil de guerre, régulièrement saisi, n'ayant pas été régulièrement dessaisi, la juridiction consulaire n'a pas pu connaître valablement de faits dont elle n'aurait dû être légalement investie que par la Cour de Cassation.

Voilà le troisième point de ma thèse.

En résumé, Messieurs, pas de tribunal consulaire. Même si vous admettez qu'un tribunal ait pu exister, qu'une juridiction consulaire ait pu fonctionner, la délégation du chargé d'affaires de France à Tanger n'a aucune valeur légale.

Mais je vais plus loin dans mon raisonnement et j'ajoute que même si un tribunal consulaire avait existé, même s'il y avait eu place pour une délégation valable, malgré cela vous seriez actuellement en présence d'une procédure entachée à sa base d'un vice radical, puisque le Conseil de guerre n'a point été dessaisi conformément à la loi, selon les prescriptions de nos codes, en un mot par les magistrats que la loi souveraine a désigné pour régler les conflits « entre deux juridictions s'étant saisies des mêmes crimes ou des mêmes délits ou de crimes et de délits connexes, et émettant la prétention de les juger toutes deux ».

Je voudrais bien, Monsieur le Premier, m'arrêter en cet endroit de ma discussion...

M. le Premier. — Nous allons suspendre quelques instants l'audience afin de vous permettre de prendre quelque repos.

(L'audience, suspendue à 3 heures 20, est reprise à 3 heures 1/2).

M. le Premier. — L'audience est reprise. Maître Willm, vous avez la parole.

Me Willm. — Je crois avoir démontré l'illégalité, l'inexistence juridique du tribunal consulaire d'Oudjda, la compétence exclusive du Conseil de guerre aux armées dans l'affaire d'El-Heymer, l'irrégularité du dessaisissement de ce Conseil de guerre par un coup de force audacieux. Mais pour aller jusqu'au bout de ma thèse, laissez-moi admettre pour un instant que, par hypothèse, ce tribunal consulaire ait pu légalement fonctionner à Oudjda. Même si un tribunal consulaire avait pu régulièrement siéger à Oudjda, la façon même dont l'instruction a été conduite ferait tomber cette procédure et cette instruction comme entachées d'une nullité d'ordre absolu et public.

Je ne reviens pas sur ce que j'ai dit à propos des différents points que j'ai déjà signalés au cours de ma discussion ; d'une part, la façon dont le tribunal consulaire avait mis la main (à une heure à laquelle il n'avait pas mandat de justice), sur les prisonniers qui étaient détenus à Martimprey en vertu d'une ordonnance régulièrement rendue par la justice militaire. Je ne rappelle que pour mémoire la question angoissante que je posais tout à l'heure : Pourquoi a-t-on brûlé tous les papiers du coffre-fort dans la nuit du crime ? Pourquoi ensuite, alors que se déroulait l'incident de Martimprey, alors qu'au milieu de la nuit MM. Kammerer et Ballereau s'étaient emparés des accusés contre tout droit, par un excès de pouvoir, par un abus d'autorité, par une usurpation de fonctions incontestable et incontestée, pourquoi le sous-main contenant les papiers qui avaient été saisis sur les prisonniers au moment où ils avaient été arrêtés en territoire espagnol, n'a-t-il jamais été représenté ?

Mais examinons l'instruction elle-même dans sa marche et dans ses actes successifs.

C'est le 6 novembre que M. Kammerer signe l'ordonnance d'informer, « agissant... », — dit-il, — « ... en vertu de la délé-

7

gation de pouvoirs à lui parvenue le 31 octobre, émanant de
M. le Chargé d'affaires de France à Tanger et lui conférant
les pouvoirs judiciaires ».

Je vous ai indiqué tout à l'heure que, d'après moi, il n'est pas
possible d'admettre un seul instant que cette ordonnance ait été
véritablement rédigée le 6 novembre comme elle en porte la
date ; elle a dû être rédigée vraisemblablement le 7.

J'ai également formulé mon opinion au sujet de la validité de
la délégation qui, à mes yeux, est inexistante.

Mais je trouve dans les affirmations de M. Kammerer la preuve
que lorsqu'il signait une ordonnance en vertu d'une prétendue
délégation, il ne possédait pas en réalité cette délégation.

D'abord, il y a un fait qui n'est pas douteux : c'est que si vous
aviez pu entendre, avant que je plaide sur ce point, l'un des témoins
cités — c'est M. le Haut-commissaire du Gouvernement — il
vous eût apporté certainement cette affirmation que dans une
lettre qui lui a été communiquée par M. Marty, président du
tribunal, à qui elle était destinée, et qui est datée du 6 novembre,
M. Kammerer reconnaît qu'à cette date les pouvoirs ne lui sont
pas encore parvenus. J'ai donc le droit d'affirmer que lorsqu'il
signe une ordonnance, il n'a pas de pouvoirs. Il n'a pas la délégation dont il se pare, et qui à mes yeux est sans valeur. Il est
si peu fixé d'ailleurs sur la date à laquelle cette délégation est
arrivée entre ses mains que, tandis que dans l'ordonnance d'informer dont je vous ai parlé il invoque une délégation qui lui
serait parvenue le 31 octobre, dans un autre acte émané également de lui qui est daté du 26 décembre suivant, nous constatons
que lorsqu'il s'agit de rendre le jugement qui devait renvoyer
devant vous Pandori dans les conditions que vous connaissez,
le même M. Kammerer écrit qu'il agit « en vertu de la délégation de pouvoirs de M. de Billy, Chargé d'Affaires de France
à Tanger, en date du 1er novembre 1911 ».

Vous me direz que l'erreur n'est pas importante. Permettez !
Un document officiel n'a pas deux dates ; il a une date, une seule

date, la vraie ! Moi, je suis fondé à penser, d'après la lettre
à laquelle je fais allusion, que pas plus le 1er novembre que le 31
octobre, il n'avait encore, en réalité, de délégation.

Ici, j'ouvre une parenthèse.

Il est certain que M. Kammerer était peu préparé à exercer
des fonctions judiciaires ; et cela se comprend. On ne s'impro-
vise pas magistrat. Et ce n'est pas devant des magistrats comme
vous que je viendrais soutenir une thèse que vous connaissez.
Quel est donc en effet celui d'entre vous, Messieurs, qui même
après de nombreuses années de carrière ne voit pas devant lui se
poser, de la façon la plus troublante, des problèmes juridiques
particulièrement délicats ? Quel est donc celui d'entre vous qui,
au cours d'une existence professionnelle (surchargée parfois), n'a
pas eu à trancher des questions que toute sa science juridique
n'arrivait pas à résoudre immédiatement ? C'est donc une des
charges les plus importantes et aussi les plus difficiles qui soient.

Je le dis parce que je le crois, parce que j'en suis convaincu :
il n'y a peut-être pas de fonction sociale plus haute que celle du
magistrat.

Vous détenez entre vos mains la vie, la liberté, l'honneur et
la fortune des justiciables, et vous êtes d'autant plus préoccupés
de connaître dans tous ses détails la loi que souvent, dans le
texte de cette loi, une virgule, un point, un tiret, un alinéa,
peut jouer un rôle considérable et changer toute l'interprétation
donnée à un texte juridique.

Si je voulais vous procurer quelques instants de gaieté au cours
de ces débats que je considère plutôt comme attristants, je me
permettrais de faire rapidement passer sous vos yeux, pour que
vous vous rendiez compte de la façon dont était compris l'exercice de la justice dans l'amalat d'Oudjda, l'extrait d'un jugement
que le tribunal consulaire a rendu dans une des affaires qui lui
étaient soumises.

Voici quelques passages de ce jugement :

« Attendu que le 19 octobre dernier, M. le général de division Toutée, agissant comme commandant des troupes ayant franchi la frontière algéro-marocaine, a délivré à la justice militaire un ordre d'informer ainsi libellé :

« Attendu qu'il résulte de nombreuses plaintes émanant des habitants du territoire où se trouvent les troupes françaises et de l'enquête qui a suivi ces réclamations que :

1° M. Destailleur et M. Pandori, au cours de leurs fonctions, se seraient rendus coupables de soustractions commises par des dépositaires publics ;

2° M. Pandori, de concussion commise par un fonctionnaire public,

« Crime et délit prévus par les articles 169 et 174 du code pénal... »

« Attendu :

« Que bien que l'ordre d'informer ci-dessus ne constitue que des allégations d'ordre général sans spécification d'aucun fait précis et ne puisse constituer en lui-même une plainte, ni une dénonciation, le consul commissaire du Gouvernement a cru cependant devoir ouvrir, en qualité de juge d'instruction, le 18 décembre 1911, deux informations judiciaires distinctes, l'une instruite séparément contre Destailleur, l'autre contre Pandori... »

Eh bien, je dis que lorsque nous lisons que l'on confond la plainte ou la dénonciation avec l'acte judiciaire par lequel on ouvre une information et qu'on vient ajouter : « Nous ne trouvons pas là-dedans les éléments d'une plainte ou d'une dénonciation », c'est véritablement faire preuve d'une ignorance tout à fait inquiétante pour les justiciables !

Dans ces conditions-là, il ne pouvait pas arriver autre chose que ce qui s'est passé, c'est-à-dire que fatalement cette procédure, viciée dans son origine, devait être plus viciée encore dans ses différents actes postérieurs. Je ne fais pas allusion pour le moment aux ordonnances concernant M. Destailleur et M. Pandori ; ces faits n'ont rien à voir avec le procès actuel et je veux me cantonner dans le débat qui vous est soumis.

Je soutiens que M. Kammerer — qui n'avait pas de pouvoirs judiciaires (je crois l'avoir établi) ; pouvoirs qu'il dit tenir de la légation de Tanger à une date imprécise et variable selon ses propres déclarations, (et qu'il n'avait pas reçue d'après nous à la date à laquelle il prétend l'avoir obtenue) —, ne pouvait à aucun titre déléguer ces pouvoirs inexistants à M. Ballereau, vice-consul, interprète au commissariat du Gouvernement! Et cependant, le 7 novembre, M. Ballereau interroge, sans pouvoir et sans droit, les cinq accusés.

J'invoque sur ce point votre propre jurisprudence. Vous avez décidé vous-mêmes que les vice-consuls ne pouvaient en aucun cas se substituer au pouvoir judiciaire, que les consuls seuls possèdent ; et M. Kammerer, qui, à mes yeux, n'avait pas de pouvoirs judiciaires, pouvait encore moins déléguer ses pouvoirs à un vice-consul.

Viciée à son origine, parce qu'ouverte et continuée par des fonctionnaires non munis de pouvoirs judiciaires, cette information est mort-née ; rien ne saurait la ressusciter.

Lorsqu'on me parle de prescription, lorsqu'on me dit : « Vous venez trop tard ; vous êtes parvenu à une époque où vous ne pouvez plus soulever ce moyen, » je réponds : « Quel est donc le point de départ de la prescription contre l'inexistence à la base du magistrat qui est nécessaire pour qu'une instruction puisse être régulièrement ouverte ? » Comment, Messieurs! Il y aurait prescription contre le fait que dès le début il n'y a eu ni magistrat, ni procédure parce qu'il ne pouvait y avoir ni magistrat ni procédure là où il n'y avait pas de tribunal ? Et vous pourriez ainsi construire sur le sable du désert ? Vous pourriez faire sortir du néant, donner de la vie, de la force, une forme légale et une existence juridique à une procédure qui n'est, en réalité, qu'un de ces mirages, tels, paraît-il, qu'en voient se dresser à l'horizon les caravanes lorsqu'elles traversent les sables brûlants du désert. Voilà la situation en présence de laquelle nous sommes ?

Mais les illégalités ne s'arrêtent point, elles continuent.

Le 30 décembre, M. Eugène Lorgeou, vice-consul de France détaché au commissariat du Gouvernement à Oudjda, agissant en vertu « de la délégation télégraphique de pouvoirs qui lui est parvenue le 24 décembre 1911, émanant de M. le Chargé d'Affaires de France au Maroc », interroge Ahmed Mohktar. Or, j'ai déjà soutenu que les vice-consuls et agents consulaires ne peuvent être investis de pouvoirs judiciaires par délégation. Ils peuvent seulement, dans la ville où il y a un consulat, suppléer le consul. Là où il n'y a pas de consul, le vice-consul ne peut, à aucun moment, se substituer au consul pour tout ou partie de ses attributions.

Enfin, nous voyons M. Ballereau, autre vice-consul, terminer l'instruction dans les mêmes conditions d'illégalité, « en vertu de la délégation de pouvoirs qui lui a été donnée par M. de Billy, Chargé d'Affaires de France au Maroc, en date du 5 janvier 1912 ». Eh bien, Messieurs, je déclare que pour cette délégation encore plus que pour celle qui instituait le prétendu pouvoir judiciaire de M. Kammerer, la nullité qui viciait cette délégation est d'ordre absolu, d'ordre public ; qu'il n'y a jamais eu de pouvoir judiciaire. Si M. Kammerer n'a jamais pu détenir de pouvoirs judiciaires, à plus forte raison, ni M. Lorgeou ni M. Ballereau n'ont pu être investis de pouvoirs judiciaires en vertu d'une délégation qui ne pouvait pas leur être donnée ! .

Je ne reviens pas sur les conditions dans lesquelles on a laissé échapper Mohamed ben Mokhtar, le principal assassin, le seul qui pouvait nous dire la vérité sur les causes réelles du meurtre de Meyer. J'indique simplement que tout, dans cette procédure, depuis la première heure jusqu'à la dernière, est atteint d'une illégalité absolue.

Que pourrait-on donc m'opposer pour essayer d'infuser un sang généreux à ce cadavre récalcitrant ? Que pourrait-on dire, alors qu'il est sur la table de dissection où je l'ai placé ? Je me suis penché sur lui pour essayer de trouver en lui, si possible, une étincelle de vie ; il n'y en a pas ! C'est un de ces cadavres en pleine décomposition pour lesquels la science ne peut rien, la science juridique comme les autres sciences.

M'opposera-t-on l'article 301 du Code d'instruction criminelle ? Quelle étrange interprétation on donnerait alors à cet article ! Les articles du Code d'instruction criminelle valent en raison de la place qu'ils y occupent. Or, n'oubliez pas que l'article en question vient presque immédiatement après l'article 299 et qu'il ne peut s'appliquer, en tout état de cause, qu'aux nullités prévues par cet article 299. Il ne peut, à aucun point de vue, s'appliquer à notre espèce ; il ne peut pas être invoqué contre la thèse que j'ai développée devant vous.

Pourrait-on nous reprocher de ne pas nous être pourvus en cassation contre l'arrêt de renvoi ? A quel moment pouvions-nous le faire ? Nous n'en avions ni le droit ni le pouvoir. A la minute où pour la première fois vous m'avez donné la parole et où il m'a été permis d'intervenir, je me suis dressé pour vous dire :

« Prenez garde ! On est en train, sans que vous le sachiez, sans que vous le vouliez, sans peut-être que vous vous en rendiez compte, de vous faire complices d'illégalités flagrantes viciant la procédure et en raison desquelles il n'y a pas à l'*heure actuelle de procès devant vous, car aucun magistrat n'a instruit ce procès* ».

Me dira-t-on encore que la partie civile ne peut pas soulever ce moyen parce que les accusés sont forclos et que dès lors notre action serait irrecevable à l'heure où elle se produit ? Allons donc ! Où trouvera-t-on un texte à nous opposer ? Est-ce que la loi n'a pas toujours proclamé, est-ce que le droit n'a pas toujours, à toutes les étapes de notre histoire judiciaire, essayé de faire passer dans les textes législatifs, dans la doctrine et dans la jurisprudence, cette règle immuable que l'ordre public domine tous les principes, et que là où l'ordre public est intéressé, ni les formes de la procédure, ni les délais de prescription ne peuvent intervenir pour faire obstacle à la vérité juridique ?

Comment ! l'ordre public serait intéressé dans une question de compétence, c'est-à-dire dans une question où il s'agit de savoir si le juge a été saisi à tort d'un conflit qui ne lui appartenait pas soit à raison du lieu, soit à raison de la matière, soit à raison de la personne ; (mais il s'agit toujours, dans la discussion de ces questions de compétence, d'un juge régulier et d'un juge normal qui statue parce qu'il tient son pouvoir de la loi) ; j'aurais, dis-je, le droit de soulever cette question en tout état de cause : je pourrais faire échec à la poursuite à n'importe quel moment; j'aurais le droit de porter cette question pour la première fois devant la Cour Suprême ! Et lorsque je viens vous montrer que derrière la statue de la justice qu'on prétendait avoir dressée sur la place publique d'Oudjda il n'y avait rien, que ce n'était en réalité qu'une apparence trompeuse, qu'un fantôme ; qu'il n'y avait au pied de cette statue ni magistrats pour rendre la justice, ni tribunal permettant aux magistrats de se réunir pour juger, on viendrait me dire que vous pourriez, en vertu de votre droit souverain, statuer avant d'avoir résolu le problème que j'ai posé devant vous, avant de savoir si vraiment une procédure a été au début régulièrement instruite, conduite et menée ; vous pourriez vous prononcer sur cette procédure inexistante, et vous pourriez me dire : « Non ; il nous est impossible de vous écouter, *nous vous fermons la porte de ce prétoire, vous arrivez trop tard !* » ?...

On frappe quand on peut, Messieurs ! La porte du prétoire doit toujours s'ouvrir lorsque le justiciable vient invoquer devant le magistrat, devant le juge, une question aussi importante, aussi haute, aussi élevée : celle qui consiste à soumettre à son appréciation l'existence des pouvoirs du juge au premier degré, la validité des actes judiciaires invoqués.

Essaiera-t-on de soutenir que vous pourriez, par un seul et même arrêt, trancher toutes les questions qui vous sont soumises? Il me semble que ce que vous ne pourriez pas faire pour une question de compétence *ratione materiæ, ratione personæ,* ou *ratione loci,* vous pouvez encore moins le faire lorsque je proclame dans cette enceinte que ce n'est pas seulement la question de compétence ordinaire et courante que je soulève devant vous, mais la question de compétence dans son acception la plus large, dans son étendue intégrale. Nous ne sommes pas en présence d'un juge incompétent parce qu'il aurait fait un usage erroné ou abusif de son autorité ; non ! le juge dont nous proclamons ici non seulement l'incompétence, mais l'inexistence, n'avait aucun mandat de justice à exercer, parce qu'il n'avait jamais été investi de fonctions judiciaires. Il m'est donc permis d'affirmer que quel que soit votre sentiment, quelle que soit votre opinion, vous ne pourrez pas statuer par un seul et même arrêt. Vous serez obligés de statuer d'abord sur les conclusions que j'ai posées et développées devant vous.

Laissez-moi, Messieurs, terminer en vous rappelant quelle loyauté nous apportons les uns et les autres à défendre ici les intérêts qui nous sont confiés. C'est peut-être la première fois que devant une Cour composée comme celle-ci d'une façon particulière en vertu d'une loi spéciale (celle de 1836), et représentant, par les magistrats qui y siègent, non point la totalité, mais la majorité des magistrats de la Cour d'Appel d'Aix, c'est la première fois, dis-je, que se pose devant vous un problème qui intéresse à un si haut point, à un si haut degré, non seulement les intérêts des justiciables, mais aussi le prestige de notre justice sur les confins marocains, de notre justice à deux pas de la frontière algérienne.

N'oubliez pas, Messieurs, que quelles que soient vos préoccupations de l'heure présente, quel que soit le souci que vous apportiez à l'examen de cette affaire, souvenez-vous que dans la vie d'un magistrat, la plus belle heure est celle où, plaçant sa conscience au-dessus de toute autre considération, planant dans les régions sereines du droit et de l'équité, il proclame hautement que la justice, la véritable justice, dans le sens le plus noble de ce mot, ne connaît qu'un principe : LE RESPECT ABSOLU DES RÈGLES TUTÉLAIRES DE NOTRE VIEUX DROIT FRANÇAIS.

J'attends avec confiance votre décision.

PLAIDOIRIE DE Maitre MONBRUN

(Avocat de Mohamed ben Ahmed, Ahmed ben Abdelkader et de Moulay Amar ben Ali).

Monsieur le Premier,
Messieurs,

Maître Chavernac veut bien me céder son tour de parole, et c'est en son nom et au mien (ce qu'il vous confirmera d'ailleurs) que je me joins en tous points aux conclusions de mon confrère et ami Maître Willm. Après la démonstration qu'il vous a faite, si complète qu'elle doit être accueillie par vous, j'ai presque même à m'excuser de prendre la parole après lui.

Mais je tiens à vous dire que, venus ici, lui et nous, pour la défense d'intérêts différents, nous sommes de même avis dans la thèse qu'il soutient, parce qu'il s'agit d'arriver ensemble, sur le terrain où il s'est placé, à la découverte de la vérité.

A ce titre nous avons le plus grand intérêt à porter attention à l'incident soulevé par les conclusions de la partie civile. Nous ne sommes pas empêchés d'y intervenir par l'arrêt de la Chambre des mises en accusation qui nous a renvoyés devant votre Cour ; je pense arriver à le démontrer.

Sans doute l'adoption des conclusions présentées est de nature à prolonger la prévention de ces hommes. Qu'importe, si une instruction nouvelle fait découvrir la vérité ? Ils n'auront pas à regretter quelques mois de prison s'ajoutant au *carcere duro* qu'ils ont subi. Comme il a été cruel à Oudjda ! Lorsque je suis allé les voir là-bas à plusieurs reprises, j'ai eu la douleur de constater que leur traitement était abominable, dans un pays où nous nous flattons d'apporter civilisation et humanité. A la prison, ces trois malheureux, y compris même ces deux vieillards dont l'un de 70 ans, étaient enchaînés et portaient au cou un carcan large d'au moins cinq centimètres, duquel pendait une chaîne lourde, énorme, les empêchant de faire le moindre mouvement. Cette chaîne était rivée au sol, et nuit et jour ils étaient ainsi à l'attache.

Heureusement, depuis leur arrivée à Aix, ils sont traités comme les autres prévenus dans un pays civilisé. Dans cette situation, il ne leur en coûtera pas d'attendre qu'une instruction digne de ce nom fasse enfin la lumière sur ce qui s'est passé dans la nuit du 20 au 21 octobre 1911, là-bas, dans ces Marches nouvelles de la France, arrosées du plus noble, du plus glorieux sang français.

Après l'instruction que nous sollicitons, certains — qui l'ont trop oublié — apprendront que nous ne sommes pas allés au Maroc pour y faire, pour y tolérer les choses dont on vous a parlé tout à l'heure.

Il faut que la justice y fonctionne régulièrement, et qu'un Conseil de guerre, qui y est établi normalement, ne soit pas *arbitrairement*, par force, remplacé par la juridiction dont l'*illégalité*, l'*inexistence* même, vous ont été démontrées par Maître Willm.

Si, comme je l'espère, vous adoptez nos conclusions, vous estimerez qu'en vertu de la loi du 25 novembre 1912, ces malheureux vieillards au moins pourront être mis en liberté provisoire pendant la durée de l'instruction nouvelle.

L'arrêt de renvoi ne nous est pas opposable en l'espèce ; il s'agit ici d'une question d'ordre public. La partie civile l'a posée en termes clairs et précis ; elle a établi que le magistrat qui s'est emparé de l'instruction et des accusés, en automobile, par un coup de force, était sans mandat ; que le tribunal qui a statué était inexistant. Peut-on dire que cette œuvre a pu être ratifiée par un arrêt de justice ? Non certainement, et il n'y a de pire anarchie que le fonctionnement d'un tribunal non créé par la loi.

C'est cependant par une juridiction semblable que les faits reprochés à ces hommes ont été instruits, que l'on a recherché (paru rechercher, veux-je dire) comment a péri le malheureux Meyer.

J'allais les défendre devant le Conseil d'Oudjda, lorsque, à ma grande surprise, j'ai appris que ce Conseil avait été brutalement dessaisi dans les conditions que Maître Willm nous a exposées. Ils m'ont demandé de ne pas les abandonner, ce qui me vaut aujourd'hui le grand honneur de plaider devant vous !

Pourquoi, dira-t-on, n'ont-ils pas eux-mêmes, avant de venir ici, excipé de l'illégalité, de l'inexistence de la juridiction consulaire d'Oudjda ? Comme tant d'autres là-bas, ils étaient las de la prévention, et ils ne se sont pas souciés de se pourvoir à la Cour de Cassation.

M. le député Bluysen le disait à la Chambre : les colons et les habitants des confins algéro-marocains ont autre chose à faire que de la procédure, et personne jusqu'à ce jour, (même M. Hauser, vous l'avez vu), n'est allé jusqu'au bout des discussions juridiques. Souvent même, elles sont sans intérêt.

En voulez-vous un exemple, une preuve ? M. Martinot, que vous avez entendu dans l'affaire Pandori, est officier interprète de première classe ; il a trois galons à son képi ; lui-même a été cité, sous une vague inculpation, dans l'affaire Pandori. Où ? devant quelle juridiction ? Devant le *tribunal consulaire*, jugeant une instruction criminelle, alors qu'il n'est pas douteux que M. Martinot est *justiciable du Conseil de guerre*. Chargé de l'assister, j'ai déposé des conclusions d'incompétence, d'inexistence même de ce tribunal. Elles ont été rejetées ; et sur le fond, un non-lieu est intervenu. M. Martinot ne s'est pas pourvu en Cassation sur ce point soulevé par mes conclusions ; c'eût été bien inutile, parce que, — lui disait M. Kammerer — « vous bénéficiez (*sic*) d'une ordonnance de non-lieu ».

Encore une occasion manquée de faire trancher la question de la légalité du tribunal dit consulaire d'Oudjda.

En réalité, on peut dire, (vous le voyez, Messieurs) que c'est pour la première fois qu'elle est posée, grâce à nos conclusions et devant vous.

Vous avez maintenant tous les éléments pour la résoudre.

Vous avez en outre, Messieurs, la preuve que ce singulier tribunal, que le magistrat qui en est à la fois le président et le juge d'instruction, opère de telle façon que ses procédés, ses négligences, ses illégalités viennent confirmer son absolue incompétence... en fait.

Que de lacunes, que d'omissions dans cette étrange instruction ! Aussi, quand le dossier vous est arrivé, il l'a fallu tout refaire, essayer de le remettre sur pied. Qu'il me soit permis de rendre publiquement et respectueusement hommage aux efforts patients et constants de M. le Conseiller rapporteur Laugier, qu'un arrêt de votre Chambre des mises en accusation avait délégué à ces fins. Il a dû envoyer de nombreuses commissions rogatoires à Oudjda, faire établir un plan des lieux, demander des précisions sur des points essentiels, obtenir des renseignements sur la moralité, sur les antécédents, sur la situation de fortune des accusés ; interroger, confronter les accusés ; — toutes choses (et combien d'autres !) omises à Oudjda par les consuls.

M. le Premier. — Je demande pardon à Maître Monbrun de l'interrompre, mais cette partie de l'argumentation se trouverait mieux à sa place dans la plaidoirie sur le fond. Elle n'a pas de rapport avec la question de compétence.

Maître Monbrun. — Oui, Monsieur le Premier ; mais je puis indiquer ainsi dans quelles conditions s'est déroulée la procédure même. Au lieu de continuer l'œuvre de la justice militaire, si bien commencée, il semble que la justice consulaire *se soit complu à la paralyser !*

Un grand crime avait été commis ; c'est l'autorité militaire, et non le Consul, qui s'était mise en mouvement. C'est elle qui immédiatement avait envoyé un rekkas, et qui était parvenue à obtenir, après bien des difficultés, la livraison des deux inculpés par les autorités espagnoles.

Pendant ce temps-là, l'autorité consulaire ne fait rien, sinon que plus tard elle *laisse échapper les gens* qu'on avait eu tant de peine à amener en territoire français !

D'ailleurs, quelle est la valeur de l'instruction qu'elle ouvre ? Elle ne connaît rien des hommes et des choses ; elle ignore la mentalité indigène : les consuls ne s'improvisent pas magistrats, vous disait avec raison mon confrère ; surtout en pays arabe ! Ceux-ci oublient les choses essentielles ; ils n'entendent ni les ac- cusés, ni les personnes qui, de près ou de loin, ont pu être mêlées à l'affaire. On oublie d'interroger les femmes,... les femmes qui, chacun le sait, dans tous les pays sont de grandes bavardes (*Sou- rires*). Or, lorsqu'un crime est commis, le vrai moyen, en pays arabe, de savoir ce qui s'est passé, est de les entendre toutes. A la veillée, sous la tente, tout se raconte, longuement ; et, sans paraître y prêter attention, les femmes entendent tout ; de sorte que si dès les premiers moments on sait les interroger, on ob- tient des renseignements précieux et complets. C'est un moyen d'investigation classique en pays musulman.

Il semble qu'on ne voulait pas découvrir la vérité ; il y a là des *choses inexplicables !* Pourquoi les consuls n'ont-ils pas entendu les douaniers du poste ? Comment se fait-il qu'ils n'aient pas interrogé tous les voisins, tous ceux qui, en un mot, pouvaient être considérés comme les témoins de l'assassinat Meyer ?

Et les papiers brûlés dont parlait Maître Willm ? Quel intérêt personnel ces accusés avaient-ils à les faire disparaître ?

Cette disparition est bien étrange. Qui pouvait y avoir intérêt ? Aucun d'eux, car s'ils sont des voleurs, ils n'ont pas à allumer, la nuit, à quelque pas du poste, une sorte de feu de joie dont les lueurs contribueront à les faire découvrir, à montrer leur visage à tous les habitants des gourbis. Véritablement, tout cela reste inexplicable. Pourquoi auraient-ils perdu leur temps à brûler des papiers ? Ceux qui les ont brûlés sont ceux qui de près ou de loin avaient intérêt à faire disparaître la comptabilité du poste. Voler Meyer ? mais tel n'était pas le but des malfaiteurs, puisqu'il a été trouvé sur lui cinquante francs auxquels ils n'ont même pas touché !

Ce sous-main, ces papiers saisis dans le sous-main, pourquoi ne sont-ils pas ici ? pourquoi n'ont-ils pas été apportés à votre audience ? Pourquoi n'ont-ils pas été versés au débat ?

Que dire de Semghouni dont vous parlait mon confrère, de cet interprète-douanier que l'on n'inquiète pas, et qui « dormait » dans la pièce à côté de Meyer lardé de coups et criant avant d'être égorgé ?...

M. le Premier. — Je ne voudrais pas interrompre votre défense, Maître Monbrun ; vous savez avec quelle attention nous vous écoutons ; toutes ces questions-là sont d'un intérêt premier, mais...

Maître Monbrun. — Elles se rattachent à ma thèse, Monsieur le Premier...

M. le Premier. — .....mais puisque vous vous associez aux conclusions de votre confrère, qui n'est plus sur ce point votre adversaire, et que tout a été plaidé, vous pouvez vous demander s'il est utile d'entrer une seconde fois dans les mêmes détails.

Maître Monbrun. — Je ne les redonne pas, je fournis des considérations de fait qui viennent appuyer une thèse qui nous est commune. Mais je veux bien me rendre à votre désir, et je n'ai pas l'intention d'indisposer la Cour...

J'ai d'ailleurs fini.

Je me résume en disant que le *tribunal* consulaire d'Oudjda était *inexistant*; que, partant, sa *procédure est nulle* en droit, comme en fait elle est inacceptable et lamentable.

La question posée par nous étant d'ordre public, il doit, en tout état de cause, être fait droit à nos conclusions :

Accusés, nous n'avons encouru aucune forclusion.

M. le Premier. — La parole est à Maître Chavernac.

Maître CHAVERNAC

AVOCAT A LA COUR D'APPEL D'AIX

PLAIDOIRIE DE Maitre CHAVERNAC,

(Avocat de Si Ahmed ben Mokhtar et de son père).

Monsieur le Premier,
Messieurs,

La Cour sait bien qu'il n'est pas dans mes habitudes de retenir abusivement sa bienveillante attention. Aujourd'hui, plus que jamais, j'ai le devoir d'être bref, lorsque je dois m'expliquer sur un incident qui a fourni l'aliment de deux remarquables plaidoiries.

Aussi bien, me suffira-t-il de rappeler en quelques mots ce que vous savez déjà, et de donner la raison de notre attitude et des conclusions que nous venons de poser.

Maître Albert Willm, le confrère éminent dont je m'honore d'être l'ami, vous disait au début de ses explications :

« Nous avons intérêt à ce qu'une nouvelle instruction apporte une lumière plus complète sur les tristes événements qui se sont déroulés au poste d'El-Heymer. Nous avons cet intérêt, parce que nous avons la conviction que tous les éclaircissements n'ont pas été apportés, que toutes les responsabilités n'ont pas été dégagées ».

Que Maître Willm me permette de m'associer à ses paroles autorisées et de partager son opinion. Je dois dire, en effet, que nous avons les mêmes convictions et les mêmes intérêts.

Il est difficile de nous défendre de cette même conviction lorsque nous constatons que l'un des individus que le premier informateur songeait à questionner, le cavalier-interprète Mustapha Semghouni, était tout à côté du brigadier Meyer lorsque celui-ci fut assassiné, et que ce personnage, malgré ses mensonges et ses contradictions, fut laissé *paisiblement à l'abri des recherches et des poursuites*. Et cependant, cet indigène, après avoir déclaré dans une première déposition qu'il n'avait rien entendu et que son sommeil de juste n'avait pas été troublé, a été plus tard obligé d'avouer qu'il s'était levé de son lit, mais que, frappé d'effroi par le sanglant spectacle, il s'était recouché et rendormi, (*sic*) négligeant de secourir son chef qui criait et luttait ; évitant même de jeter l'alarme ; oubliant, dans son émoi, qu'il avait une carabine chargée !

Notre conviction se raffermit lorsque nous assistons à cette *évasion mystérieuse* de Mohamed, le principal coupable, le seul dont la culpabilité ait été précisée par ses propres aveux. Cette évasion paraît avoir été ménagée par des influences et des soins aussi mystérieux qu'elle-même. Elle ne doit probablement pas être l'unique effet de la vertu des amulettes et des gris-gris que la vieille mère faisait porter à son fils dans la prison du pacha !

Il est encore étrange de constater que *le vol* d'argent *n'a pas été l'unique but* de ce crime. Sans doute, on a pris l'argent du coffre-fort. Il semble cependant que ce ne fut là qu'un profit accessoire et occasionnel. En vérité les assassins de Meyer *recherchaient quelque chose de plus* que les douros et la monnaie asizie. Nous avons appris en effet, que les gens qui se sont emparés du coffre-fort et qui l'ont brisé sans se soucier d'en faire disparaître les morceaux, ont eu surtout la préoccupation de détruire par le feu toutes les pièces comptables et autres documents du poste des douanes d'El-Heymer. Or la voix autorisée du ministère public, dans cette même enceinte mais dans un autre procès, affirmait que ces pièces comptables constituaient un document accusateur contre des accusés... qui ne sont pas ceux-ci. Vous savez aussi que ce ne sont pas seulement les papiers enfermés dans le coffre que les assassins emportent : ils fouillent le bureau et s'emparent du sous-main de Meyer. Ce sous-main contenait des documents, des brouillons de lettres ; des récépissés, des pièces comptables. En quoi ces écritures et ces chiffres peuvent-ils intéresser des barbares et tenter la cupidité de vulgaires et simples détrousseurs ?

Et cependant, nous voyons l'agresseur de Meyer recueillir ces papiers, les serrer avec le sous-main dans un bissac arabe, et leur faire traverser avec lui le gué de la Moulouya.

Pourquoi tant de soins pour quelques chiffons de papier ? Etaient-ils donc si précieux ? Que sont-ils devenus ? Où sont le sous-main et son contenu, dont la prétendue autorité consulaire s'emparait en même temps que des fugitifs livrés par les autorités espagnoles du Cap de l'Eau ?

Ces diverses questions nous laissent perplexes. Il importe que des précisions soient apportées. Nous avons intérêt à savoir quel a été le mobile réel du crime, quels ont été les agents occultes d'instigation, quels sont ceux qui pouvaient avoir intérêt à la disparition de Meyer, de ses lettres, de ses notes, de sa comptabilité.

Vous concevez, Messieurs, l'importance et l'étendue de cet intérêt. Il vous apparaîtra plus nettement encore, lorsqu'il sera judiciairement établi que la mise à sac du poste des douanes devait profiter considérablement à ceux qui, au Maroc, se livrent à la contrebande des armes de guerre, et beaucoup moins à quelques hommes primitifs dont, le fanatisme aidant, il est aisé d'armer le bras.

Alors, si toutefois leur participation matérielle est démontrée, ces gens apparaîtront nécessairement comme de simples comparses, d'aveugles instruments, d'autant plus inconscients et irresponsables que l'esprit qui les aura incités et aiguillonnés se sera révélé subtil, puissant et civilisé !

Encore y aura-t-il intérêt à savoir ce qu'étaient ces douaniers du poste d'El-Heymer. *De qui étaient-ils les protégés* ? de quelle autorité dépendaient-ils ? quelles influences pouvaient-ils subir ?

Nous avons la conviction profonde *qu'une nouvelle information profiterait grandement à la cause de la vérité.* Nous avons la bonne fortune d'assister à une demande formulée par la partie civile, notre adversaire de principe, dont les intérêts cependant se confondent aujourd'hui avec nos propres intérêts.

Pourrait-on objecter que par le seul fait qu'aucun pourvoi n'a été formé contre l'arrêt de renvoi, nous sommes forclos dans l'exercice du droit de soulever l'exception de nullité de la procédure et de réclamer qu'une nouvelle information soit suivie? Qu'il me soit permis de faire remarquer que la seule action de la partie civile fait revivre notre droit. La seule question qui me paraît pouvoir se poser est-elle de savoir si la partie civile est fondée à exercer cette action. La partie civile est-elle forclose parce qu'elle ne s'est pas pourvue contre l'arrêt ? Elle, cependant, ne peut être taxée d'inaction et réputée avoir acquiescé ? Pour agir, pour acquiescer, il faut exister : c'est une condition fondamentale. Or, à l'instruction, puis devant la Chambre des mises en accusation, la partie civile n'était pas constituée et n'existait pas. Aujourd'hui, elle naît, elle se constitue, elle intervient ; et par sa constitution *in limine litis*, dans son propre acte de naissance elle argue de la nullité de l'information.

A-t-elle ce droit ?

Ceci fut démontré avec une telle autorité et un tel talent par l'honorable Maître Willm, qu'il serait malséant pour moi de revenir sur ce point et d'insister.

En ce qui nous concerne, à l'occasion de l'initiative prise par la partie civile, nous avons le droit d'intervenir et de donner notre sentiment. Telle est la raison pour laquelle nous avons saisi l'occasion propice de dire à la Cour quel intérêt majeur nous avons à faire apparaître que nous ne sommes point les véritables criminels ; que si Ahmed était à El-Heymer dans la nuit du 20 octobre 1911, ce n'est pas lui qui a donné la mort au brigadier Meyer et que ceux qui ont tué Meyer ont été inspirés et guidés par un sentiment autre que celui qui anime ordinairement les assassins et les voleurs. En conséquence, Messieurs, j'ai l'honneur de déclarer à la Cour que mes clients s'associent pleinement et entièrement aux conclusions déposées par Maître Willm.

CONCLUSIONS DE M. L'AVOCAT GÉNÉRAL ARRIGHI

Messieurs,

Vous ne serez pas étonnés si ma première parole est pour me joindre à Maître Willm et si, m'associant à lui, j'adresse à mon tour un souvenir ému à la victime.

La Cour ne m'en voudra pas certainement de cette pensée pieuse, elle qui a cru utile et qui a cru de son devoir, lorsqu'au mois de février de l'année dernière des accusations ont été élevées contre Meyer, de proclamer hautement son honnêteté et de déclarer dans un arrêt qu'il était au-dessus de tout soupçon.

L'heure est peut-être venue de rendre justice à cet homme qui, sur une terre encore étrangère, soutenait et représentait loyalement les intérêts de son pays.

Je n'en dirai pas davantage pour le moment ; le temps est précieux et je n'ai que quelques instants à vous consacrer.

On vous demande de déclarer :

. . . .

« Dire et juger en conséquence que la procédure édifiée par MM. Kammerer, Lorgeou et Ballereau est légalement inexistante, dépourvue de toute valeur légale.

« Dire et juger, en toutes hypothèses, qu'elle est radicalement nulle ».

Ainsi ce qu'on vous demande, en des conclusions auxquelles se sont associés tous les défenseurs, c'est de déclarer nulle la procédure en vertu de laquelle vous êtes saisis.

En vertu de quoi êtes-vous saisis ?

Vous êtes saisis en vertu d'un arrêt de la Chambre des mises en accusations de céans qui a acquis l'autorité de la chose jugée.

Vous appartient-il aujourd'hui d'annuler une procédure après avoir été ainsi saisis par la Chambre des mises en accusations et alors que sa décision n'a été frappée d'aucun recours ? C'est la question principale qui vous est soumise et je pourrais me borner à développer les quelques arguments qu'elle m'inspire.

Cependant je dois tout prévoir et avant de donner mon opinion sur la suite qu'il convient de donner à ces conclusions, je dois revenir un peu sur cette procédure ; mais je le ferai très sommairement et très brièvement, me bornant à vous citer des textes et à les rapprocher les uns des autres.

Comme vous le savez, Meyer a été assassiné dans la nuit du 20 au 21 octobre. A la suite d'une information sommaire faite par la Gendarmerie, le Général Toutée prenait, à la date du 27 octobre, un réquisitoire ainsi conçu :

« Attendu que l'agent des douanes Meyer a été assassiné dans la nuit du 20 au 21 octobre 1911, à El-Heymer près de Martimprey, par un auteur resté inconnu, crime prévu et puni par les articles 267 du Code de Justice Militaire et 295, etc.

« Ordonnons qu'il soit informé contre X... par le Commissaire rapporteur du premier conseil de guerre de l'Amalat d'Oudjda,

« Chargeons le Commissaire rapporteur d'assurer l'exécution du présent informer ».

Telle est la première pièce de procédure qui saisit le conseil de guerre.

Vous savez les incidents qui ont suivi cette ouverture de l'information militaire. En vertu de ce réquisitoire, le commissaire rapporteur a fait des actes d'information, lorsqu'on a appris que les inculpés se trouvaient en territoire marocain et allaient être délivrés à l'autorité française par l'autorité marocaine.

C'est le 5 du mois de novembre 1911 (je vous cite le réquisitoire qui porte la date du 27 octobre dernier) que les autorités espagnoles transférèrent sur le territoire français les deux inculpés, Si-Ahmed ben Mokhtar et Mohamed ben Mokhtar.

Le 5, l'officier du bureau arabe se rend sur les bords de la Moulouya, on fait échange de prisonniers et on amène les assassins à Martimprey.

Le 6 intervient un acte de procédure. Tout à l'heure on vous disait, de l'autre côté de la barre, que la date n'en était peut-être pas certaine ; cependant je ne puis, en l'état de la procédure, rechercher s'il y a eu un faux. Voici cette pièce de procédure :

« Nous, Kammerer, consul de France, commissaire p. i. du Gouvernement à Oudjda, agissant en vertu de la délégation télégraphique de pouvoirs qui nous est parvenue le 31 octobre dernier, émanant de M. de Billy, Chargé d'affaires de France au Maroc et nous conférant les pouvoirs judiciaires,

« Attendu que le 21 octobre dernier a été commis un assassinat à El-Heymer, « crime prévu et puni etc...

« Avons ordonné et ordonnons ce qui suit,

« Une instruction judiciaire contre inconnu est ouverte pour la recherche « et la punition des assassins, auteurs et complices du meurtre du brigadier « Meyer,

« Commettons nos pouvoirs à M. Ballereau, Vice-Consul, interprète au « Commissariat du Gouvernement aux fins de suivre et mener la dite instruc- « tion judiciaire, procéder à tous interrogatoires, confrontations, compa- « rutions de témoins, etc...

« Fait à Oudjda, le 6 Novembre 1911 ».

Voilà en vertu de quels actes deux juridictions, à partir du 6 novembre, se trouvent saisies.

La Cour verra qu'il est une de ces deux juridictions qui n'est saisie que momentanément et qui, dès le lendemain, se dessaisira sans acte de procédure, mais par le fait qu'elle remettra à l'autorité militaire les détenus qui, en vertu de ce réquisitoire introductif et de cette ordonnance, avaient été amenés devant elle.

C'est le 6, lorsqu'on apprend que les assassins sont livrés par les autorités espagnoles, que le tribunal consulaire se saisit.

En effet, on vous a raconté ce qui s'était passé.

Alors que des ordres avaient été donnés par le général en chef pour qu'on expédie les deux détenus à El-Heymer, où se trouvait le rapporteur chargé de faire l'instruction, le consul (accompagné d'un vice-consul et d'un interprète) va à Martimprey en automobile, fait monter les deux inculpés dans la voiture, et les fait transporter à Oudjda.

Nous avons une pièce de procédure qui constitue le premier acte de l'information consulaire. C'est l'interrogatoire que subit Mohamed Ben Mohktar et dans lequel il expose pourquoi et dans quelles conditions il a commis le crime.

Il trouve au crime un nouveau mobile qui est loin d'être celui qu'il avait invoqué en territoire marocain. Il ne s'agit plus d'un chien qui a voulu le mordre, il s'agit de sa femme.

Quoi qu'il en soit, les deux inculpés sont interrogés. Mohamed ben Mohktar prend toute la responsabilité du meurtre ; il déclare dans l'interrogatoire que nous avons de l'autorité consulaire, que personne n'a armé son bras, qu'il a agi seul et qu'il est prêt à subir les conséquences de son crime.

On interroge Si-Ahmed, qui répond qu'il n'a rien à dire et qu'il attend l'assistance de son défenseur. Ensuite les deux accusés disparaissent de la juridiction consulaire et sont transférés à la juridiction militaire, au conseil de guerre.

C'est l'autorité militaire, le conseil de guerre, qui reprend l'information et la poursuite, jusqu'au moment où se produisent les incidents qu'on vous a racontés, où se produit cette résistance de l'autorité militaire dont on vous a parlé et où arrive un ordre du Ministère de la Guerre d'avoir à se dessaisir.

L'autorité militaire, le rapporteur, se dessaisit alors et rend une ordonnance motivée basée sur les injonctions qui lui sont faites le 16 décembre.

Voici la pièce, qui porte la date du 16 décembre 1911.

« Vu le télégramme...

« Vu le rapport...

« ....M. le Ministre de la guerre n'avait pas voulu se substituer à l'autorité
« judiciaire compétente pour régler un conflit de juridiction ;

« Attendu qu'en réponse au télégramme... le chef du contentieux a donné
« non une indication mais des instructions fermes et considère cette inexécu-
« tion de ses ordres comme absolument intolérable.

« Pour ces motifs, nous vous demandons de bien vouloir vous dessaisir aux
« fins du renvoi devant la juridiction compétente ».

C'est à la suite de ces réquisitions qu'est rendue une ordonnance par laquelle la juridiction militaire se dessaisit.

Vous voyez donc, Messieurs, qu'ici est intervenue une pression certaine. Il y a un acte régulier d'information par lequel l'une des deux autorités saisie se dessaisit, et passe à l'autre l'instruction de l'affaire.

A partir de ce moment, il ne peut pas être question de règlement de juges. Il y a eu résistance, il y a eu pression : on a cédé à la pression sans s'en rapporter et sans recourir au règlement de juges : on s'est dessaisi et on passe la procédure. Une seule juridiction reste saisie.

Mais ici ce n'est pas la juridiction consulaire dirigée par le consul, qui avait rendu une première ordonnance par laquelle elle s'était saisie de l'affaire.

C'est ce qui me faisait dire tout à l'heure que déjà une première fois l'autorité consulaire avait renoncé à son autorité judiciaire en ce qui concerne cette affaire, puisque, pour reprendre la procédure après que l'autorité militaire s'est dessaisie, il est rendu une autre ordonnance.

Et c'est en vertu d'une autre ordonnance dont voici les termes que l'autorité du consul se ressaisit :

« Ce jourd'hui, 30 Décembre 1911, à 5 heures du soir.
« Nous, Eugène Lorgeou, Vice-Consul de France, détaché au Commissa-
« riat du Gouvernement à Oudjda, agissant en vertu d'une délégation télé-
« graphique de pouvoirs qui nous est parvenue le 24 Décembre 1911, émanant
« de M. le Chargé d'affaires de France au Maroc, avons fait comparaître etc... ».

Alors se poursuit l'information que vous savez, qui s'est terminée par le renvoi des accusés devant la Chambre des mises en accusations d'Aix.

Devant la Chambre des mises en accusations, lorsque cette procédure est arrivée (et ici je suis absolument d'accord avec mes contradicteurs) on a jugé que de nouvelles investigations étaient nécessaires. On ne peut pas me reprocher personnellement de de pas vouloir la lumière puisque c'est sur mes réquisitions qu'un supplément d'information a été ordonné.

Tout en rendant hommage au magistrat qui a procédé à ce supplément d'information, il faut dire que nous n'avons peut-être pas obtenu tous les résultats qu'on était en droit d'attendre ; en tout cas des commissions rogatoires ont été envoyées en pays marocain, et l'instruction ne pouvait se faire qu'en vertu de commissions rogatoires.

C'est à la suite de cette information qu'est intervenu l'arrêt de la Chambre des mises en accusation renvoyant les prévenus devant vous.

Cet arrêt a été accepté par toutes les parties.

On vous demande aujourd'hui de réformer, d'annuler cette procédure, et cela pour plusieurs motifs.

On vous le demande parce que le tribunal consulaire aurait été incompétemment saisi, ou mieux encore parce que ce tribunal consulaire n'avait pas d'existence légale, parce qu'il n'était pas un tribunal régulièrement institué, qu'il n'avait pas le droit nécessaire et l'autorité indispensable pour faire des actes judiciaires.

On vous a cité des documents et des arrêts. Il y en a un qui est intervenu dans une affaire qui, par certains côtés, peut être rattachée à celle-ci. Je parle de l'affaire Pandori.

A ce moment-là, c'était Pandori qui soulevait la nullité des opérations faites par le tribunal consulaire. Seulement, il la demandait devant la Chambre des mises en accusation.

Celle-ci rendit un arrêt dont on vous a entretenus tout à l'heure et que je tiens à placer sous vos yeux, arrêt rendu à la suite de communications qui avaient été faites au ministère public par le Ministère des Affaires Étrangères ; et c'est ici que se place l'étude de M. Chervet.

Dans les notes de cette étude, on lit notamment le passage suivant, qui est du reste ce que le Ministre a dit à peu près à la Chambre :

« L'occupation de l'Amalat d'Oudjda ayant assuré la sécurité de cette région... » — je n'apprends ici rien de nouveau à Maître Willm puisque c'est la théorie qu'il connait — « ...un certain nombre de commerçants, d'agriculteurs sont venus s'installer ; des centres de colonisation ont été formés. Cependant le Général Haut-Commissaire de la région frontière et le Commissaire de la République à Oudjda ne tardaient pas à signaler à la Légation les inconvénients de l'absence de tout pouvoir judiciaire.

« Dans ce territoire, si un crime ou un délit grave se commettait qui n'intéressait pas la sécurité de l'armée, il ne se trouvait pas de juges pour le juger.

« L'obligation où se trouvaient les plaideurs de recourir au tribunal consulaire de France à Tanger s'ils étaient ressortissants français, entraînait de tels tracas et de tels frais, etc ».

M. Chervet développe cet ordre d'idées, mais je ne veux pas abuser des instants de la Cour.

« .. Si à l'égard des étrangers on était à peu près sans action toutes les fois « qu'on pouvait leur reprocher une atteinte à la sécurité de l'armée, on pouvait « cependant instituer à Oudjda une juridiction compétente au pénal.

« Pour le cas où le coupable était ressortissant français au civil, il suffisait
« pour cela de créer un tribunal consulaire siégeant à Oudjda et compétent
« pour tout l'Amalat.

« Mais tout cela était-il possible juridiquement ?

« Si l'on se reporte à l'art. 3 de l'édit du 10 Juin 1778 et à la loi de 1836, on
« voit que les consuls peuvent toujours (art. 7), se faire suppléer ou se faire re-
« présenter par un officier du Consulat, dans les fonctions judiciaires qui leur
« sont déférées en pays de capitulations. Il n'est dit d'ailleurs nulle part que
« cette délégation doit être expresse, etc... »

C'est cette théorie (qui place à la tête de la délégation un agent consulaire, un consul), que l'arrêt de la Chambre des mises en accusations a consacrée.

Mᵉ Willm. — Voulez-vous me permettre, Monsieur l'avocat général, de vous demander de qui est signé ce document ? Je vous demande pardon, mais c'est très important.

M. l'Avocat général. — C'est une note de renseignements qui n'est pas signée...

Mᵉ Willm. — C'est une note non signée ! La Cour voudra bien le retenir.

M. l'Avocat général. — J'explique une théorie...

Mᵉ Willm. — Il est effrayant de voir qu'une question de droit aussi importante est résolue sur une note anonyme.

M. l'Avocat général. — J'explique, je le répète, une théorie ; la question de droit reste indépendante. La note déclare qu'on sentait le besoin d'instituer un tribunal consulaire à Oudjda, et elle ajoute que le consul a le droit de déléguer ses pouvoirs. C'est ce que l'arrêt de la Chambre des mises en accusations a constaté.

Mᵉ Willm. — Laissez-moi vous dire, Monsieur l'avocat général, que ce n'est pas vous que j'incrimine ; mais ceci ne détruit en rien ma thèse : *il faut un consulat pour qu'il y ait délégation.*

M. l'Avocat général. — Je crois que je suis en plein dans votre thèse, Maître Willm.

Cette thèse, elle est celle-ci. Il est incontestable que l'art. 1er de la loi de 1836 porte que, dans les cas prévus par les traités et stipulations, les consuls des Echelles du Levant et de Barbarie continuent d'informer sur plaintes ou dessaisissements. (Voyez l'art. 7).

Le juge compétent, c'est le consul, c'est l'agent consulaire revêtu des fonctions de consul. La note ne prétend pas le contraire.

Que stipule maintenant l'article 2 ? « En cas de vacance des consuls, absence ou empêchement des consuls, les officiers ou autres personnes appelés à remplacer ou à suppléer les consuls exerceront les fonctions qui sont attribuées à ces derniers par la loi dont il s'agit ».

Me Willm. — Oui, mais sur place.

M. l'Avocat général. — Voici l'article 7 : « Les agents consulaires dans les Echelles du Levant et de Barbarie dressent, en tous les cas, les procès-verbaux nécessaires, etc... »

Eh ! bien, cette thèse qui a été émise, (et le point peut être discuté de savoir dans quelles limites un consul peut déléguer ses pouvoirs), je la pose, je ne la tranche pas.

Elle peut être discutée, interprêtée dans un sens ou dans l'autre ; seulement l'arrêt de la Chambre des mises en accusation a reconnu que l'agent qui avait donné la délégation était un agent revêtu des fonctions consulaires, c'est-à-dire revêtu des fonctions de magistrat qu'il pouvait déléguer.

Il est certain, en l'espèce, qu'une délégation de pouvoirs a été faite le 1er novembre 1911. Il s'agit ici, Messieurs, de la délégation de pouvoirs en vertu de laquelle on a instruit dans l'affaire actuelle, et aussi dans l'affaire Pandori, et donnée par M. Robert de Billy, notre Chargé d'affaires à Tanger, *où Légation et Consulat se confondent*, — « se confondent... » remarquez l'expression, Messieurs ; c'est pour vous dire que la thèse qui a été admise par la Chambre des mises en accusation est celle d'après laquelle c'est le consul qui est chargé des fonctions judiciaires et que c'est le consul qui peut les déléguer dans certains cas déterminés. On a considéré, dans ce cas-là, que celui qui était chargé de fonctions judiciaires, c'était le Chargé d'affaires de France à Tanger, « où légation et consulat se confondent », je le répète.

Que la chose soit fausse en fait, c'est possible, nous n'avons pas de document qui puisse nous permettre de l'établir. C'est à la Cour de Cassation qu'il aurait appartenu, si on y avait eu recours, de trancher la question après nous.

Mais l'arrêt en question a été accepté ; et c'est en l'état que l'affaire revient de l'appréciation que vous avez à faire de la délégation de 1911, qui est la même que celle en vertu de laquelle on a opéré aujourd'hui.

L'arrêt continue : « ... Que cette délégation est parfaitement « régulière, qu'en effet les consuls peuvent toujours se faire « suppléer ou représenter par les vice-consuls ou autres officiers « de leur consulat dans les fonctions judiciaires qui leur sont « dévolues et qu'ils peuvent l'exercer non seulement au chef-« lieu mais dans toute l'étendue de leur circonscription ; qu'ils « puisent ce droit en matière civile dans l'art. 7 de l'Edit de 1778 « et, en matière répressive, dans l'art. 2 de la loi de 1836 ».

Voilà, Messieurs, en ce qui concerne cette délégation et sa régularité, ce que la Chambre des mises en accusation a décidé dans l'affaire Pandori.

C'est une décision de justice et je ne puis pas nier qu'elle soit à l'abri de toute critique. Mais il y a une Cour Suprême, qui est chargée de rétablir les points de droit lorsqu'ils sont violés. On n'a pas cru, à ce moment-là, devoir la saisir de cette décision, de sorte que vous restez en l'état de cet arrêt en ce qui concerne la délégation et sa validité.

J'avais à vous rappeler cette décision.

En ce qui concerne maintenant la faculté que vous pouvez avoir d'annuler la procédure, je ne crois pas que légalement elle puisse vous êtes reconnue. La jurisprudence me paraît sur ce point absolue.

Vous êtes saisis en vertu d'une décision et en vertu de l'autorité de la chose jugée. L'arrêt de la Chambre des mises en accusations, vous ne pouvez pas le rétorquer, vous n'avez aucun pouvoir sur lui. La jurisprudence a depuis longtemps et à différentes reprises jugé que dans ces conditions-là, la Cour d'assises était obligée d'accepter les choses telles qu'elles résultaient de l'arrêt de renvoi.

Les décisions sont nombreuses. Il y en a une (en **matière** de compétence précisément), **qui est toute récente. Elle** a été rendue le 1er décembre 1911. Je me borne à vous en citer les termes :

« La Cour d'assises, saisie par un arrêt de renvoi de la Chambre des mises
« en accusations passé en force de chose jugée, ne peut plus examiner de sa
« propre compétence ; des conclusions prises devant elle dans ce but ne sont
« pas recevables.

« D'autre part, le pourvoi formé contre l'arrêt rendu dans ces conditions
« par la Cour d'assises n'est point suspensif et ne peut être examiné qu'après
« l'arrêt définitif sur le fond.

« Pour attaquer l'arrêt qui l'a tranché... etc...

Et voici, Messieurs, les considérants :

« Considérant... que cette disposition implique nécessairement que l'excep-
« tion d'incompétence ne peut être utilement soulevée devant la Cour d'assises
« et qu'on ne saurait l'admettre que lorsque cette juridiction a été saisie par un
« arrêt de la Chambre des mises en accusation ; que l'accusé qui a invoqué
« l'art. 206 ne peut saisir la Cour de Cassation d'un pourvoi contre un arrêt de
« renvoi même pour cause d'incompétence, arrêt par lequel la Cour de Cassa-
« tion est irrévocablement saisie ».

Des cas semblables ont été tranchés bien souvent. Voici un autre arrêt sur le même moyen tiré d'une violation prétendue des règles de compétence et de l'art. 25 du Code d'instruction criminelle :

« Attendu que l'arrêt de la Cour Impériale (chambre d'accusation), qui a
« renvoyé G. l... devant les assises de la Seine, a été notifié à ce dernier, J...,
« averti qu'il a laissé passer ce délai... La jurisprudence est absolument cons-
« tante, même en matière de compétence ».

Je connais, Messieurs, les objections qu'on peut me faire. On me dit : « Si vous avez affaire à une juridiction qui n'existait pas, il y a eu violation du droit et abus de pouvoir ; il y a là un acte qui porte atteinte à l'ordre public ». C'est possible ; tout cela peut s'être produit ; tout cela peut être vrai ; mais vous appartient-il, à vous Cour d'assises, et ceci en vertu d'une décision qui a pris l'autorité de la chose jugée, de revenir sur cette procé-dure ?

La Cour de Cassation, elle, a parfaitement ce droit. Ce moyen pourra être soulevé devant la Cour suprême lorsqu'elle sera saisie d'un pourvoi sur le fond. Mais je ne crois pas que vous, qui n'êtes pas la Cour de Cassation, qui êtes saisis d'une décision ayant l'autorité de la chose jugée et ayant couvert, à votre point de vue à vous et vis-à-vis de vous, toute la nullité de la procédure, je ne crois pas, dis-je, que vous puissiez, vous, aujourd'hui, an-nuler l'arrêt de la Chambre des mises en accusation ; il faudrait pour cela annuler la procédure qui l'a consacré.

Je ne crois pas que votre pouvoir aille jusque-là.

Et certes je puis dire qu'au fond d'une conscience, (s'il s'agit de chercher la vérité plus grande), il est peut-être à regretter que vous ne puissiez pas le faire. Je ne puis que formuler ainsi un regret, c'est que mon opinion personnelle n'ait aucune force au regard de la loi.

Tout à l'heure j'entendais de l'autre côté de la barre Me Chavernac nous dire :

« La lumière n'est pas faite, elle n'est pas complète ; certainement il y a
« d'autres responsabilités en jeu ! Il est du devoir de la justice de les recher-
« cher afin que chacun supporte le poids de ses actes, afin que s'il y a eu de
« plus grands coupables, ils soient amenés devant elle ! »

Ce n'est pas moi qui protesterai contre ces paroles.

Je suis entièrement de votre avis, Maître Chavernac, et nous avons fait tout ce que nous avons pu pour découvrir tous les coupables. Mais s'il y en a d'autres (je n'en sais rien et je veux bien ne pas le croire) s'il y en a d'autres, nous avons sous la main ceux-là mêmes qui peuvent nous éclairer. Il n'est pas nécessaire, pour avoir toute la vérité — si la vérité est autre — de recourir à la Cour de Cassation, d'employer des incidents de procédure, de demander l'annulation de la procédure et son renouvellement. Il n'est pas nécessaire d'employer tout cela pour que la vérité nous soit dite tout entière. Oui, Messieurs, l'un de ceux qui pourrait nous dire la vérité est loin ; il a eu la bonne fortune de trouver les portes de sa cellule ouvertes à l'heure où il devait comparaître devant les juges qui allaient apprécier sa conduite.

Et si j'exprime en ce moment-ci mes regrets d'une façon un peu émue, c'est parce que, comme beaucoup d'autres éléments de cette procédure, cette fuite m'a profondément attristé, et qu'à l'heure qu'il est même je ne sais pas bien comment elle a pu se produire, dans quel but et par quels moyens !

Là, il y a une atteinte portée à la justice, et une atteinte portée aux moyens que la justice pouvait avoir de connaître la vérité. Je ne puis donc que protester avec indignation contre l'imprudence qui a pu être commise.

Mais, Messieurs, nous avons sous la main l'un des accusés, nous avons ici devant nous Si Ahmed ben Mokhtar.

Eh bien ! la vérité, s'il en est une en dehors de ses responsabilités, à lui, cette vérité *il la connaît ;* et si ces débats doivent se poursuivre, il me sera facile de l'établir.

La vérité, il la connaît, parce qu'il est arrivé, lui, à El-Heymer le 20 du mois d'octobre 1911 ; il y est arrivé à 11 heures du matin et, au jour où nous sommes, nous nous demandons encore d'où il venait. Lui-même n'a pas pu nous le dire.

Or, on l'a vu, lui, rôder avec son frère autour du poste ; on l'a vu guettant, on peut le dire, sa victime ; il a disparu dans la journée, pour ne revenir que le soir à sept heures. Il n'a plus quitté son frère ; en territoire espagnol ils vivaient ensemble. Eh bien ! si des confidences lui ont été faites il lui appartient de les faire connaître à la justice ; si d'autres responsabilités sont en jeu (s'il y en a, je n'en sais rien) nul mieux que lui ne peut les connaître ! A lui de nous les dire.

De sorte que, quelle que soit la décision de la Cour sur l'incident qui est soulevé devant vous, nous avons ici — si on veut bien nous aider — le moyen de connaître la vérité tout entière. Mais je crains fort (à moins qu'il n'y ait pas d'autre vérité que celle révélée par l'instruction) je crains fort qu'on n'entre dans cette voie.

Je ne voudrais pas abuser davantage, Messieurs, de votre attention. Je vous ai dit, au fond, en ce qui concerne la procédure, quelle avait été votre appréciation antérieure ou plutôt l'appréciation de votre Chambre des mises en accusations.

Cet arrêt était légal à tous les points de vue. Il aurait appartenu à la Cour de Cassation, si elle avait été saisie, de le réformer ; et si vous le confirmez par votre décision actuelle, il appartiendra à la Cour suprême (si on y a recours) de dire si votre opinion est fondée ou non.

Quant à ce qui concerne l'exception, je ne crois pas qu'en droit vous puissiez, vous, revenir sur l'arrêt de votre Chambre des mises en accusations, ni que, étant saisis comme vous l'êtes par un arrêt définitif de cette Chambre, vous puissiez prononcer la nullité de la procédure.

Ici encore, je crois que la porte pourra rester ouverte ; et du moment où tous les accusés s'associent à cette demande, incontestablement il leur sera facile de la porter devant la Cour de Cassation avec le fond de l'affaire s'ils jugent utile d'y avoir recours.

RÉSUMÉ DE L'AUDIENCE POUR LES ACCUSÉS

M. le Premier. — Je prie l'interprète de dire aux accusés qu'aujourd'hui la partie civile, c'est-à-dire l'avocat de M. Meyer, le père du brigadier assassiné, a demandé qu'on annulât la procédure de façon à ce que les accusés comparaissent devant d'autres juges plus tard.

(Traduction est faite aux accusés qui répondent simplement : « Cela va bien »).

M. le Premier. — Dites-leur que les deux avocats qui représentent leurs intérêts se sont associés à l'avocat de Meyer père, en disant qu'il serait préférable qu'on annulât la procédure pour qu'ils comparaissent devant d'autres juges.

(Après traduction, l'interprète répond qu'ils « se déclarent d'accord »).

M. le Premier. — Indiquez-leur que M. l'avocat général a fait remarquer que la Cour criminelle, c'est-à-dire les juges d'aujourd'hui, ne peuvent pas se dispenser de les juger parce qu'ils ont été saisis par l'arrêt de renvoi. Ajoutez que l'Avocat général estime que la Cour ne peut pas se dispenser de les juger.

Réponse : « Ils s'en rapportent à leurs avocats ».

M. le Premier. — Dites-leur que si la Cour est forcée de les juger en ce moment, c'est parce qu'ils ne se sont pas pourvus, c'est-à-dire qu'ils n'ont pas protesté quand on leur a signifié l'acte d'accusation, et qu'ils n'ont pas fait de protestation contre l'interrogatoire de M. le Conseiller ; qu'en conséquence la Cour criminelle, d'après M. l'Avocat général, est forcée de les juger.

Réponse : « Ils s'en rapportent à leurs avocats ».

M. le Premier. — Expliquez-leur que l'audience d'aujourd'hui est terminée; que demain nous en tiendrons une autre pour rendre l'arrêt. Et dites-leur que, si l'affaire continue, chacun d'eux sera interrogé séparément pour qu'il puisse se défendre individuellement et complètement.

Maître Monbrun et Maître Chavernac, considérez-vous que la traduction de mes paroles a été bien faite ?

(Assentiment).

M. le Premier. — Nous renvoyons l'audience à demain une heure et demie pour l'arrêt.

Mᵉ Willm et *Mᵉ David, avoué*. — La Cour désire-t-elle les pièces du dossier ?

M. le Premier. — J'ai les conclusions déposées au nom de la partie civile, auxquelles je crois que s'associent les avocats des accusés.

Mᵉ Monbrun et *Mᵉ Chavernac*. — Oui, Monsieur le Premier.

M. le Premier. — L'audience est levée.

TROISIÈME AUDIENCE
(8 JANVIER 1913)

**La journée des conclusions et des arrêts.
Condamnation d'un témoin défaillant.
Interrogatoires.**

Arrêt déclarant **irrecevables** les conclusions **Meyer.** — Communication
de l'arrêt aux accusés, par interprète. — Dépôt de nouvelles conclusions
pour **pourvoi en Cassation.** — Mᵉ Monbrun demande le renvoi de
l'affaire par suite du deuil qui atteint Mᵉ Chavernac. — Conclusions de
Mᵉ David demandant que le **pourvoi** soit **suspensif.** La Cour refuse.
(Arrêt). — Dépôt par Mᵉ David de nouvelles conclusions : il ne plaide
que **contraint et forcé** ; il demande 50.000 frs. de **dommages-
intérêts** et fait toutes réserves de poursuivre les **responsables.** —
Arrêt donnant acte du dépôt de ces conclusions.
Appel des témoins ; lecture de la lettre du témoin Kammerer pour justifier son
absence. Protestations de Mᵉ Willm et de Mᵉ Monbrun **contre l'ab-
sence du témoin défaillant M. Kammerer.** — Dépôt de conclu-
sions sur l'absence d'un témoin défaillant.
M. l'**Avocat Général** donne son **avis dans le même sens.**
Courte intervention de Mᵉ Willm. — Condamnation du témoin Kammerer
par la Cour.
Ouverture des pièces à conviction ; le bissac.
Interrogatoires des cinq accusés.

L'audience est ouverte à une heure et demie.

M. le Premier. — Je vais donner lecture de l'arrêt de la Cour sur les conclusions de la partie civile.

Me Monbrun. — Monsieur le Premier, la Cour a bien reçu mes conclusions ?

M. le Premier. — Oui. Les cinq accusés et leurs défenseurs déclarent se joindre aux conclusions de la partie civile : c'était la constatation faite déjà hier.

ARRÊT
DÉCLARANT IRRECEVABLES LES CONCLUSIONS MEYER

« Considérant que, prétendant que la juridiction militaire s'est dessaisie à tort de l'instruction ouverte à l'occasion de l'assassinat du brigadier des douanes Meyer et que la procédure édifiée par M. le Consul de France à Oudjda, viciée à son origine par le défaut de qualité du dit consul, serait légalement inexistante, le sieur Meyer père, partie civile, demande à la Cour d'en prononcer la nullité ;

« Que Maîtres Chavernac et Monbrun, avocats des accusés, demandent qu'il leur soit concédé acte de ce qu'ils se joignent aux conclusions déposées par la partie civile relativement à la prétendue nullité ;

« Considérant que c'est bien la procédure ainsi visée qui a été soumise à la Chambre des mises en accusation, laquelle, par arrêt du 28 novembre 1912, a renvoyé les nommés :

1° Si Ahmed ben Mokhtar,
2° Ahmed ben Abdelkader,
3° Mohamed ben Ahmed,
4° Si Mokhtar ben Abdelmoumen,
5° Moulay Amar ben Ali Bedri,

devant la Cour criminelle sous l'accusation soit d'assassinat et de complicité, soit de vol qualifié et de complicité ;

« Qu'aucun de ces accusés n'a formé de pourvoi contre l'arrêt qui attribuait la connaissance de ces crimes à la Cour criminelle; que M. le Procureur Général de son côté n'a pas recouru contre le dit arrêt qui a ainsi acquis l'autorité de la chose jugée ; que par cela même la Cour criminelle se trouve investie d'une compétence qui s'impose à tous et qu'elle ne peut même plus avoir à examiner ;

« Considérant que c'est seulement au cours des débats que le sieur Meyer père s'est constitué partie civile ; qu'en vue de faire reconnaître l'incompétence de la Cour criminelle, ses conclusions tendent à la nullité de la procédure ; qu'elles se heurtent dès lors au principe de jurisprudence consacré de façon absolue par la Cour de cassation et suivant lequel les vices de procédure antérieurs à l'arrêt de renvoi sont couverts par le défaut de pourvoi contre cet arrêt ;

« Que ce principe règle, et cela définitivement en l'espèce, les droits à la fois du Ministère public et des accusés ; qu'il est, à plus forte raison, applicable à une partie civile, laquelle, d'ailleurs, ainsi qu'il est dit ci-dessus, ne s'est constituée qu'après l'expiration du délai déterminé par l'art. 296 du Code d'instruction criminelle ; que de ces raisons de fait et de droit ressort l'irrecevabilité des conclusions dont la Cour est saisie ;

Par ces motifs, la Cour :

« Dit et juge *irrecevables* les *conclusions* présentées à la fois par Maître David et par Maîtres Chavernac et Monbrun ».

COMMUNICATION DE L'ARRÊT AUX ACCUSÉS

M. le Premier. — Interprète, faites lever les accusés.

Expliquez-leur que la Cour criminelle dit qu'elle doit les juger parce que l'arrêt de renvoi de la Chambre des mises en accusation lui a attribué ce qu'on appelle une compétence, et que la Cour ne peut plus maintenant revenir sur cette compétence ainsi déterminée.

(La phrase est traduite aux accusés).

POURVOI EN CASSATION

Mᵉ Willm. — Nous demandons à la Cour de vouloir bien nous accorder le temps nécessaire pour nous pourvoir immédiatement en cassation contre l'arrêt qui vient d'être rendu.

Nous avons cru devoir prendre nos dispositions pour que la formalité dure le moins longtemps possible, afin de ne pas abuser des instants de la Cour.

M. le Premier. — Nous suspendons l'audience pour quelques minutes seulement.

(L'audience est suspendue à 1 h. 50 pour dix minutes. A sa reprise, le pourvoi en cassation est déposé).

UNE DEMANDE DE RENVOI.

Mᵉ Monbrun. — Monsieur le Premier, je vous demanderai de vouloir bien me donner la parole.

M. le Premier. — Vous avez la parole.

Mᵉ Monbrun. — Comme seul des défenseurs des accusés restant présent à la barre, c'est avec une douloureuse émotion que je viens annoncer à la Cour que mon excellent confrère et ami, Maître Chavernac, vient de perdre sa mère.

Je me demande, Messieurs, si, en l'état de cette procédure et vu la gravité de cette affaire, il sera possible à l'un quelconque de mes confrères du barreau d'Aix d'assurer la défense du premier des accusés.

Vous avez entendu hier, par le réquisitoire de M. l'Avocat général, combien est grave la situation de cet accusé. Il n'est peut-être pas impossible de le sauver et certes cette tâche eût été

admirablement remplie par mon pauvre ami M⁰ Chavernac. Mais
je me demande, je le répète, s'il serait possible à qui que ce soit
d'assumer une telle tâche, étant donné que cet homme est à la
fois inculpé d'assassinat, de vol qualifié avec concomitance et
qu'il peut, comme je le disais hier, être condamné à la peine de
mort pour chacun de ces deux motifs.

En conséquence, au nom de la défense, sacrée pour nous tous,
je réclame, en l'état, le renvoi de l'affaire et je m'en rapporte à
cet égard, et sans insister davantage, à toute la sagesse, et je puis
dire à l'humanité de la Cour.

M. le Premier. — Messieurs, nous nous associons, et de tout
cœur, aux paroles que vient de prononcer Maître Monbrun. Il y
a un vieil usage à la Cour d'Aix qui remonte au Parlement et qui
veut que, lorsqu'un des nôtres meurt, c'est un avocat du Barreau,
le bâtonnier. qui vient faire part du décès.

C'est par un retour de cette coutume que nous nous associons
aux deuils qui atteignent les défenseurs, et cette manifestation
est d'autant plus facile de notre part que les liens qui unissent la
magistrature et le Barreau sont et resteront indissolubles.

Après ce témoignage donné au deuil de Maître Chavernac, je
peux, Maître Monbrun, qui venez de prendre la parole au nom
des défenseurs des accusés, vous faire part de ce qui s'est passé
il y a plusieurs jours.

La mère de votre excellent confrère M⁰ Chavernac était malheureusement à l'agonie depuis des semaines, et plusieurs affaires
civiles ont dû être renvoyées pour cette cause. Il y a quelques
jours j'ai tenu à avoir une conférence avec· M⁰ Chavernac qui
m'a déclaré qu'un de ses confrères, M⁰ Clérico, (à l'égard de qui
assurément, s'il n'était pas ici, je pourrais m'exprimer plus fran-
chement, mais qui est un avocat des plus distingués et offrant
les garanties les plus sûres), que M⁰ Clérico étudierait les procé-

dures, suivrait nos audiences et que si un malheur se produisait au cours de ces débats, il remplacerait à la barre Mᵉ Chavernac.

J'ajoute que par suite de la longueur nécessaire de ces débats, la parole ne sera certainement pas donnée aujourd'hui à l'avocat d'Ahmed Mokhtar. Dans ces conditions, quelque désireuse que soit la Cour de faire droit à une demande qui émane de la défense de cinq accusés dont l'un est, évidemment, par sa culpabilité, passible des peines les plus graves, quel que soit, dis-je, le désir de la Cour, j'estime que nous pouvons passer outre aux débats et que tous les intérêts de la défense seront, dans ces conditions, absolument sauvegardés.

Maître Willm. — Veuillez me permettre, Monsieur le Premier, un mot simplement pour m'associer, en temps qu'avocat du barreau de Paris, aux paroles prononcées tout à l'heure par mon excellent confrère et ami Mᵉ Monbrun, et qui sont empreintes d'une douloureuse émotion.

Moi aussi, je suis très peiné et très affligé par la nouvelle qui nous est parvenue à l'audience.

Permettez-moi en même temps, Monsieur le Premier, de dire que les paroles que vous avez fait entendre ont été réconfortantes pour nous tous parce qu'elles établissent, une fois de plus, que, lorsque dans le monde du Palais un deuil atteint l'un des nôtres, c'est toute la famille judiciaire qui en souffre.

CONCLUSIONS DE LA PARTIE CIVILE
DEMANDANT QUE LE POURVOI SOIT SUSPENSIF

M. le Premier. — Nous reprenons les débats.

Maître David, vous avez la parole.

M⁰ David, avoué. — La partie civile s'étant pourvue en cassation contre l'arrêt de la Cour Criminelle, j'ai l'honneur de déposer, pour M. Meyer, les conclusions suivantes :

« PLAISE A LA COUR,

« Dire et juger que la partie civile s'étant pourvue en cassation contre l'arrêt de la Cour Criminelle, rejetant les conclusions prises par elle *in limine litis*, ce pourvoi soulève des questions d'ordre public, d'incompétence absolue en raison de l'inexistence légale du prétendu tribunal consulaire d'Oudjda et de toute la procédure instituée par lui ;

« En conséquence :

« Dire et juger que *ce pourvoi est suspensif* et qu'il y a lieu de *surseoir à statuer* jusqu'à l'arrêt de la Cour suprême.

« Sous toutes réserves,

« Et ce sera justice ».

M⁰ Monbrun. — Les mêmes conclusions sont prises au nom des accusés.

M. le Premier. — Pour la partie civile, vous n'avez rien à ajouter à ces conclusions, Maître Willm ? (*Réponse négative*).

M. l'Avocat général. — C'est à la Cour de Cassation qu'il appartiendra de statuer sur le fond.

M. le Premier. — Maître Clérico a-t-il signé les conclusions?

M⁰ Clérico. — Je les signe, Monsieur le Premier.

M. le Premier. — Interprète, dites aux accusés que la partie civile et son avocat demandent que l'affaire soit renvoyée en raison du pourvoi qui vient d'être formé.

(*La phrase est traduite aux accusés*).

M. le Premier.— La Cour va se retirer pour en délibérer.

(L'audience, suspendue à 2 heures 20, est reprise à 2 heures et demie).

———

M. le Premier. — Je donne lecture de l'arrêt.

ARRÊT
PASSANT OUTRE AUX DÉBATS

« Considérant que le sieur Meyer père, partie civile, se basant sur le pourvoi qu'il vient de former contre l'arrêt rendu ce jour par la Cour criminelle déclarant irrecevable le moyen soulevé en vue de la nullité de la procédure édifiée par M. le Consul de France à Oudjda, demande qu'il soit sursis à statuer jusqu'à l'arrêt de la Cour suprême ; — que de leur côté les cinq accusés, excipant du pourvoi qu'ils viennent également de former contre ledit arrêt, prennent des conclusions identiques ;

« Considérant que l'incident dont il s'agit se trouve réglé par les dispositions de l'article 301 du Code d'instruction criminelle, lequel est ainsi conçu ;

« Art. 301. — Nonobstant la demande en nullité, l'instruction est continuée jusqu'aux débats exclusivement ; mais si la demande est faite après l'accomplissement des formalités et l'expiration du délai qui sont prescrits par l'article 296, il est procédé à l'ouverture des débats et au jugement. La demande en nullité et les moyens sur lesquels elle est fondée ne sont soumis à la Cour de cassation qu'après l'arrêt définitif de la Cour d'assises.

« Il en est de même à l'égard de tout pourvoi formé soit après l'expiration du délai légal, soit pendant le cours du délai après le tirage du jury pour quelque cause que ce soit ».

« Considérant que les dispositions du Code d'instruction criminelle s'appliquent à la procédure à suivre en ce qui concerne les débats devant la Cour criminelle des Echelles du Levant pour tous les points qui n'ont pas été spécialement prévus par la loi du 28 mai - 1er juin 1836 ;

PAR CES MOTIFS, LA COUR :

« *Rejette les conclusions* ci-dessus visées et dit qu'il sera *passé outre aux débats,* la demande en nullité dont s'agit ne devant être soumise à la Cour de Cassation qu'après l'arrêt définitif de la Cour criminelle ».

M. le Premier. — Interprète, indiquez aux cinq accusés que la Cour vient de rendre un arrêt disant que, malgré les conclusions qu'ils ont prises et que la partie civile a prises, la Cour ordonne, en raison de la loi, qu'il sera passé outre aux débats.

(L'interprète fait la traduction).

NOUVEAU POURVOI

M. David, avoué. — Je suis confus de demander à la Cour une nouvelle suspension d'audience de quelques minutes pour former le pourvoi que nous nous croyons obligés d'interjeter.

Me Monbrun. — Je m'associe aux mêmes conclusions pour solliciter une nouvelle suspension en vue de ce qu'au nom des accusés, le même pourvoi soit interjeté.

(L'audience, suspendue à 2 heures 45, est reprise à 3 heures 5. A sa reprise, le pourvoi est déposé).

DÉPOT DE NOUVELLES CONCLUSIONS
PAR LA PARTIE CIVILE.

M. le Premier. — Maître David, vous avez la parole.

Mᵉ David. — Pour M. Meyer, je conclus :

« PLAISE A LA COUR :

« Attendu que si, en perdant son fils le brigadier Meyer, M. Meyer, partie civile, a cruellement et douloureusement été frappé dans son affection la plus chère, il a également vu disparaître dans le drame d'El-Heymer l'enfant qui entourait sa vieillesse des soins les plus attentifs et subvenait entièrement à ses besoins ;

« Que l'âge et les infirmités interdisant au concluant tout travail, il vivait entièrement et exclusivement des subsides, que, grâce à la fonction qu'il occupait dans les douanes chérifiennes, son fils pouvait lui fournir ;

« Que M. Meyer est donc fondé à poursuivre aujourd'hui la réparation du préjudice que lui cause la mort de celui qui était son seul soutien ;

« PAR CES MOTIFS :

« Concéder acte au concluant de ce qu'*il ne plaide* au fond *que comme contraint et forcé et sous la réserve expresse des pourvois* en cassation par lui formés contre les deux arrêts de la Cour en date de ce jour ;

« Allouer au concluant une somme de cinquante mille francs en *réparation du préjudice subi* ;

« Lui décerner acte de *ses réserves de poursuivre* devant toute juridiction que de droit *toute personne civilement responsable* des crimes commis par les accusés.

« Sous toutes réserves ».

M. le Premier. — Je suis obligé, en raison des exigences de la loi, de rappeler les dispositions de l'art. 301 du Code d'Instruction criminelle.

Mᵉ Clérico. — Je m'associe aux conclusions qui viennent d'être prises, sauf en ce qui concerne l'allocation des dommages-intérêts.

M⁰ Monbrun. — Je prends les mêmes conclusions.

M. le Premier. — Interprète, expliquez aux accusés que M. Meyer père déclare que s'il reste aux débats par la représentation de son avocat et de son avoué, c'est parce qu'il est contraint et forcé en raison de l'arrêt de la Cour.

Expliquez-leur aussi que M. Meyer père réclame 50.000 francs de dommages-intérêts.

(*La phrase est traduite aux accusés*).

M⁰ Monbrun. — Nous tenons à déclarer que nous aussi, c'est contraints et forcés que nous plaidons !

M. le Premier. — Je crois comprendre à l'attitude de M. l'Avocat général qu'il est consentant ?...

Nous allons rendre un arrêt prenant acte des conclusions.

ARRÊT

DONNANT ACTE DU DÉPÔT DES CONCLUSIONS.

« Considérant que le sieur Meyer, partie civile, expose dans ses conclusions qu'en perdant son fils assassiné au poste d'El-Heymer (Maroc), il a été atteint dans ses intérêts matériels en même temps que dans ses sentiments d'affection et qu'il demande aujourd'hui à poursuivre la réparation du préjudice à lui causé ; qu'il échet de lui donner acte du dépôt des conclusions qu'il prend dans ce but devant la Cour criminelle et des réserves qu'elles renferment ;

« Considérant qu'il échet également de lui donner acte de ce qu'il déclare ne plaider que comme contraint et forcé, les défenseurs des accusés s'associant à cette partie spéciale des conclusions du sieur Meyer ;

« Par ces motifs, la Cour :

« Tout en concédant acte au sieur Meyer de ce qu'il plaide au fond comme contraint et forcé et sous la réserve expresse des pourvois en cassation par lui formés contre les deux arrêts de la Cour criminelle en date de ce jour, *donne acte du dépôt des conclusions* tendant à obtenir l'allocation de la somme de 50.000 francs de dommages-intérêts ; *donne acte* encore *au sieur Meyer de ses réserves de poursuivre* devant toute juridiction que de droit toutes personnes civilement responsables des crimes dont les accusés ont actuellement à répondre devant la Cour criminelle ».

M. le Premier. — Interprète, traduisez aux accusés l'arrêt que nous venons de rendre.

Indiquez-leur que la partie civile demande 50.000 francs de dommages-intérêts et que la Cour a rendu un arrêt disant qu'on donne acte du dépôt de conclusions de la partie civile.

Maître Willm et Maître David, si vous voulez faire l'appel des témoins que vous avez assignés....

(L'huissier procède à l'appel des témoins de la partie civile :

M. le Général Toutée, M. le Lieutenant Garnier, M. Driot et M. Kammerer).

M. le Premier. — Vous savez, Messieurs, qu'un des quatre témoins que vous avez assignés ne comparaît pas ; et, pour que la Cour soit au courant de l'incident, je lui donne lecture de la dépêche que j'ai reçue à la date du 2 janvier dernier, de la part de M. Kammerer, Consul de première classe, Sous-Directeur de la Division de l'Asie au Ministère des Affaires Étrangères.

J'ai d'ailleurs donné à la partie civile copie de cette dépêche.

« Paris, le 2 Janvier 1913.

« Monsieur le Premier Président,

« Par une citation de Mᵉ Danlos, huissier, agissant à la demande de M. Meyer. père du brigadier Meyer, assassiné à El-Heymer (Maroc), le 19 octobre 1911, j'ai été invité à donner mon témoignage dans l'affaire d'assassinat qui sera jugée par la Cour criminelle des Échelles du Levant, le 7 janvier 1913.

« Je ne crois pas devoir déférer à cette invitation et j'ai l'honneur de vous exposer mes raisons.

« L'art. 70 de la loi du 28 mai 1836 sur la procédure criminelle dans les Échelles, dit que la partie civile « aura le droit de faire citer des témoins », mais non pas qu'elle peut les citer elle-même.

« Il me semble donc que c'est à la Cour qu'il eût appartenu, en toute hypothèse, de me faire citer si elle l'avait estimé nécessaire ;

« Les raisons pour lesquelles cette citation directe n'avait pas été envoyée, me paraissent se déduire des considérations et données suivantes, en dehors même des fonctions astreignantes qui me retiennent au Ministère des Affaires Etrangères.

« La première de ces raisons est que mon rôle dans l'affaire d'El-Heymer tire uniquement son intérêt — d'ordre rétrospectif, — du conflit de compétence survenu entre le tribunal consulaire (dont j'étais président en tant que Commissaire du Gouvernement par intérim à Oudjda), et le Conseil de guerre qui avait cru devoir de son côté se saisir de l'affaire.

« Or, ce conflit a été régulièrement solutionné, dans le sens même de mon intervention, par le dessaisissement au profit de la justice consulaire prononcé par le général Alix, à la demande du Capitaine rapporteur au Conseil de guerre, dessaisissement constaté par des pièces qui figurent certainement au dossier de l'affaire transmis à la Cour d'Aix.

« Mon témoignage ne saurait, d'autre part, apporter à la Cour aucune clarté utile, puisque je n'étais pas encore à Oudjda à l'époque où le crime a été commis, que je n'ai pas connu la victime, que je n'ai interrogé personnellement ni les inculpés, ni aucun témoin dans cette affaire ; qu'empêché, en fait, de conserver l'instruction, je n'en connais ni les détails ni les conclusions.

« La seconde raison est que cette affaire a touché, non au point de vue des culpabilités, mais par certains côtés préliminaires purement administratifs, à l'ensemble des incidents de l'affaire dite d'Oudjda, et que je me considère comme tenu au secret professionnel pour tous mes actes administratifs dans cette affaire, à laquelle j'ai été mêlé en vertu d'ordres ministériels :

« 1° comme commissaire p. i. du Gouvernement ;

« 2° comme secrétaire de la Commission d'enquête ;

« 3° comme Président du tribunal consulaire d'Oudjda, ayant eu à faire l'instruction de l'affaire Pandori, jugée à Aix en fin février 1912.

« Enfin, bien que matériellement j'aie été mis hors d'état de faire l'instruction judiciaire de l'affaire d'El-Heymer, j'y ai figuré cependant en qualité de juge d'instruction, ayant ordonné l'ouverture de l'information judiciaire et ayant, quelques jours seulement avant mon départ d'Oudjda, reçu livraison des procédures du Conseil de guerre et obtenu remise des inculpés après le dessaisissement de la juridiction militaire. Mes actes comme juge d'instruction sont intégralement consignés dans la procédure placée sous les yeux de la Cour, et mon témoignage ne saurait rien y ajouter.

« En résumé, tenu au secret professionnel et ne possédant aucune informa-

10

tion personnelle de nature à favoriser la découverte de la vérité, je vous prie respectueusement, Monsieur le Premier Président, de bien vouloir me dispenser de me rendre à Aix pour y témoigner devant la Cour.

« Veuillez agréer, Monsieur le Président, l'assurance de mes sentiments de respectueuse considération.

« Signé : KAMMERER ».

PROTESTATION CONTRE L'ABSENCE D'UN TÉMOIN
ET DÉPÔT DE CONCLUSIONS

Me Willm. — Je demande à Monsieur le Premier de vouloir bien m'accorder la parole un instant.

M. le Premier. — Me Willm, vous avez la parole.

Me Willm. — Je ne voudrais évidemment pas, à ce moment des débats surtout, prendre un trop long temps à l'attention de la Cour ; mais il me sera permis quand même de protester, et de protester très énergiquement contre l'absence de M. Kammerer.

M. Kammerer n'est pas juge, avant qu'elles lui aient été posées, des questions qu'il importe soit à la partie civile, soit aux défenseurs des accusés, de lui poser au cours de ces audiences.

J'ajoute que ce qu'il y a de plus attristant peut-être, dans la lettre qu'il vous a écrite, c'est de constater sous sa plume et sous sa signature une ignorance aussi complète de la loi de la part d'un homme qui ose rappeler qu'il a été président du tribunal consulaire à Oudjda et qu'il a ensuite opéré certains actes d'instruction comme magistrat instructeur...

Quelle garantie pour les justiciables d'Oudjda !

Il ose dire que la loi nous donnait un autre moyen que celui que nous avons employé pour le faire venir à l'audience. Et qui donc aurait amené ici nos témoins, sinon nous-mêmes ? Où a-t-il vu que la loi ne nous en donne pas le droit, alors que si nous

nous retournions vers le Ministère public pour lui demander de se substituer à nous, il répondrait avec juste raison qu'il n'a pas à s'immiscer dans le choix des témoins que la partie civile veut faire entendre ?

Laissez-moi donc vous dire que ce qui a empêché aujourd'hui M. Kammerer d'être ici, c'est qu'il a très bien deviné, non seulement qu'on soulignerait l'illégalité de ses procédés, mais surtout qu'on lui poserait certaines questions gênantes sur la disparition de pièces que ce pseudo-magistrat a, par un coup de force, enlevées à l'autorité militaire et qu'il n'a jamais versées aux débats.

M. le Premier. — Vous ne déposez pas de conclusions ?

Mᵉ Willm. — Non, je me contente de protester. Je sais que le secret professionnel est un cercueil complaisant où s'enfouissent toutes les illégalités (*Sensation prolongée*).

Mᵉ Monbrun. — Je joins ma protestation à celle, très énergique, que vient de faire mon confrère et ami, Mᵉ Willm.

Mon confrère s'étonnait tout à l'heure que celui qui était président du tribunal consulaire d'Oudjda l'année dernière, ne veuille pas nous éclairer ici sur ce que nous cherchons tous, c'est-à-dire la vérité.

Il y a plus encore : dans sa lettre, M. Kammerer vous dit qu'il était à cette époque commissaire du gouvernement par intérim à Oudjda. Ainsi, il représentait la France dans un pays où, quelques jours auparavant, on venait d'assassiner un Français, un fonctionnaire français, et, dans ces circonstances douloureuses, il refuse de venir s'expliquer devant la Cour !!!

Pourquoi ? Parce que, ainsi que vous le disait Mᵉ Willm tout à l'heure, il y a, en dehors des documents qui ont été brûlés, en dehors de ceux qui ont été produits dans l'affaire Pandori, d'autres pièces qui, à ce moment-là, ont été remises dans les mains de M. Kammerer, qui ont disparu, et qu'on ne produit pas ici.

Mᵉ Chavernac se serait chargé de développer avec la même indignation, s'il avait été présent, et comme je les développerai après l'interrogatoire, des conclusions que je me contente de lire sans les commenter, car mon émotion est trop grande au milieu de notre émotion à tous.

Ces conclusions, les voici :

« PLAISE A LA COUR :

« Attendu que lorsque, dans la nuit du 6 au 7 Novembre 1911, M. Kam-
« merer s'est fait remettre au poste de Martimprey, par les autorités militaires
« françaises, les accusés Mohamed et Ahmed ben Moktar, il a également reçu
« des mains du capitaine Joubé, commandant du poste, divers documents ap-
« partenant aux accusés et renfermés dans un sous-main français, contenu
« lui-même dans un bissac indigène :

« Attendu que ces documents, entrés dans ces conditions en la possession
« de M. Kammerer, ont été indûment conservés par lui au lieu d'être versés
« au dossier de l'affaire ;

« Que malgré des réclamations réitérées, il a refusé de s'en dessaisir ;

« Mais attendu qu'il importe à la manifestation de la vérité que ces divers
« documents soient versés aux débats et joints au dossier auquel ils appar-
« tiennent légalement ;

« Qu'il est donc indispensable que M. Kammerer soit mis en demeure d'ap-
« porter à la Cour les documents dont il s'est emparé et qu'il soit invité à
« s'expliquer sur les raisons qui l'ont déterminé à conserver des pièces qu'il
« n'avait aucun droit de retenir ;

« PAR CES MOTIFS :

« Dire que M. *Kammerer devra*, sans délai, *apporter* à la Cour *les documents*
« sus-énoncés :

« Ordonner qu'il *sera assigné à comparaître* devant elle à l'effet de fournir
« toutes explications qui lui seraient demandées à l'occasion de la *détention par*
« *lui* de ces divers documents ;

« Sous toutes réserves »

« Et ce sera justice ».

Mᵉ Monbrun. — Comme vous le disait Maître Willm, M. Kammerer savait que, dans cette audience, devant la Cour où nous recherchons la vérité, on lui demanderait ce qu'il a fait de ces documents qui lui ont été adressés, sous le couvert de la pièce 114, par M. le Commandant Gros.

Je n'ai pas autre chose à dire.

M. le Premier. — Vos conclusions tendent-elles à ce que la Cour renvoie l'affaire à raison de l'absence de M. Kammerer ?

Mᵉ Monbrun. — Oui, Monsieur le Premier, il n'y a pas d'autre moyen : à moins qu'on puisse faire citer M. Kammerer et attendre son audition ; j'espère que s'il n'obéit pas à nos injonctions, il obéira au moins à celles de la Cour.

M. le Premier. — Etant donné que des conclusions ont été prises et des explications données à la barre en vue du renvoi de l'affaire vu l'absence de M. Kammerer, la Cour va en délibérer. Maître Clérico, avez-vous des conclusions à déposer ?

Mᵉ Clérico. — Monsieur le Premier, je dépose les mêmes conclusions que mon confrère,

M. le Premier. — La parole est à M. l'Avocat général.

L'AVIS DE M. L'AVOCAT GÉNÉRAL

M. l'Avocat général. — M. Kammerer était cité par la partie civile qui est principalement juge de savoir dans quel but, et quels sont les renseignements qu'il peut fournir à la justice. Mais il y a évidemment une erreur qui est commise dans sa lettre. Le témoin prétend qu'il n'est pas valablement cité. Une telle opinion ne peut se soutenir devant une juridiction comme la vôtre. M. Kammerer cite un art. de la loi de 1836 qui est celui-ci :

« ... 7° Le Ministère public, la partie civile et l'accusé auront « le droit de faire citer des témoins pour le jour de l'audience ».

« Faire citer des témoins »... On ne cite pas soi-même, on fait citer par voie d'huissier ! C'est là faire de la loi une fausse interprétation ; et M. Kammerer est valablement cité.

Des conclusions sont prises : la Cour appréciera s'il est nécescessaire qu'il comparaisse devant elle à la suite des conclusions de la partie civile, juge principalement, je le répète, de la nécessité de cette présence ; mais l'excuse que le témoin donne en ce qui concerne la citation ne peut être admise par la Cour.

M. le Premier. — Alors vous ne requérez pas l'amende prévue par la loi ?

M. l'Avocat général. — Si la partie civile insiste pour qu'il soit cité !...

Me Willm. — J'estime que si véritablement il y a un cas où il appartient à une magistrature aussi haut placée que la vôtre de rappeler à tous les justiciables qu'ils n'ont qu'à s'incliner devant la loi lorsqu'elle agit dans un intérêt de justice, c'est celui-ci. M. Kammerer, moins que tout autre, ne pouvait ignorer qu'il était valablement cité en raison des fonctions qu'il prétend avoir exercées et qu'il revendique dans sa propre lettre. J'insiste, pour ma part, sur sa condamnation comme témoin défaillant, afin que le pays apprenne que la Loi est égale pour tous.

M. le Premier. — Interprète, expliquez aux cinq accusés que M. Kammerer, Consul de France à Oudjda, ne vient pas à l'audience, et que leurs avocats demandent que les débats soient renvoyés en vue d'une nouvelle citation à donner à M. Kammerer.

(*La phrase est traduite aux accusés*).

M. le Premier. — Avant de statuer sur les conclusions déposées, nous allons ouvrir le paquet contenant les pièces à conviction.

(*L'huissier procède à l'ouverture du paquet.*

Les avocats et le principal accusé ainsi que l'interprète s'avancent vers la table des pièces à conviction).

M. le Premier. — Interprète, demandez à Ahmed ben Mokhtar à qui appartient ce bissac.

L'interprète. — Il répond que c'est le sien.

M. le Premier. — Demandez lui encore si ce sous-main lui appartient bien, ou s'il sait à qui il appartient.

(*La réponse ne parvient pas jusqu'à l'assistance*).

(*Ici, délibération de la Cour*).

M. le Président. — Voici l'arrêt de la Cour :

ARRÊT
CONDAMNANT LE TÉMOIN DÉFAILLANT KAMMERER

« Considérant que M. Kammerer, consul de première classe, actuellement fonctionnaire du Ministère des Affaires étrangères à Paris, n'a pas répondu à l'appel des témoins qui ont été assignés par la partie civile devant la Cour criminelle ; que lecture a été donnée de la dépêche qu'il a adressée sous la date du 2 janvier 1913 à M. le Premier Président, dépêche qui sera jointe au dossier de l'affaire ;

« Considérant qu'après constatations de l'absence de M. Kammerer les défenseurs des accusés ont pris des conclusions exposant qu'au moment de la remise des accusés Mohamed et Ahmed ben Mokhtar entre les mains des autorités consulaires françaises, M. Kammerer avait reçu divers documents leur appartenant et renfermés dans un sous-main français contenu lui-même dans un bissac indigène, ainsi qu'en ferait foi le télégramme officiel portant la cote 114 du dossier de la procédure ; que les documents dont il s'agit ont été indûment conservés par M. Kammerer, au lieu d'être versés, malgré les réclamations réitérées dont il a été l'objet, au dossier de l'affaire ; qu'il est indispensable que M. Kammerer soit assigné à nouveau afin d'être mis en demeure d'apporter à la Cour criminelle les documents en question et de s'expliquer devant elle ;

« Considérant que la partie civile n'a pas pris des conclusions sur l'incident ;

« Considérant qu'il est établi tout d'abord que M. Kammerer, témoin notifié aux accusés comme à M. le Procureur général, a été régulièrement et valablement cité à Paris en conformité même des prescriptions de l'article 70 de la loi du 28 mai - 1er juin 1836 ; qu'il ne saurait être autorisé, en s'abstenant de répondre à cette désignation, à invoquer le secret professionnel avant de connaître les questions qui lui seraient posées ; que son absence restant ainsi injustifiée, il y a lieu de lui faire application des dispositions de l'article 80 du Code d'instruction criminelle ;

« Considérant en second lieu qu'il n'est pas établi par la procédure que M. Kammerer ait eu en sa possession les documents visés par les conclusions ci-dessus et qu'on ne peut dès lors faire droit aux dites conclusions basées sur le fait qu'il les aurait indûment conservés ;

« Considérant que la Cour, estimant que le témoignage de M. Kammerer n'est pas indispensable à la manifestation de la vérité, il n'y a pas lieu d'ordonner sa réassignation ;

PAR CES MOTIFS, LA COUR :

« Vu l'article 80 du Code d'instruction criminelle ainsi conçu :

« Art. 80. — Toute personne citée pour être entendue en témoignage sera tenue de comparaître et de satisfaire à la citation ; sinon elle pourra y être contrainte par le juge d'instruction qui à cet effet, sur les conclusions du procureur général, sans autre formalité ni délai et sans appel, prononcera une amende qui n'excédera pas cent francs et pourra ordonner que la personne citée sera contrainte par corps à venir donner son témoignage ».

« *Prononce contre M. Kammerer une amende de cent francs* et dit qu'il *supportera les frais* afférents à l'incident ; *rejette* pour le surplus *les conclusions* prises par les défenseurs des accusés, et dit qu'il *sera passé outre aux débats* ».

M. le Premier. — Interprète, vous allez traduire l'arrêt aux accusés.

Faites-leur savoir que la Cour a ordonné que M. Kammerer, Consul de France à Oudjda, n'ayant pas comparu, est condamné à cent francs d'amende et aux frais de l'incident, et que les conclusions de leurs avocats sont rejetées quant à la dernière partie.

Huissier, veillez à ce que les témoins ne restent pas dans la salle pendant les interrogatoires auxquels nous allons procéder.

(*Les témoins quittent la salle d'audience*).

INTERROGATOIRES (RÉSUMÉ)

INTERROGATOIRE DE SI-AHMED BEN MOKHTAR

(Les interrogatoires ont lieu par l'intermédiaire de l'interprète Hammar).

Si Ahmed ben Mokhtar déclare qu'il a 24 ans. Est célibataire, a reçu une certaine instruction (a trois certificats d'études arabes) ; avait demandé une place de cadi ; a vu quelquefois le brigadier Meyer quand il était au marché.

M. le Président. — Le brigadier Meyer était au poste des douanes d'El Heymer depuis six mois. C'était un Français d'origine ; il passait pour très bon et très généreux ; il aimait à rendre service autour de lui, et souvent il prêtait des pièces de cinq francs.

L'inculpé répond (par l'intermédiaire de l'interprète) : A ceux qui travaillaient avec lui peut-être, mais pas à moi.

M. le Premier. — Interprète, dites-lui que non seulement c'était un Français, mais un bon Français.

Réponse. — S'il était bon, la justice le connaît.

M. le Premier. — Meyer a été tué dans la nuit du 20 au 21 octobre 1911, dans la maison des douanes.

R. — Je n'ai pas assisté à la découverte du corps.

Demande. — Le brigadier Meyer a été abominablement assassiné. Dans les jours qui ont suivi le meurtre, lui, Si Ahmed, a fait des aveux.

Réponse. — A qui ai-je avoué ?

D. — A l'émissaire Derkaoui.

R. — Quand j'ai été rendu en territoire espagnol, j'ai écrit deux lettres, l'une au caïd, l'autre à l'officier du poste de Berkanne, dans lesquelles j'indiquais que je ne m'étais rendu coupable de rien.

M. le Premier. — Interprète, dites-lui bien qu'il est aujourd'hui devant ses juges, qu'il peut être condamné à une peine extrêmement sévère, peut-être à la peine de mort, qu'il a tout intérêt à dire la vérité complète, et que s'il la dit complète, ses juges pourront lui en tenir compte. Expliquez-lui cela d'une façon posée, de manière qu'il puisse saisir la pensée, parce que la manifestation qui viendrait de lui dominerait absolument tout le débat.

L'Interprète. — Je crois comprendre dans ses réponses que dans sa religion c'est une faute capitale de tuer, de voler ou d'assassiner, et qu'il n'a pas d'intérêt à mentir.

M. le Premier. — Eh bien, puisqu'il veut dire la vérité, demandez-lui si quelqu'un ne lui a pas donné de mauvais conseils pour commettre un crime quelconque.

L'Interprète. — Il répond : personne.; cela ne se fait pas. Celui qui l'a mis dans ce « travail » (*sic*), c'est Mustapha Semghouni.

M. le Premier. — Quand est-il arrivé au poste d'El Heymer ?

L'Interprète. — L'officier qui les a mis en prison est celui qui les a interrogés, son frère et lui. Il est resté quatre jours dans la chambre du brigadier.

D. — Il était arrivé à onze heures du matin chez son frère Mohamed, le 20 octobre 1911.

L'Interprète. — Il a couché chez son frère.

D. — Pendant la nuit du 20 au 21, Meyer a été assassiné. — A-t-il eu connaissance que son frère, qui a fait des aveux et les a maintenus jusqu'au jour de son évasion, a pu commettre le crime tout seul ? Comment explique-t-il que Mohamed a pu consommer le crime seul, et sans son aide, à lui Ahmed ?

L'Interprète. — Il dit qu'il ne sait pas si Mohamed a fait des aveux : on les interrogeait séparément. C'est son frère seul qui a assassiné.

D. — Où Ahmed a-t-il couché pendant la nuit du crime ?

R. — Quand il est arrivé de Kebdanne, il a couché chez son frère, « comme invité », presque comme un étranger.

D. — Dans le même gourbi que son frère ?

R. — Ensemble.

D. — Comment son frère lui a-t-il dit, à un moment donné, que Meyer avait été assassiné ?

R. — Son frère est venu et lui a dit qu'il venait d'assassiner Meyer.

D. — Le jour même, c'est-à-dire le 21 octobre, ils passent tous deux la Moulouya. Quand ont-ils vu ensuite l'émissaire Derkaoui qui avait été envoyé par l'autorité militaire ?

R. — Au bout de quatre jours.

D. — Qu'ont-ils raconté à Derkaoui ?

R. — Il leur a dit : « Toi et ton frère, vous avez assassiné Meyer ». Et Ahmed lui a répondu : « Il ne faut pas le dire ». (*Mouvement dans l'auditoire*).

D. — Derkaoui affirme très formellement avoir reçu les aveux de Mohamed, qui est en fuite, et d'Ahmed.

R. — Si-Ahmed dit qu'il avait écrit deux lettres au consul et s'étonne que Derkaoui l'accuse de l'assassinat. Je n'aurais rien écrit, dit-il, si j'avais été coupable. J'ai dit au consul : « Veuillez amener les trois témoins devant lesquels j'ai avoué ».

D. — Dites-lui alors qu'il a été confronté avec Derkaoui et que celui-ci a maintenu ses dires en entrant dans les moindres détails que lui avait fournis Mohamed sur l'assassinat ; que Si-Ahmed lui-même reconnaissait les mêmes choses et se déclarait coupable. Ils ont été tous confrontés.

R. — Il demande où il a avoué ? Chez le consul ou en territoire espagnol ?

D. — Devant Derkaoui, et ensuite devant le consul qui l'a confronté avec Derkaoui.

R. — Ahmed déclare qu'il ne lui a rien dit ; que s'il avait avoué, il l'aurait dit au consul.

D. — Devant le consul il a dit que probablement l'interprète Mustapha Semghouni avait mal traduit ses réponses ; mais faites-lui remarquer que Semghouni n'a jamais traduit ses paroles, que c'est M. Renizio, l'officier interprète.

R. — Il dit qu'interrogé par M. Ballereau il a répondu : « Je n'ai rien dit à Derkaoui ; si j'avais eu à dire quelque chose, je l'aurais dit au consul ».

D. — Faites-lui remarquer que ses aveux sont précisément en concordance avec les constatations du médecin sur le corps de Meyer.

R. — Il demande ce qu'a dit le médecin.

D. — Qu'il fallait avoir été plusieurs pour venir à bout du brigadier, qui était très fort ; suivant l'expression d'un des coaccusés d'aujourd'hui, il aurait fallu dix hommes pour le tuer.

R. — Le médecin n'a pas dit que son frère l'avait assisté, ni s'ils étaient deux, quatre ou cinq (*sic*).

D. — Le médecin a déclaré que les assassins s'étaient servi de deux armes différentes : un poignard marocain et un autre couteau-poignard.

R. — Son frère avait un couteau, mais pas lui.

D. — Le médecin a constaté que le cou du brigadier était coupé, que le ventre était ouvert, que le cuir chevelu avait été arraché avec les ongles d'une main qui se serait portée et appuyée sur le haut de sa tête.

L'interprète. — Il dit qu'il peut se faire qu'il y en ait eu trois ou quatre.

D. — Quand il était couché, la nuit, dans le gourbi de son frère, et que Mohamed est allé vers la chambre de Meyer, il ne s'est aperçu de rien ?

R. — Il dit que celui qui vient dans un endroit pour assassiner ou voler a le soin de s'approcher le soir, en cachette, et non pas comme il l'a fait, dans la journée, car alors il est remarqué par tous les gens du pays ; quant à lui, il arrivait de quinze kilomètres de Berkanne, et il était fatigué. Il s'est couché, et n'a plus rien entendu.

D. — Son frère Mohamed a reçu, dans la lutte avec Meyer, deux blessures : l'une au poignet gauche, l'autre au coude droit.

R. — Oui.

D. — Et c'étaient justement des blessures faites avec la même arme qui avait frappé le brigadier !

R. — Il n'a pas connaissance de cela.

D. — Dites-lui, interprète, qu'il est accusé formellement par son cousin Abdelkader, qui est assis auprès de lui en ce moment, et qui n'a jamais varié dans ses déclarations...

(*Pas de réponse*).

D. — Demandez-lui alors ce qu'il a fait une fois que son frère est venu le prévenir que Meyer était mort. Est-il allé chercher ses cousins ?

R. — Son frère lui a dit : « Je suis blessé, tu me ferais grand plaisir en allant chercher mes cousins pour me déménager ».

D. — Les deux cousins sont venus avec lui ?

R. — Oui, tous les deux.

D. — Eh bien, les deux cousins affirment qu'en arrivant à El-Heymer ils ont trouvé, près du canal d'irrigation, Mohamed et Ahmed, les deux frères (les deux assassins suivant l'accusation). L'un avait son fusil, l'autre se promenait autour du coffre ; et pour leur faire charger le coffre sur la mule amenée par ces deux cousins, les frères Mokhtar auraient menacé leurs deux parents de mort s'ils n'obéissaient à leurs injonctions.

R. — Une fois qu'il eut appelé ses cousins, il est reparti et les a laissés.

D. — Alors il ne s'est pas rendu avec les cousins auprès du canal d'irrigation ?...

R. — Non !

D. — Or, ici, ses deux cousins lui donnent un démenti formel. D'autre part, Si-Ahmed dans la prison a déclaré à Abdelkader que c'était lui qui avait coupé le cou du brigadier.

R. — Il nie cela.

D. — Les cousins racontent que le coffre-fort a été défoncé, et qu'on s'est partagé l'argent auprès du canal d'irrigation.

R. — Si-Ahmed déclare qu'il n'a pas vu de coffre-fort ; que quand il est venu son frère lui a dit que le coffre-fort était parti ; que lui n'a rien vu.

D. — Il y avait des traces de sang entre la demeure de Meyer et le canal d'irrigation. Ce sang provenait des blessures de Mohamed.

L'interprète. — L'accusé déclare que Derkaoui avait dit que lui, Ahmed, avait été blessé aussi ; mais que quand on l'a arrêté, on a constaté que c'était faux.

D. — Quand il a été interrogé par l'émissaire en territoire espagnol, Mohamed avait dit qu'il avait assassiné Meyer à cause de son chien qui l'avait précédemment mordu ?

R. — Ahmed n'est pas au courant de ce fait.

D. — Faites-lui remarquer que par la suite, Mohamed, interrogé par les autorités militaires et par le consul, a parlé du viol de sa jeune femme par Meyer. Ce n'est qu'à ce moment-là seulement qu'il a eu l'idée de porter cette accusation contre le brigadier.

R. — S'il avait eu vent de cela, il l'aurait déclaré.

D. — Faites-lui remarquer que pendant l'instruction, dans la famille de la première femme de Mohamed, on a fait tout ce qu'on a pu pour amener la jeune femme, qui a seize ans, à déclarer que Meyer avait voulu la violer.

(Pas de réponse).

D. — Un témoin affirme que lui, Si-Ahmed, quand il était détenu à la prison d'Oudjda, a engagé la jeune femme à faire cette même déclaration.

R. — Non !

D. — Insistez, interprète ! Dites à l'accusé qu'un témoin affirme l'avoir vu remettre deux amulettes, avec lesquelles on devait se livrer à toutes sortes de pratiques bizarres qui doivent être courantes dans le pays.

R. — Il demande quel est ce témoin.

D. — C'est la jeune Fatma, la fille du gardien. Les amulettes auraient été procurées par un sorcier.

R. — Il dit qu'il ne sait pas ce que c'est que ce sorcier.

D. — Ces pratiques avaient pour but, paraît-il, d'amener la jeune femme de Mohamed à déclarer que le brigadier avait voulu la violer.

R. — Il déclare être resté étranger à tout cela.

D. — Dites-lui que c'est un témoin encore qui lui donne un démenti.

R. — S'il y avait eu de ces choses-là, on en aurait parlé à Oudjda.

D. — Dites-lui alors qu'on a même fini par menacer la jeune Zineb de ne jamais aller au paradis si elle ne voulait pas déclarer que Meyer l'avait violée.

R. — Cela ne se passe pas ainsi dans leur religion, ni dans la justice.

D. — Faites-lui remarquer que la jeune femme a toujours résisté à ces injonctions, et qu'elle a déclaré que jamais Meyer n'avait eu de rapports avec elle.

R. — On n'a pas insisté chez le juge d'instruction sur ces faits, qu'il ne connaît pas.

D. — Faites-lui remarquer que d'ailleurs, suivant l'usage dans le pays, jamais un arabe qui tue un homme pour venger son honneur ne le tue en dehors de sa maison ; qu'il n'irait pas par conséquent chez l'amant pour le faire lever au milieu de la nuit et le couvrir de blessures.

R. — C'est un grand péché pour nous.

D. — Il aurait été convenu, entre Mohamed et lui, qu'après l'assassinat, ils resteraient à El-Heymer, de façon à ne pas être soupçonnés ; mais que comme Mohamed avait des blessures très graves qui l'empêchaient de se livrer même à ses occupations journalières, et, que d'autre part il y avait des traces de sang autour de la maison du brigadier, il a bien fallu changer le programme et passer en territoire espagnol.

R. — Son frère n'a rien dit de tout cela.

D. — Etait-il fiancé, lui Ahmed ?

R. — Non.

D. — Alors, il n'a pas su que son père voulait le fiancer, l'avait fiancé même, que le repas avait eu lieu, et qu'il avait donné — ou promis — 400 douros ?

R. — Si son père voulait le fiancer, il ne le lui dirait pas.

D. — On a dit que l'usage était, en effet, de ne pas avertir le fiancé ; mais il était fiancé et on avait promis de donner 400 douros à la famille de la jeune fille.

R. — Dans leur religion, on ne procède pas ainsi : que si quelqu'un devait donner quelque chose, c'était son père et non lui.

D. — Le mariage devait avoir lieu le 24 octobre, c'est-à-dire quatre jours après l'assassinat.

(*Pas de réponse*).

D. — Demandez-lui s'il a quelque chose à ajouter pour sa défense.

L'interprète. — Il dit qu'il n'a rien à ajouter, qu'autrement, il l'aurait dit et le dirait.

D. — Dites-lui de nous raconter la façon dont son frère lui a narré l'assassinat, au milieu de la nuit.

R. — Il lui a dit : « Je viens d'assassiner Meyer, va chercher mes cousins ».

D. — Mais lui a-t-il dit *pourquoi* il l'avait assassiné ?

R. — Il dit qu'il a beaucoup de respect pour son frère qui est plus âgé que lui et qu'il ne se serait pas permis de lui poser une pareille question (*Sourires ironiques dans l'auditoire*).

D. — Alors il n'a pas eu la curiosité de demander à son frère la raison de l'assassinat ?

R. — Il s'est disputé avec lui.

D. — Alors quelles sont les paroles qui ont été échangées au cours de la dispute ?

R. — Que lui ne travaillait pas à la douane, que cette affaire ne l'intéressait pas, etc.

D. — Dites-lui qu'il n'est pas facile pour nous d'admettre qu'il n'ait pas voulu se rendre compte de la raison qui avait fait agir son frère.

R. — Pourquoi aller y avoir ? Pour être complice avec lui ?

D. — Alors il n'a eu connaissance ni du crime, ni du vol du coffre-fort ?

R. — Il n'a assassiné ni volé personne, et il était dans son état normal d'intelligence (*sic*).

M. le Conseiller rapporteur Dumas. — L'accusé a reconnu qu'en allant chercher les deux cousins il aurait dit à Abdelkader : « Si je n'avais pas blessé mon frère au poignet en voulant couper le cou de Meyer, je ne serais pas venu vous chercher pour enlever le coffre-fort.

(*M. le Premier pose la question au témoin*)

R. — Il n'a rien dit de cela : il est venu seulement les chercher pour venir déménager Mohamed.

M. le Premier. — M. l'Avocat Général a-t-il des questions à poser ?

M. l'Avocat Général. — Qu'il me dise s'il venait souvent à El-Heymer pour voir son frère Mohamed.

R. — Il venait seulement de temps en temps ; quelquefois même, il le voyait hors de chez lui, au marché.

D. — Pourquoi est-il venu le 20 octobre 1911 ? Avait-il une raison spéciale ? Il a dit à l'instruction qu'il était venu chercher du linge.

R. — Si-Ahmed dit qu'il est venu en invité chez son frère, qu'il n'était pas toujours d'accord avec son père et venait coucher chez Mohamed ; que quand il a été couché, il lui a dit qu'il devait partir à Kebdanne.

M. l'Avocat Général. — Il est arrivé à 11 heures à El-Heymer ?

R. — Non, vers les 3 ou 4 heures.

D. — Des témoins déclarent l'avoir vu à 11 heures, se rendant du côté de la rivière avec son frère, causer avec lui, faire le tour de la maison de douane et revenir.

R. — S'il était venu à 11 heures, il l'aurait dit.

D. — Il était venu directement, sans passer par chez son père ?

R. — Il est venu directement.

M. le Premier. — Les défenseurs des accusés ont-ils des questions à poser ? (*Réponses négatives*).

M. le Conseiller rapporteur Dumas. — Comment s'est-il procuré la jument avec laquelle il a passé la frontière ?

R. — Il n'avait pas de jument ; il allait à pied.

D. — Il était monté sur une jument et son frère sur un cheval quand ils ont passé la Moulouya. Les animaux ont été saisis sur le territoire espagnol.

R. — Il était monté en croupe avec son frère.

11

D. — Il l'a prétendu. Mais il a raconté aussi, quand il y a été obligé, l'histoire d'un acheteur de la jument qui la lui aurait revendue. Nous pourrons d'ailleurs interroger le père, à qui l'animal appartenait.

R. — Cette jument avait été vendue à un kebdanni.

Il demande si Derkaoui a dit que lui, Ahmed, avait une jument ou un cheval ?

D. — Son frère aurait eu une jument ; lui serait monté sur la jument de son père.

R. — Derkaoui était venu les voir le mardi, et le mercredi la jument était rendue.

INTERROGATOIRE D'AHMED BEN ABDELKADER

M. le Premier fait subir à l'accusé un interrogatoire d'identité :

Ahmed ben Abdelkader a 26 ans. Est cultivateur. Marié, trois enfants.

M. le Premier. — Vous êtes accusé d'avoir participé à l'assassinat du brigadier des douanes Meyer.

L'Interprète. — Il dit qu'il ne sait pas et ne connait pas (*sic*).

D. — Que s'est-il passé dans la nuit du 20 au 21 octobre 1911, quand on est venu le chercher à son gourbi ?

R. — Il dit que son cousin Si-Ahmed est venu le chercher pour un déménagement à faire.

D. — Il lui a demandé de venir avec la mule ?

R. — Non, il allait à pied.

M. le Premier. — Interprète, dites à l'accusé qu'Ahmed ben Mokhtar affirme lui avoir dit que son frère avait tué le brigadier Meyer.

R. — Ce n'est qu'après qu'il l'a su. On était venu le chercher pour déménager.

D. — On l'a confronté avec Si-Ahmed à ce sujet, mais sans résultat.

Demandez-lui s'il ne s'est pas, avec son cousin, rendu immédiatement à El-Heymer ?

R. — Il est parti, et il a trouvé son frère en arrivant près de la rigole.

D. — Abdelkader est donc parti de chez lui avec son autre cousin Mohamed ben Ahmed ?

R. — Il dit qu'il ne l'a pas vu.

D. — Faites-lui remarquer que dès le début de l'information, il a affirmé que son cousin Mohamed ben Ahmed était venu avec lui.

R. — Il n'a rien dit de cela dans les interrogatoires ; il est parti seul avec Ahmed et il a trouvé son frère à la rigole.

D. — Amenaient-ils une mule ?

R. — Il n'en a jamais eu depuis qu'il est né (*sic*).

D. — Ici encore il est en contradiction avec lui-même, et aussi avec Si-Ahmed qui affirme qu'ils amenaient une mule ; que c'était la mule de Moulay, l'oncle, le quatrième accusé ici présent, avec lequel ils habitent.

R. — Il déclare n'avoir pas connaissance de cela.

D. — Demandez-lui de nous raconter clairement ce qui s'est passé au bord du canal. Il y avait les deux frères : Si-Ahmed qui l'avait accompagné, et Mohamed qui était resté là.

R. — Quand il est arrivé avec Si-Ahmed, il a trouvé le frère de celui-ci, Mohamed ben Mokhtar, assis devant le coffre-fort.

D. — Mohamed était assis, la carabine à la main (une de celles qu'on avait volées) à une centaine de mètres de la maison du brigadier ?

R. — Il ignore s'il y avait une carabine, ou deux, ou trois.

D. — Qu'a-t-il fait quand il est arrivé près du coffre-fort, avec Si-Ahmed ?

R. — Il y avait une jument et un cheval. Mohamed leur a dit : « Vous allez enlever le coffre-fort et le mettre sur le cheval ». Abdelkader s'y est refusé ; on l'a menacé de lui faire le même sort qu'au brigadier Meyer.

D. — C'est donc Si-Ahmed, en même temps que Mohamed, qui a menacé Abdelkader, s'il ne voulait pas charger le coffre-fort ?

L'interprète. — Il m'a dit tout à l'heure qu'ils n'avaient pas défoncé le coffre-fort ; qu'ils l'avaient mis sur le cheval et qu'ils sont partis ensuite.

D. — N'a-t-il pas raconté qu'on avait enlevé et partagé l'argent qui était dans le coffre-fort ?

R. — Il dit qu'il n'a pas connaissance.

M. le Premier. — Voyons ! Il a déclaré que le coffre-fort avait été brisé, qu'on avait sorti l'argent, qu'on l'avait partagé ; que lui, Abdelkader, avait reçu sa part et qu'il était allé la cacher dans les environs, sous un palmier ?

R. — C'est son père qui lui a dit : « Je mettrai 400 douros de côté ». Mais quand il est allé voir, il n'a plus rien trouvé.

D. — Dites-lui que c'est lui-même, Abdelkader, qui a fait cela ; si l'on en croit ses déclarations précédentes, il a emporté l'argent, il l'a caché, et ce n'est que plus tard qu'on n'a rien retrouvé quand il a conduit le consul à la cachette.

R. — Il déclare que c'est le père qui lui a dit : « Les douros sont à tel endroit » après lui avoir dit : « Nous allons les cacher ».

D. — Mais non ! D'après ses propres déclarations, c'est lui, Abdelkader, qui aurait emporté l'argent et qui aurait révélé plus tard à son père l'endroit où il l'avait caché.

R. — C'est son père, qui a été deux mois en prison avec lui, qui lui aurait parlé des 400 douros.

D. — Faites-lui observer encore que c'est au contraire lui qui a affirmé avoir emporté l'argent, et qu'il aurait indiqué la cachette à son père quand celui-ci a été mis en liberté provisoire !

R. — C'est le père de Mohamed Mokhtar qui lui a dit : « Si vous reportez cet argent on vous relâchera de suite ».

D. — Si-Ahmed lui aurait dit, en lui remettant les 400 douros, de garder cette somme pour son mariage, parce que les fiançailles avaient eu lieu à ce moment-là ?

R. — Il ne sait rien de tout cela.

D. — Objectez-lui une dernière fois qu'il a dit à l'instruction tout le contraire de ce qu'il raconte aujourd'hui.

R. — C'est l'interprète Mustapha Semghouni qui a changé ses paroles.

D. — Faites-lui remarquer que Semghouni n'a jamais coopéré à un acte d'instruction, puisqu'il était soupçonné lui-même, et que c'est M. l'officier Renizio qui a été l'interprète.

R. — Il affirme que c'est Mustapha.

M. l'Avocat général. — Messieurs, l'accusé avait tout nié. Il disait : « Ahmed m'accuse parce que c'est lui qui a tué ». Et le 5 décembre, ayant demandé à faire des aveux au rapporteur du Conseil de Guerre, par l'intermédiaire de M. Bertelay, interprète stagiaire, il a dit : « Tous les quatre nous sommes allés jusqu'au point dit El-Hadj-Abkar ; nous avons ouvert le coffre-fort et nous avons partagé l'argent. Tout l'argent est caché chez moi ».

M. le Premier. — Faites-lui observer une fois de plus qu'il a dit ce jour-là qu'il avait eu l'argent.

L'Interprète. — Il répète qu'il ne connaît rien du tout, que c'est son père...

D. — C'est bien ! Demandez-lui comment on a chargé le coffre-fort sur la mule, près du canal ?

R. — Ils étaient tous les trois ensemble, on l'a menacé de le tuer comme le brigadier.

D. — Faites-lui remarquer que le coffre-fort pesait 200 kilos, sans compter ce qu'il y avait dedans.

R. — Il ne sait pas ce que c'est qu'un coffre-fort, mais il y avait une caisse (*sic*).

D. — Il prétend qu'il y avait trois personnes : Si-Ahmed ben Mokhtar, son frère Mohamed, et lui Abdelkader. Or, Mohamed étant blessé, ne pouvait plus se servir de ses bras.

R. — Ils ont enlevé le coffre tous les trois ensemble ; lui ne savait pas si Mohamed était blessé ou non.

D. — Rappelez-lui donc, alors, que le sang coulait des blessures de Mohamed à tel point qu'on en a retrouvé les traces depuis la maison du brigadier jusqu'au canal. Serait-il possible que lui, Abdelkader, n'ait pas constaté que Mohamed était blessé ? En tous cas, il est bien extraordinaire qu'ainsi touché, Mohamed ait encore eu la force de charger le coffre-fort.

L'Interprète. — Il déclare que le canal est loin de la maison ; qu'il a trouvé Mohamed sur le canal.

D. — Mohamed et Si-Ahmed ben Mokhtar n'ont-ils pas recommandé le silence à Abdelkader quand on a quitté le canal ?

R. — On ne l'a pas menacé de mort ; on lui a dit : « Si tu dis quelque chose, nous t'accuserons avec nous ».

D. — Est-ce que des papiers n'ont pas été brûlés ?

R. — Il n'a pas connaissance.

D. — Il a déclaré qu'il avait vu brûler des papiers par Ahmed.

R. — Il affirme dire la vérité : il n'a rien vu.

D. — Ainsi, il n'a rien vu : ni les blessures de Mohamed, ni l'incinération des papiers par Mohamed, ni même son propre cousin Mohamed ben Ahmed, le troisième accusé ! Il n'a donc rien vu, et tout ce qu'il avait dit au début n'était que mensonges ?

R. — Il dit qu'il faisait nuit et qu'il n'a pas pu voir.

M. le Conseiller Dumas. — Est-ce qu'à un moment ils ne se sont pas rapprochés du poste ?

(*M. le Premier pose la question*).

R. — Il dit qu'il ne connaît même pas la maison. (*Mouvement et exclamations dans l'auditoire*).

D. — Alors, demandez-lui comment on a pu rouler le coffre-fort depuis la maison du brigadier jusqu'au canal d'irrigation, c'est-à-dire pendant une centaine de mètres, alors qu'il n'a pas vu son cousin, que Mohamed était incapable de se servir de ses bras, et que le coffre-fort pesait 200 kilogs ?

L'Interprète. — L'inculpé déclare qu'il a trouvé ses parents juste au canal ; que s'il était vraiment allé près de la maison, il n'aurait aucune raison de dire aujourd'hui qu'il était près du canal.

D. — Rappelez-lui que dans la maison il y avait le corps d'un très bon Français, qui était couché sur le dos, la nuque ouverte, la gorge coupée, et le ventre ouvert laissant sortir les entrailles.

R. — On lui a dit : « Nous allons quitter la ville ; il faut nous aider à enlever le coffre ou nous allons vous faire comme au brigadier Meyer ».

M. le Premier. — Ils voulaient donc lui faire ce qu'ils avaient fait à « l'Européen » (car c'est ainsi qu'on désignait Meyer dans le poste, parmi ces hommes dont tous ont trahi et dont quelques-uns ont assassiné) ?

(*Pas de réponse*).

M. le Conseiller Dumas. — On a trouvé les traces des sabots de la mule à quinze mètres du poste. Il est par conséquent possible qu'on ait amené la mule près de la maison du brigadier ?

R. — Il ne sait rien à ce sujet.

M. le Conseiller Dumas. — Et les confidences faites à la prison d'Oudjda ?

M. le Premier. — C'est juste. J'ai posé la question à Si-Ahmed, il est important qu'elle soit posée à Abdelkader.

Interprète, que lui a dit Si-Ahmed, à la prison, en parlant du crime ? Ne lui aurait-il pas dit : « C'est moi qui ai coupé le cou du brigadier ! »

R. — Il ne lui a rien dit à la prison.

M. le Premier. — C'est encore un démenti à ses propres allégations.

M. le Conseiller Dumas. — Ahmed ne lui a-t-il pas dit : « Si je n'avais pas blessé mon frère au bras, je ne serais pas venu vous chercher car je n'aurais pas eu besoin de vous » ?

M. le Président. — Interprète, traduisez la question. Dites que c'est lui-même qui a produit cette affirmation.

R. — Ahmed ne lui a rien dit.

M. le Premier. — Messieurs les avocats ont-ils une question à poser ?

Maître Monbrun. — Vous avez insisté particulièrement, Monsieur le Premier, sur ce qu'on appelle les aveux, et M. l'Avocat Général a sorti alors du dossier l'interrogatoire subi par mes clients devant M. le lieutenant Garnier. Vous avez fait très justement remarquer que dans l'un comme dans l'autre des interrogatoires, il y avait un interprète qui n'était pas Semghouni. Mais je crois qu'il serait utile d'indiquer à la Cour que Mustapha Semghouni n'a pas méconnu, lorsqu'il a été interrogé devant M. Ballereau, juge d'instruction, que c'est sur ses instances à lui qu'Ahmed Abdelkader et Mohamed ben Ahmed auraient fait les déclarations qu'on appelle des « aveux » ; et puis, à la fin de sa déclaration au sujet de ces prétendus aveux, il conclut par ces mots : « Maintenant, je demande ma mise en liberté provisoire ».

M. le Premier. — Votre observation subsiste.

M. l'Avocat Général. — Inutile de parler de l'interrogatoire devant le consul : l'accusé nie tout et revient sur tout ce qu'il a dit !

M. le Premier. — Toutes ses déclarations d'aujourd'hui sont absolument en contradiction avec ce qu'il a dit et maintenu. Ce n'est pas douteux !

INTERROGATOIRE DE MOHAMED BEN AHMED

26 ou 27 ans ; marié, deux enfants. Cousin du précédent. Est accusé d'avoir participé à l'assassinat.

Répond « qu'il n'en a pas connaissance » (*Sic*).

M. le Premier (à l'interprète). — Il proteste contre sa participation à l'assassinat ?

Il est accusé en même temps du vol du coffre-fort, avec complicité.

L'Interprète. — L'accusé me dit qu'il est fâché avec « eux » et que quand on est venu le chercher pour lui faire charger le coffre-fort, il n'a pas voulu.

M. le Premier. — Alors celui-ci revient aussi sur toutes les données de l'information. Faites-lui remarquer qu'Ahmed ben Mokhtar, le premier accusé, vient de dire formellement qu'il était allé chercher les deux cousins, et qu'ils sont venus tous les deux avec la mule.

L'interprète. — Il nie, et déclare que si Ahmed ben Mokhtar pouvait trouver le moyen de faire mettre toute la famille en prison, il n'hésiterait pas. (*Impression dans l'auditoire*).

M. le Premier. — Alors, posez à Si-Ahmed ben Mokhtar la question suivante : Est-ce que ses deux cousins sont venus avec lui au poste d'El-Heymer, au milieu de la nuit ?

(*La question est posée*).

R. — Ils sont venus avec lui jusqu'au gourbi de son frère.

D. (à Mohamed). — Sont-ils venus avec une mule ?

R. (par l'interprète). — Il ne sait pas si c'est un mulet ou une mule (*Sourires*).

D. — Demandez-donc à Si-Ahmed, puisqu'il est debout, s'il est exact qu'il était auprès du canal et qu'il a menacé les deux cousins de les tuer s'il ne chargeait pas le coffre-fort ?

R. — Il nie.

D. — Eh bien, demandez alors à Abdelkader s'il est exact que quand il est arrivé près du canal, Ahmed l'a menacé de l'assassiner comme le brigadier Meyer, s'il ne chargeait pas le coffre-fort ?

R. — C'est tout à fait exact. Mohamed et son frère Si-Ahmed lui ont dit cela (*Mouvement dans l'auditoire*).

M. le Premier. — La contradiction est donc absolue entre les trois accusés. Mohamed ben Ahmed n'est pas allé au canal ?

R. — Il a écrit une lettre à l'officier d'Oudjda pour lui dire qu'on a voulu le forcer à venir pour charger un coffre-fort, mais qu'il avait refusé.

D. — Alors, pourquoi a-t-il reconnu qu'il avait suivi son cousin au canal d'irrigation et qu'il avait fait tout ce qu'il a dit ?

R. — C'est Abdelkader qui lui a déclaré : « Viens avec nous ou tu seras tué ».

D. — Comment cela ? C'est incompréhensible !

L'Interprète. — Il affirme qu'Abdelkader lui a dit que Mohamed était venu l'appeler pour venir charger le coffre-fort sur la mule.

D. — Mais voyons, lui, Mohamed ben Ahmed, qu'a-t-il fait, quand Abdelkader lui a eu dit ceci ?

R. — Il a écrit aussitôt à l'officier.

D. — Oui, mais il ne s'agit pas de la lettre. Qu'a-t-il fait lui, au milieu de la nuit, quand Abdelkader est parti avec la mule, accompagnant son cousin Si-Ahmed ?

R. — Il ne l'a pas vu. Autrement, il ne l'aurait pas laissé partir.

D. — Alors, il n'est pas parti avec lui ?

R. — Il dit qu'ils sont fâchés tous deux à cause de leurs terres.

D. — Il avait reconnu, au cours de l'instruction, qu'il était allé sur le lieu du crime.

R. — C'est Abdelkader qui lui a dit : « Mohamed est venu et m'a forcé à partir pour mettre le coffre-fort sur la mule ». Et lui, Mohamed ben Ahmed, a écrit une lettre à l'officier.

M. l'Avocat Général. — Il répond n'importe quoi. Il a toujours avoué, il a contresigné le récit de son frère, et le 27 juillet, il a déposé devant M. le Conseiller Laugier ; sa déposition a quatre pages, et il y donne toutes sortes de détails.

M. le Premier. — Faites-lui remarquer qu'il donnait à ce moment tous les détails de ce qui s'est passé près du canal d'irrigation : que Mohamed était à cet endroit avec sa carabine, qu'Ahmed voulait faire charger le coffre-fort sur la mule parce qu'on n'avait pas pu encore l'ouvrir ; et que Mohamed ben Mokhtar et son frère Ahmed lui disaient, à lui et à Abdelkader : « Si vous ne voulez pas, nous vous assassinerons comme le brigadier. »

Pourquoi a-t-il dit tout cela ?

L'interprète. — Il prétend qu'il ne l'a pas dit.

D. — Avant son évasion, dont nous avons parlé tout à l'heure, l'aîné des Mokhtar a toujours déclaré que les deux cousins étaient venus. Si-Ahmed a fait exactement la même déclaration et Abdelkader, au début, a fait une relation complète de ce qui s'était passé.

Maître Monbrun. — M. l'Avocat Général s'étonne de tant de contradictions. Je m'étonne, moi, qu'il n'y en ait pas davantage. La langue arabe est très subtile...

M. le Premier. — Ici faites bien attention, Interprète.

Dites à l'accusé que jamais Mustapha Semghouni n'a participé comme interprète à un acte d'information, soit du consul, soit de l'autorité militaire ; que c'est toujours M. l'officier Renizio qui a traduit leurs réponses, ou encore M. Bertelay.

R. — L'accusé déclare qu'à la prison militaire, c'est l'interprète militaire qui l'interrogeait, et qu'en bas (*sic*) de la prison, c'est Mustapha qui l'interrogeait.

M. le Premier. — C'est absolument contraire à la réalité.

Faites-lui remarquer, en réponse à l'observation de l'honorable avocat, que dans les Echelles du Levant et surtout dans ces territoires nouveaux, il peut y avoir quelque contradiction à cause des différences de dialecte, mais ces contradictions ne portent que sur des nuances.

Maître Monbrun. — Nuances très importantes, Monsieur le Premier.

M. le Premier. — Je désire qu'on fasse remarquer aux accusés qu'il est impossible qu'un interprète se soit trompé aussi complètement en mettant dans la bouche de l'accusé un récit détaillé, avec des précisions, alors que ces aveux n'auraient pas été faits. Un interprète, à moins d'être un criminel, ne fait pas cela.

Maître Monbrun. — Je l'ai dit, et avec autorité, à Mohamed ben Ahmed. S'il persiste, il ne faut pas lui en vouloir.

M. le Premier. — Voyons, interprète, rappelez-lui qu'il a raconté, lui Mohamed, comment on avait chargé le coffre sur la mule.

R. — Il déclare que c'est Ahmed ben Abdelkader qui le lui a raconté.

D. — Demandez-lui si Mohamed était au courant des fiançailles de Si-Ahmed ben Mokhtar.

L'interprète. — Il répond affirmativement.

D. — Que le vieux Mokhtar avait fiancé son fils Ahmed ?

R. — L'accusé dit qu'il était en train d'acheter du blé dans un endroit qui s'appelle Da-Ma, et que le vieux Mokhtar est passé avec un autre, lui disant : « Je viens de choisir la femme de mon fils, pour 400 douros ».

D. — L'accusé a même dit que le repas des fiançailles aurait lieu quatre jours avant l'assassinat.

R. — Quatre ou cinq jours avant.

D. — Pour ce qui est du vol des carabines, Mohamed ben Ahmed est accusé d'y avoir participé ; chacun aurait eu sa carabine, d'après l'un des coaccusés : Abdelkader, lui, le frère de Si-Ahmed ben Mokhtar et Ahmed lui-même.

(Pas de réponse).

M. le Premier — Personne n'a plus d'autre question à poser ?

INTERROGATOIRE DE MOULAY AMAR BEN ALI

Déclare être âgé de 62 ans. « environ » ; marié, cinq enfants ; cultivateur ; croit avoir 70 ans plutôt que 62, *(sic).*

M. le Premier. — Interprète, dites à Moulay Amar qu'il est accusé de complicité de vol, par aide et assistance des deux cousins Abdelkader et Mohamed.

L'interprète. — Il dit qu'il est un vieillard, qu'il reste chez lui, qu'il dit les prières, ne sort que le matin et reste toute la nuit chez lui.

M. le Premier. — Il n'est pas sorti, en effet.

R. — Il affirme n'avoir rien entendu.

D. — Tout de même, au milieu de la nuit, on est venu chercher les deux cousins qui habitent non pas dans le même gourbi, mais tout près de lui.

R. — Il affirme de nouveau n'avoir rien entendu.

D. — Pourquoi les autres ont-ils emmené sa mule ?

R. — Il ne s'en est pas aperçu, parce que la mule est dehors, et se trouve quelquefois loin du gourbi.

D. — Cette mule avait été prêtée quinze jours avant par un certain Mohamed ben Saïla ?

R. — Oui, il l'avait demandée.

D. — Etait-elle ferrée ?

R. — Oui.

D. — Quand il l'a rendue à celui qui la lui avait prêtée, est-ce qu'elle n'était pas ferrée de frais, ferrée depuis peu ?

R. — Il dit que non, qu'il l'a reportée ferrée comme elle était auparavant.

D. — Est-ce que l'argent volé dans le coffre n'a pas été caché auprès de son aire ?

R. — Non. Il fait remarquer que d'un endroit à l'autre, il y a au moins une heure et demie de marche.

D. — N'était-il pas à Oudjda quand Mohamed ben Mokhtar s'est évadé ?

R. — Il avait reçu une lettre lui demandant de venir ; et il était venu à Oudjda, avec sa femme.

D. — Ignorait-il que Mohamed était enfermé dans un cachot où tous les soirs on devait lui mettre les fers aux pieds ?

R. — Il n'y a pas fait attention.

D. — N'a-t-il pas vu aussi, certain soir, un gardien qui avait trop mal au ventre pour pouvoir fermer la porte et mettre les fers au prisonnier ?

R. — La ville est grande, (*sic*) et il n'a pas eu connaissance de ce fait.

D. — N'a-t-il pas su enfin que l'un des gardiens avait trop mal à la tête ce même soir pour surveiller le service du premier gardien qui avait mal au ventre ?

R. — Il ne sait pas.

D. — Est-ce qu'il ne sait pas non plus que deux personnes sont venues devant la porte du cachot de Mohamed et que ces personnes ont parlé à voix haute d'une évasion, de façon à être entendues par Mohamed qui était dans sa cellule ?

R. — Il est innocent, il ne connaît rien du tout (*sic*) ; il ne va pas souvent à Oudjda, et il n'a pas entendu parler de cela au moment où il s'y trouvait.

D. — Lorsqu'il était à Oudjda, ne faisait-on pas passer au prisonnier des aliments, et notamment des plats de cousscouss dans lesquels on avait caché divers objets ?

R. — Il ne le sait pas.

D. — Ne sait-il pas qu'on avait envoyé des amulettes avec un sortilège, dit-on, pour amener la jeune femme de Mohamed à prétendre qu'elle avait été violée par Meyer.

R. — Il dit que, comme homme âgé, il ne se mêle pas de ces histoires (*sic*). Il dit qu'il n'a plus rien à ajouter.

M. le Président. — M. le Rapporteur a-t-il une observation à faire ?
Monsieur l'Avocat général ?
Messieurs les défenseurs ?

Maître Monbrun. — Au sujet de la coïncidence, qui a été relevée, du séjour à Oudjda de Moulay-Amar avec la fuite de Mohamed ben Mokhtar, je serais très reconnaissant à la Cour de m'autoriser à lui placer sous les yeux la pièce 55 du dossier d'information établi par M. le Conseiller Laugier.

M. le Conseiller a voulu savoir de M. le Commissaire consulaire s'il y avait quelque argument à tirer de cette coïncidence.

Voici la réponse :

« Oudjda, 15 novembre 1912.

« Il est exact, comme le dit Moulay Amar Bedri, que cet indigène avait été invité à rester à Oudjda à la disposition du magistrat instructeur. Cette circonstance plaide en sa faveur en ce qui concerne sa participation à l'évasion de son neveu ».

C'est-à-dire, Messieurs, que s'il était à Oudjda, c'était pour se tenir à la disposition de la justice, et non pour favoriser une fuite !

M. le Premier. — Entendu !

INTERROGATOIRE DE MOKHTAR BEN ABDELMOUMEN

Est âgé de 75 ans environ.

M. le Premier. — Interprète, que répond-il à l'accusation de vol par recel ?

L'Interprète. — Il déclare qu'il n'a rien vu.

M. le Premier. — Il est bien le père de Mohamed qui est en fuite, et de Si Ahmed, le premier accusé d'aujourd'hui ?

R. — C'est exact.

D. — Il n'habite pas avec eux ?

R. — Non.

D. — On a dit qu'il avait quitté l'Algérie parce qu'il avait eu des difficultés, et même parce qu'il avait commis des actes de violence. D'un autre côté, les renseignements qui sont recueillis sur son compte par l'autorité consulaire, au moment où M. le Conseiller Laugier a complété son information, nous apprennent que c'est un homme qui est assez estimé.

R. — Il dit que la fin de votre phrase est bien exacte.

D. — Mais pour le commencement ?

R. — Il répond qu'une fois on fait du bien, une autre fois, on fait du mal. *(Rires dans l'assistance).*

M. le Premier. — La balance me paraît pencher, en somme, du côté du bien. Mais ne traduisez pas cette observation, si les avocats n'insistent pas *(Sourires).*

Demandez-lui s'il avait fiancé son fils sans avertir le fiancé.

R. — C'est bien d'apprendre le fait au fils, dit-il ; mais il ne l'a pas fiancé.

D. — Dites-lui qu'il est acquis à l'information que le repas de fiançailles avait eu lieu quatre jours avant l'assassinat de Meyer.

R. — Il n'a pas connaissance.

D. — C'est Mohamed ben Ahmed, le troisième accusé du banc, qui l'affirme. Inutile de les confronter ; nous n'aboutirions à rien. On dit qu'il avait promis 400 douros à la famille de la fiancée.

R. — Il déclare qu'il a donné sa fille pour 500 douros ; et que les fiançailles avaient eu lieu avec 170 douros par parole seulement.

M. le Premier. — Dans l'information, il est dit qu'il n'avait promis pour la fiancée que 170 douros. Mohamed ben Ahmed affirme qu'il s'agissait de 400 douros.

A combien se monte son bien personnel ?

R. — Il déclare qu'il a donné sa fille pour 500 douros et qu'il n'a pu en encaisser encore que 200.

(L'accusé se garde bien de répondre à la seconde partie de la question).

D. — L'accusation lui reproche de s'être emparé de l'argent caché sous un palmier par Abdelkader.

R. — Il dit qu'il n'a pas vu d'argent le jour où on a tué le brigadier ; on l'a mené en prison...

M. l'Avocat Général. — On l'a mis en liberté après !

M. le Premier. — Malheureusement, quand il a été mis dans la prison en présence d'Abdelkader, celui-ci lui a raconté qu'il avait caché l'argent sous un palmier.

L'interprète. — Il dit être resté dix-huit jours en prison.

D. — Dites-lui qu'alors qu'Abdelkader restait en prison, lui, Mokhtar, le père des deux assassins présumés, était mis en liberté provisoire.

R. — Quand on l'a interrogé, et qu'il avait dit où était l'argent, on l'a fait mettre en liberté.

D. — Quand il a été en liberté, a-t-il été voir dans la cachette qu'on lui avait indiquée ?

R. — Il ne sait pas *(Sic)*.

D. — Expliquez lui que quand le consul est venu avec Abdelkader pour retrouver l'argent dans la cachette qu'Abdelkader avait révélée, on n'a pas trouvé l'argent.

R. — Ils ne sont pas partis ensemble. Lui, était dans son gourbi. Le consul est alors venu avec Abdelkader pour faire des recherches.

M. le Premier. — Faites-lui remarquer qu'à ce moment-là les femmes — ces femmes qui, selon Me Monbrun, sont très bonnes à interroger — ont dit : « Vous pouvez chercher l'argent, vous ne le trouverez pas. C'est le père Mokhtar qui l'a pris ».

R. — Il dit que lui est parti à deux heures de chemin.

D. — Passons au fait relatif à la jument. Il possédait une jument qu'il a vendue quelques jours avant le crime.

R. — Oui, pour 250 francs. On lui a donné 150 francs d'acompte. L'acheteur a ensuite déclaré que la bête avait un défaut.

D. — Comment se fait-il que cette jument ait servi à un de ses fils, Ahmed, pour fuir dans la zône espagnole ?

R. — Celui qui a acheté la jument est Kebdouni. Il est allé trouver le fils en lui disant : « La jument de votre père a un défaut ; la voici : vous allez la lui rendre ».

D. — C'est donc un hasard vraiment heureux que le fils ait trouvé la jument, et surtout qu'il se soit fait restituer l'animal sans reverser lui-même à l'acheteur les 150 francs que celui-ci avait payé.

M. l'Avocat Général. — Et tout cela la nuit ! C'est inimaginable !

M. le Premier. — M. le Rapporteur a-t-il quelque observation à faire ?...
Messieurs de la Cour ?...
Monsieur l'Avocat Général ?...
La partie civile ?...
Messieurs les défenseurs ?...

Maître Monbrun. — Le premier des accusés reconnaît-il que les papiers ont été brûlés ? Il ne s'est pas expliqué sur ce point, je crois.

M. le Premier Président fait traduire la question à l'accusé Si Ahmed ben Mokhtar. — Pas de réponse.

Maître Monbrun. — En tout cas il l'avait dit, si mes souvenirs sont exacts.

M. le Conseiller rapporteur Dumas. — C'est lui-même qui l'avait dit. Aujourd'hui il reste muet.

L'Interprète. — Il demande que vous lui donniez un peu de justice.

M. le Premier. — Eh bien, dites-lui donc qu'il me donne un peu de vérité !

L'Interprète. — Il répond que, pour lui, c'est un grand péché de mentir. (*Rires ironiques*).

M. le Premier. — Messieurs, vous n'avez plus de questions à poser ?...
S'il en est ainsi, nous levons les audiences.
Nous entendrons les témoins demain, à une heure et demie.

QUATRIÈME AUDIENCE

(9 Janvier 1913)

Les dépositions.
Plaidoirie de Mᵉ Willm.
Réquisitoire de M. l'Avocat Général Arrighi.

M. le Premier. — L’audience est ouverte (*1 heure 1/2*.)

NOÜVELLE DEMANDE DE REMISE DE L’AFFAIRE
PAR SUITE DU DEUIL D’UN DES AVOCATS

Maître Clérico. — Monsieur le Premier, voulez-vous me permettre de fournir à la Cour une indication ?

M. le Premier. — Maître Clérico, vous avez la parole.

Maître Clérico. — Monsieur le Premier, Messieurs de la Cour, je n’ai pas caché aux deux clients que devait défendre Mᵉ Chavernac, la situation dans laquelle mon confrère se trouvait. Je leur ai expliqué qu’il avait eu la douleur profonde de perdre sa mère et qu’il ne pourrait pas prendre la parole en leur nom. Je les ai prévenus de cette situation. Ils désirent, Monsieur le Premier, que ce soit Mᵉ Chavernac qui les défende, et par mon intermédiaire ils demandent à la Cour de vouloir bien renvoyer l’affaire à une date ultérieure.

M. le Premier. — L’incident a été soulevé hier ; si vous voulez qu’il soit officiellement constaté, nous attendons vos conclusions.

Maître Clérico. — Monsieur le Premier, j’y suis obligé moralement.

M. le Premier. — Eh bien ! prenez vos conclusions !

Maître Clérico. — J’ai l’honneur de déposer sur le bureau de la Cour les conclusions suivantes :

CONCLUSIONS DE MAITRE CLERICO
POUR AHMED BEN MOKTAR ET MOKTAR BEN ABDELMOUMEN

Détenus sous l'inculpation d'assassinat et de complicité de vol par recel, contre le ministère public.

« PLAISE A LA COUR,

« Attendu que les prévenus, ayant appris que le défenseur de leur choix, Me Chavernac, frappé douloureusement par la mort de sa mère, ne pouvait assurer leur défense, ont manifesté le désir d'être assistés par Me Chavernac lui-même ;

« Qu'une défense, préparée au dernier moment par un autre avocat, serait insuffisante dans une affaire pouvant avoir des conséquences aussi graves ;

« PAR CES MOTIFS,

« Plaise à la Cour,

« *Renvoyer les débats de l'affaire* à une date ultérieure qu'elle fixera à son gré,

« Et sera justice ».

M. le Premier. — Vous êtes, Maître Monbrun, l'avocat des trois autres accusés. Quelles observations avez-vous à présenter ?

Maître Monbrun. — Je m'en rapporte à la sagesse de la Cour.

M. le Premier. — La partie civile a-t-elle une objection à faire, Maître Willm ?

Maître Willm. — Nous sommes tout à fait étrangers à cette situation, et vous comprenez la nôtre, qui est un peu délicate.

Nous pouvons d'autant moins prendre position qu'éventuellement nous aurons à soutenir ici des intérêts contraires à ceux des accusés, et que pour rien au monde nous ne voudrions passer pour avoir voulu diminuer la défense dans ses moyens et dans son action.

M. le Premier. — Monsieur l'Avocat général, avez-vous une observation à présenter ?...

M. Arrighi, Avocat général. — Non, Monsieur le Premier !

M. le Premier. — Interprète, expliquez aux accusés que leur avocat, Mᵉ Clérico, pose des conclusions demandant que l'affaire soit renvoyée parce qu'ils désirent que leur défense soit présentée par Mᵉ Chavernac.

L'Interprète (après avoir traduit la phrase aux accusés). — Les accusés répondent, Monsieur le Premier, qu'ils veulent que ce soit Mᵉ Chavernac qui présente leur défense.

M. le Premier. — La Cour va se retirer pour délibérer sur l'incident.

ARRÊT

REJETANT LES CONCLUSIONS

« La Cour,

« Considérant qu'au début de l'audience d'hier, il a été appris que Mᵉ Chavernac, défenseur des deux Mokhtar, venait d'avoir le malheur de perdre sa mère ;

« Qu'il a été appris en même temps, par les débats mêmes, que cet événement n'était point imprévu et que des engagements avaient été pris par Mᵉ Chavernac pour parer aux difficultés qui proviendraient de l'éventualité de ce décès ;

« Attendu qu'à ce moment Mᵉ Clérico a pris place à la barre, remplaçant Mᵉ Chavernac ;

« Que la Cour tient à constater que Mᵉ Clérico assistait aux débats dès leur ouverture ;

« Qu'au moment où il a pris place à la barre, les deux accusés dont il devenait ainsi le défenseur ont été interrogés sur le point de savoir s'ils acceptaient cette situation nouvelle et que les deux accusés ont déclaré s'en rapporter à la parole du défenseur ;

« Considérant qu'il importe encore de noter que Mᵉ Clérico, au cours de l'audience, a fait acte de défenseur, soit en faisant poser des questions, soit en produisant des observations, soit en assistant de près aux incidents auxquels a donné lieu l'ouverture des pièces à conviction ;

« Qu'il a pris des conclusions adhérentes à celles qui avaient été déposées par ses confrères de la barre ;

« Qu'il est encore à retenir que les interrogatoires des accusés que M⁰ Clérico avait ainsi à défendre, ont eu lieu ;

« Que les faits s'étant passés de la sorte et l'acceptation de la continuation des débats, de la part aussi bien de M⁰ Clérico que de ses deux clients étant manifeste... »

M⁰ Monbrun. — Le défenseur a signé des conclusions avec moi, Monsieur le Premier.

M. le Premier. — Nous ne faisons pas état, en effet, de ce qui s'est passé en dehors de l'audience, mais des faits qui se sont révélés ici même. Il a été appris à l'audience, et dès l'ouverture des débats, que M⁰ Clérico avait, en raison des mesures concertées entre lui et M⁰ Chavernac, pris à l'avance connaissance du dossier.

Je reprends :

« Qu'il a été appris à l'audience, dès l'ouverture des débats, qu'il avait, en raison des mesures concertées entre lui et M⁰ Chavernac, pris à l'avance connaissance du dossier ;

« Que dans ces conditions, les accusés, qui ont subi les interrogatoires, qui ont été assistés par un avocat, ne peuvent pas être recevables à demander aujourd'hui le renvoi de l'affaire.

« PAR CES MOTIFS,

« La Cour,

« Après avoir entendu M⁰ Clérico dans le développement de ses conclusions ; les observations de M⁰ Monbrun, avocat des autres accusés ; les observations de la partie civile, M. l'Avocat général, et les cinq accusés qui ont eu la parole les derniers ;

« Après en avoir délibéré, et statuant toujours à la majorité des deux tiers des voix,

« Rejette les conclusions de M⁰ Clérico, et dit *qu'il sera passé outre aux débats* ».

(M. le Premier fait expliquer l'arrêt aux accusés par l'intermédiaire de l'interprète).

M. le Premier. — Nous allons maintenant entendre les témoins. Le premier à appeler est M. le Général Toutée.

Huissier, faites venir le témoin.

(*M. le Général Toutée est introduit*).

DÉPOSITION DE M. LE GÉNÉRAL TOUTÉE

M. le Premier. — Vous êtes le Général Toutée, Georges Joseph. Vous êtes âgé de 56 ans. Vous êtes général, vous commandez la 13ᵉ division d'infanterie, à Chaumont,

Le Témoin. — Oui, Monsieur le Premier.

M. le Premier Président, Messieurs, je veux tout d'abord m'excuser de me trouver à la place qui m'a été réservée ; la dernière fois que j'ai témoigné, je l'occupais déjà ; mais j'ignorais que la place des témoins fût ailleurs ; je suis donc très reconnaissant à la Cour de l'honneur qu'elle a voulu me faire ; mais je ne voudrais pas prendre ici une place qui ne fût pas celle de tous les citoyens.

M. le Premier. — Vous êtes à la place du témoin. Il est de règle, à la Cour, que les témoins se placent à cet endroit. Je puis même vous indiquer que tous les médecins experts qui viennent déposer devant nous ont une place particulière qui est justifiée pour eux, et qui, certainement, est justifiée pour vous.

Général, je vais vous faire prêter le serment prévu par la loi de 1836. Jurez de dire toute la vérité, rien que la vérité. Levez la main droite et dites : « Je le jure ».

(*M. le Général Toutée prête serment*).

Vous n'êtes pas l'ami ou le parent des accusés. Ils ne sont pas à votre service, vous n'êtes pas au leur ?

M. le Général Toutée. — Non.

M. le Premier. — Vous pourrez faire votre déposition debout ou assis...

Vous êtes assigné par la partie civile. Voulez-vous, Maître Willm, poser des questions au témoin, ou préférez-vous que le Général dépose sans être interrogé ?

Maître Willm. — Je déclare tout de suite à la Cour que si j'avais fait citer le général Toutée et les autres témoins, c'était surtout parce que je croyais qu'on pourrait les faire déposer avant que ne vienne l'incident sur la procédure. Par conséquent un certain nombre de questions se trouvent aujourd'hui sans objet par suite de l'arrêt rendu par la Cour. Mais en dehors de ces questions spéciales, il y en a un certain nombre d'autres, et celles-là je me permettrai de les poser aux témoins.

Je demande simplement au Général Toutée quelle a été l'impression qu'il a ressentie et l'opinion qu'il a eue, lui qui connaissait admirablement toute la région d'Oudjda, quand il a appris l'assassinat du brigadier Meyer. Quelle a été son opinion au sujet des conditions dans lesquelles cet assassinat s'était accompli, et des mobiles qui avaient pu guider les assassins ?

M. le Général Toutée. — Bien !... Mais je crois que pour que la Cour puisse comprendre, il est bon que je suive un ordre chronologique, et que je ne donne pas mes impressions avant de faire connaître à la Cour comment elles me sont venues.

Dans la deuxième quinzaine du mois de septembre 1911 — le crime étant du mois d'octobre — je reçus, à mon quartier général à Oran, une lettre qui avait été mise à la poste sur le territoire français, et qui cependant était signée d'un chef de poste des douanes, employé au Maroc. Ce chef de poste des douanes était Meyer. Je n'avais jamais entendu parler de lui, je voyais son nom pour la première fois. Voici, en substance, ce qu'il me disait :

« Mon Général, je serais bien désireux de vous mettre au courant des faits de CONTREBANDE D'ARMES ET AUTRES qui se passent dans la douane. Mais comme je crains d'avoir le sort d'El-Mahedi, je vous serais bien reconnaissant si, au lieu de me faire venir à Oudjda, vous vouliez bien, un jour que vous en auriez l'occasion, passer à El-Heymer, où je vous dirais tout ce que j'ai à vous dire ».

Voilà tout ce que je possédais de Meyer lorsque le crime a été commis.

Bien entendu, je ne suis pas resté en possession de la lettre de Meyer sans faire quelque chose pour lui donner suite.

Mais ce quelque chose aurait pu démasquer Meyer.

Ici je prie la Cour de vouloir bien se rappeler que je suis resté sept ans et demi dans les postes les plus rapprochés du pouvoir, que j'ai vu passer entre mes mains des budgets pour plus de trois milliards, que j'ai eu des quantités de secrets d'État et de personnes entre mes mains, et que cependant, malgré les très nombreux ennemis qu'on se fait quand on reste si longtemps dans ces positions, jamais personne ne m'a reproché d'avoir trahi un secret d'État ni d'avoir trahi un secret de personnes. Donc, la Cour peut me croire quand j'affirme que quiconque n'a su jusqu'ici que Meyer m'avait écrit.

Pour me rendre chez lui, j'ai employé un moyen assez simple. J'ai fait parler devant moi et devant le colonel Henrys des curiosités qui se trouvent à Port-Say, petite bourgade française qui se trouve à côté du poste d'El-Heymer. — Port-Say est un endroit où un officier de marine, M. Say, a dépensé quatre millions de sa fortune personnelle à établir un port, d'ailleurs très intéressant. Qu'il me suffise de dire que ses fortifications truquées, en planches et en plâtre, tiennent à la fois du décor d'opéra-comique, de la place-forte et de la place commerciale. Cela constitue, en somme, une curiosité de l'amalat d'Oudjda, où il y en a fort peu. Aussitôt que j'eus fait connaître que je l'ignorais, le colonel Henrys me proposa une partie de plaisir pour m'y rendre. Nous prîmes jour, et il fut entendu que l'auto-mitrailleuse dont nous disposions nous emmènerait à Port-Say.

Le malheur — et c'est certainement un malheur pour nous tous — fut qu'une panne d'automobile nous arrêta, et que cette reconnaissance ne put pas être faite. Sans cela, j'aurais reçu de Meyer lui-même toutes les informations qu'il m'annonçait, et *peut-être celles qui, dans un procès précédent, ont manqué.* Toujours est-il qu'au moment où j'appris qu'il venait d'être assassiné, et assassiné par les douaniers de son poste, je ne pus m'empêcher de faire un rapprochement entre la confidence qu'il m'avait faite et sa fin tragique.

Par conséquent, j'entre ici dans la question que me pose M. Willm : « Est-ce que vous pensez que c'est le désir d'une vengeance qui a armé le bras des assassins ? »

C'est possible...

Il est possible qu'en apprenant par les quelques arrestations qui avaient eu lieu à Oudjda la fin d'un régime dont bénéficiait dans son ensemble le personnel des douanes, ces hommes aient voulu, comme je l'ai écrit, « faire Charlemagne » ; c'est-à-dire que certains s'étaient habitués à recevoir en asizis 300 francs quand ils auraient dû en toucher 200 ; sentant que cette période allait prendre fin, ils se sont dit : « Puisque c'est fini, autant vaut que nous nous en allions en prenant le plus d'argent possible ». De sorte qu'on peut soupçonner là, en somme, le dépit ou la contrariété provenant de l'opération judiciaire que je venais d'entreprendre et qui a pu, jusqu'à un certain point, les pousser à ce meurtre.

Comme je vous l'ai dit, il est certain qu'on n'a pas su (par moi du moins) que Meyer m'avait écrit. Peut-être Meyer, en apprenant les arrestations, a-t-il manifesté qu'il y était pour quelque chose. En tout cas, il a laissé voir d'une façon certaine son contentement. J'ai su que quand on lui avait appris les arrestations, il avait communiqué la nouvelle aux autres en disant : « Ça y est ! » en faisant le geste d'un homme qui tourne une clef. J'ai su qu'à Port-Say même on avait imprudemment sablé le champagne, et qu'en somme il s'était répandu une joie générale dont Meyer était le premier participant. Par conséquent, il peut y avoir un esprit de vengeance de la part des assassins.

Naturellement, quand j'ai appris qu'on avait enlevé le coffre-fort, j'ai eu l'idée du vol comme origine du crime, et c'est même cette idée qui est restée le plus longtemps dans mon esprit. Mais peu à peu, *l'idée que le vol était le mobile* UNIQUE *du crime s'est atténuée chez moi*. Elle s'est atténuée parce que j'ai fait des constatations surprenantes quand je me suis rendu de ma personne à El-Hey-mer. J'y suis allé — peut-être vous l'a-t-on dit — avec M. Sau-valle, que vous avez entendu au précédent procès ; quand nous sommes arrivés là, notre première surprise a été de constater que l'interprète, cet homme qui couchait à cinq centimètres du lit de Meyer (la cloison qui les séparait, si mince qu'elle fût, était encore trouée par une large baie), que cet homme, qui avait assisté... au moins sans rien dire !... pendant toute une nuit à l'assassinat, et qui ensuite n'avait averti personne, que cet homme avait été *l'objet d'une mutation qui le faisait partir du poste d'El-Heymer !*

Nous avons été tout de suite fort intrigués. Je ne voudrais pas trop insister ; cependant voici un poste dont le chef vient d'être tué : Un !...; le premier des préposés, Mokhtar, est précisément celui qui l'a tué : Deux ! ; — il s'est enfui. Sur les quatre hommes du poste (il y avait quatre carabines), en voilà donc deux de par-tis. Le troisième, c'était l'interprète, l'homme le plus utile du poste après le premier chef ; et on le fait partir le lendemain, de façon que quand nous arrivons dans ce poste, plus personne pour s'expliquer ! On le fait partir et il n'est pas facile à retrouver. Ainsi sur les quatre, deux hommes du poste ont disparu ; c'est le moment que l'administration *choisit*, pour en faire partir un troisième, et le plus indispensable !

Il me paraît donc inadmissible que dans l'administration des douanes, à ce moment-là, il n'y ait pas eu quelqu'un qui avait intérêt à priver la justice des éclaircissements que pouvait donner le seul homme (parlant français remarquez-le) qui restait ; que **cet** homme fût complice, qu'il fût coupable, ou qu'il fût innocent.

Ceci nous a paru tout à fait impressionnant.

Ensuite, il y a eu la question des *papiers brûlés*.

Je n'ai pas pu m'expliquer comment des gens qui jouaient leur tête, qui devaient penser que d'un moment à l'autre un gendarme, un cavalier prévenu par un enfant ou par une autre personne, pouvait arriver, même par hasard, sur leurs traces et les suivre de près, — je n'ai pas pu, dis-je, m'expliquer comment, étant donné que le crime a été commis entre 10 h. 1/2 et 11 heures, ils ne sont partis qu'à l'aube, c'est-à-dire entre six heures et sept heures du matin. (C'était au mois d'octobre, et le soleil commence à se lever vers six heures à cette époque de l'année). Ces gens sont donc restés huit heures sur le lieu du crime et ils se sont livrés à des *opérations* qui sont des plus *extraordinaires pour des Arabes*.

Voici des Arabes qui défoncent un coffre-fort. Ils prennent les billets de banque (il serait insensé pour eux de ne pas le faire). Et puis, ils prennent toutes les pièces comptables et se mettent à les incinérer. Et quand on demande à l'un d'eux : « Pourquoi fais-tu cela ? », l'autre lui répond : « C'est mon affaire, cela ne te regarde pas ».

Si le vol est le mobile du crime, *pourquoi avoir perdu tant de temps* à incinérer des papiers, qui pour des Arabes sont exactement du noir sur du blanc ?

Veuillez vous rappeler que la frontière espagnole était à 17 kilomètres ; que Meyer, en sa qualité de chef de service, était constamment obligé de s'absenter, et que si tout le monde était d'accord dans le poste pour faire le coup — vous n'en doutez pas car tout le monde a été certainement réveillé par les assassins, par les clameurs de Meyer, par les aboiements du chien — s'ils voulaient simplement voler, *pourquoi ne pas attendre que Meyer partît à Oudjda ou ailleurs*, et emporter alors tranquillement le produit du vol en territoire espagnol, où ils pouvaient penser qu'on ne les poursuivrait même pas ?

Ce n'est donc pas le vol qui a été l'UNIQUE *mobile du crime.* Il y a eu d'autres raisons. Il y a eu des raisons dans lesquelles certainement *quelqu'un de l'administration n'est pas étranger.* Je ne dis pas qui, je ne sais pas qui. Il est certain qu'on a voulu cacher des faits qu'auraient révélés les papiers qui se trouvaient dans le coffre-fort d'El-Heymer. Autrement le crime de ces gens-là serait inexplicable dans les conditions où il a été accompli.

Je ne parle plus du crime maintenant.

Dès que j'ai été avisé que les assassins étaient livrés à nos officiers — non pas, comme on l'a écrit, sur l'intervention de la légation, mais par les soins de l'autorité militaire, — ils ont été interrogés.

Je dis qu'ils n'ont pas été livrés sur l'intervention de la légation.

Vous savez tous, en effet, Messieurs. vous qui n'êtes pas très loin de la frontière, que quand un crime est commis dans la région frontière, à Modane par exemple, on ne s'adresse pas, pour les formalités d'extradition d'un accusé ayant franchi les limites. aux administrations centrales des deux pays : le procureur de la République dans le ressort duquel se trouve le poste de Modane fait poursuivre les criminels qui ont franchi la frontière en s'adressant directement au procureur royal d'Italie sur le territoire duquel ils se sont réfugiés. Il y a là une manière constante de procéder.

En Afrique, quand un crime était commis, à Tlemcen par exemple, et que le criminel se sauvait au Maroc, nous n'écrivions pas à l'empereur du Maroc pour le reprendre ! quand un indigène commettait un délit sur les confins marocains et s'enfuyait en pays espagnol, nous n'écrivions pas du tout à la légation ni à une ambassade quelconque pour retrouver l'individu ; les deux commandants des postes s'abouchaient. C'est ainsi que le chef de bataillon Gros se mit en relations avec le commandant du poste espagnol et obtint directement qu'on lui livrât les accusés.

On a donc interrogé les deux Arabes dès qu'ils ont été livrés. Qu'ont-ils dit d'abord ? Ils ont déclaré que Meyer avait un chien qui ne leur plaisait pas ! Mais on n'assassine pas un homme parce qu'il a un mauvais chien, on ne prend pas un coffre-fort parce qu'un homme a un mauvais chien, *on ne brûle pas des papiers pendant trois heures parce qu'un homme a un mauvais chien.*

Puis, après des circonstances que je rappellerai tout à l'heure, quelqu'un leur a soufflé cette idée bien parisienne — et c'est évidemment quelqu'un qui venait de Paris — qu'ils seraient sauvés s'ils voulaient bien imaginer un crime passionnel. C'est alors qu'on inventa la *fable de la* FEMME VIOLÉE. Ces « braves gens » nous expliquèrent qu'il y avait dans le voisinage une femme qui avait été violée et que c'était pour venger l'honneur de son mari qu'ils avaient assassiné Meyer.

Le malheur est que Meyer, à ce moment-là, était atteint d'une maladie, pas bien grave, mais qu'il aurait infailliblement communiquée à cette femme, et qui se serait communiquée ensuite à son mari... Et ce mari, Messieurs, dont la tête pouvait être sauvée par cette constatation, s'est bien gardé de dire à ce moment : « La preuve que cet homme avait violé ma femme, c'est qu'il lui a donné une maladie, et que je l'ai ! ».

Eh bien, même si cela s'était produit, même s'il y avait eu une origine passionnelle au crime, pourquoi ces gens-là seraient-ils restés pendant une partie de la nuit à faire tous les actes qui manifestaient le mieux, au cours d'une nuit claire, leur présence insolite ; c'est-à-dire à allumer un feu de papiers difficiles à brûler, qui devait les *éclairer* au moment où ils désiraient le plus rester dans l'ombre, et les *attarder* au moment où ils étaient le plus pressés ?

Encore une fois, aussi bien la légende du chien que la légende de la femme violée, que la raison du « vol unique mobile du crime », ces trois motifs s'évanouissent, ou du moins le dernier s'atténue, les deux premiers disparaissant complètement.

J'en reviens donc à ce que j'ai dit : il me paraît certain qu'une personne appartenant à l'administration a eu des raisons pour dire aux assassins, soit à ce moment-là, soit, préventivement, quelque temps auparavant : « Faites disparaître les papiers qui sont dans le coffre-fort ».

Je dois dire que cette idée ne m'était pas venue tout de suite. mais en revenant d'El-Heymer en auto-mitrailleuse, .M. Sauvalle m'a dit :

« C'est tout à fait désagréable ; nous comptions trouver le reçu d'une somme de dix mille francs qui avait été remise d'El-Heymer à Oudjda ; *cette somme a disparu dans les comptes, — elle a disparu en fait.* Si elle a fait l'objet d'un accusé de réception, cet accusé de réception était signé ; il est certain qu'il se trouvait avec les pièces comptables d'El-Heymer.

« Or, non seulement le coffre-fort a disparu, mais les papiers eux-mêmes qui étaient dedans ont été enlevés et incinérés ; de sorte que je suis bien embarrassé pour continuer mon enquête.»

Alors son opinion, (qu'il m'a redite d'ailleurs quand il est venu ici), a appuyé la mienne et celle de presque tous les gens qui étaient au courant : c'est que quelqu'un avait dit aux assassins : « Emparez-vous des papiers du coffre-fort, et si Meyer résiste trop... »

Voilà tout ce que je puis dire sur les mobiles du crime. Ils se résument en ceci : c'est que ces gens sont évidemment des criminels, mais que la part qu'on pourrait leur attribuer dans l'idée première du crime et dans les facilités d'exécution, doit être, à mon avis, attribuée à une *autre personne, ou peut-être à plusieurs.*

TRADUCTION DE LA DÉPOSITION AUX ACCUSÉS

M. le Premier. — Général, je vais traduire votre déclaration aux accusés.

Interprète, vous allez traduire mes phrases une à une, et avec soin. (*Il est ainsi procédé*).

Dites aux accusés que le témoin est le général qui commandait les troupes du territoire des confins marocains.

Expliquez-leur encore qu'au mois de septembre, c'est-à-dire un mois environ avant l'assassinat, le Général Toutée avait reçu une lettre de Meyer lui disant qu'il avait des faits de contrebande à lui signaler.

Dites-leur qu'à la suite de quelques renseignements recueillis sur Port-Say, le Général s'était entendu avec le colonel Henrys pour se rendre en automobile à El-Heymer.

Mais qu'un accident s'est produit en route et que le Général et le colonel n'ont pas pu arriver.

Que quand le Général Toutée a appris l'assassinat du brigadier Meyer, il a supposé que cela pouvait être l'effet d'une vengeance de la part d'une personne qui avait intérêt à faire disparaître le brigadier et le coffre-fort ;

Que le Général s'est rendu à El-Heymer avec M. Sauvalle, qui était inspecteur des Finances ;

Qu'il a été étonné en arrivant d'apprendre qu'on avait fait permuter et qu'on avait enlevé du poste l'interprète Semghouni, l'interprète qui était dans la chambre voisine de celle du brigadier ;

Que l'interprète était le seul agent présent sur les lieux parlant français et qui pouvait utilement renseigner la justice ;

Que le Général a été surpris aussi des opérations qui ont consisté à faire brûler tous les papiers, alors que les assassins et les voleurs étaient obligés ainsi de rester longtemps avant de prendre la fuite ;

Que le Général a fait remarquer que si on avait voulu simple·
ment voler le coffre pour prendre l'argent qui s'y trouvait, il
aurait été plus simple d'attendre une absence de Meyer, de
prendre le coffre-fort et de passer en territoire espagnol ;

Que le Général a d'abord appris, au moment où ils ont été
livrés, que les accusés avaient prétendu que c'était à cause du
chien très méchant de Meyer qu'on avait assassiné le brigadier ;

L'Interprète. — Ils disent qu'ils ne savent pas si le chien était
méchant.

M. le Premier. — C'est surtout Ahmed qui est intéressé à la
question ;

Dites-leur encore que le général a constaté qu'une fois que
les accusés ont été livrés, ils ont changé leur système de défense
et qu'on a parlé du viol que le brigadier Meyer aurait commis
sur la jeune femme de Mohamed ben Mokhtar.

L'Interprète. — Ils répondent, Monsieur le Premier, qu'ils
n'ont pas connaissance de cela.

M. le Premier. — Dites-leur qu'en résumé, le général estime
que les assassins du brigadier Meyer, quels qu'il soient, ont été
poussés à commettre le crime par une personne qui avait intérêt
à le faire disparaître.

L'Interprète. — Ils disent qu'ils n'ont pas connaissance de cela.

M. le Premier. — Bien ! Maître Clérico et Maître Monbrun,
estimez-vous que la traduction a été bien faite ?

Maître Monbrun. — Oui, Monsieur le Premier. Je vous dirai
même que, pour abréger les débats, nous la considérons comme
faite. D'avance, nous y adhérons. Il nous paraît que vous donnez
beaucoup de renseignements et que les accusés ne pourront
guère nous en donner davantage. Il suffit de constater qu'ils sont
interrogés.

M. le Premier. — Nous le ferons aussi sommairement que
possible. Mais il faut d'abord obéir à la loi.

Maître Willm, avez-vous une question à poser ?
(*Réponse négative*).

Maître Monbrun. — Je voudrais faire remarquer qu'au cours de ma plaidoirie je dois montrer, par la pièce n° 6 du dossier du conseil de guerre examinée par M. le rapporteur, que dès le 2 novembre 1911, M. le Général Toutée exprimait à peu près la même opinion et les mêmes sentiments qu'aujourd'hui.

M. le Général Toutée. — Me Monbrun dit que le 2 novembre j'avais à peu près la même opinion que maintenant. En effet, c'est vers cette date du 2 novembre que se place ma promenade à El-Heymer avec M. Sauvalle.

J'ai omis quelque chose dans ma déposition. C'est que pendant que M. Sauvalle faisait l'inventaire des pièces à l'intérieur et compulsait les registres, je faisais les cent pas dehors, devant la maison ; je causais avec le brigadier de gendarmerie, et ce brigadier m'a dit : « Oh ! Tout le monde est convaincu que ce ne sont pas les « Bicots » qui ont fait cela tout seuls, *et qu'on leur en a donné l'ordre* ». Voilà quelle était l'impression publique.

M. le Premier. — C'était peut-être le brigadier Berchet ?

M. le Général Toutée. — Je ne sais même pas si c'était un brigadier. En tout cas, c'est lui qui a tracé le petit croquis que vous avez entre les mains. Il était de Martimprey.

Maître Monbrun. — C'est bien cela.

Maître Willm. — Monsieur le Premier, je désirerais poser une nouvelle question au témoin.

M. le Premier. — Vous avez la parole.

13

LA QUESTION DU CHANGE

Maître Willm. — Que pense le témoin des douaniers du poste d'El-Heymer ? De qui dépendait leur nomination ? Comment étaient-ils payés? A côté d'appointements fixes avaient-ils d'autres ressources ou bénéfices ?

M. le Premier. — Général, Maître Willm vous demande de dire comment étaient nommés les douaniers, de qui dépendait leur nomination, quelles étaient leurs ressources, émoluments, etc. ?..

M. le Général Toutée. — Ils étaient nommés par l'administration des douanes, par M. Pandori, qui était le grand chef de toutes les douanes. Ils recevaient des appointements très raisonnables, entre 200 et 300 francs par mois. Ils avaient, en outre, si mes souvenirs sont exacts, une part de prise sur chaque capture ; lorsqu'ils surprenaient un délinquant, ils recevaient une certaine part des amendes ou des dépouilles. De plus, il est certain qu'il se produisait pour eux ce qui se produisait pour tout le monde dans l'amalat d'Oudjda, je veux dire des bénéfices illicites sur le change.

On parle souvent des cuisinières qui font payer deux sous le petit pain d'un sou ; eh bien, là-bas, le timbre-poste de deux sous était payé trois sous, parce qu'il était frappé en monnaie marocaine. Le directeur des postes est cependant un homme considérable, — et ceci vous indique bien l'état de perversité générale dans lequel on arrive à se trouver lorsqu'on vit trois ou quatre ans dans un pays où il n'y a pas le moindre réglement, pas la moindre surveillance, pas le moindre contrôle. Ainsi, d'une manière permanente le directeur des postes faisait payer, — ou tolérait qu'on payât — le timbre marqué à deux asizis le prix de deux sous français, c'est-à-dire trois asizis.

C'étaient là des pratiques de monnaie courante, — c'est le cas de le dire.

De même, certains douaniers avaient pris sûrement la très douce habitude, quand ils devaient toucher 100 francs, de toucher les 25 ou 30 francs de bénéfice sur le change, qui étaient en somme prélevés sur les recettes de l'Etat. Leur administration le savait, le tolérait, ou s'y associait d'une façon si générale, que dans les coffres de l'Etat la totalité des espèces en monnaie légale du pays avait disparu depuis trois mois.

Voilà pourquoi un grand nombre de personnalités ont été fort émues en voyant qu'on allait renverser cet édifice, et pourquoi les gens d'El-Heymer ont pu vouloir se révolter contre le gâte-métier qu'était Meyer, en voyant que *c'en était fini d'un si agréable régime*.

Ceci vous explique pourquoi j'avais entrevu l'idée d'une vengeance contre Meyer, qui était certainement l'homme le moins corrompu de tout ce personnel.

J'allais oublier un point.

Je suis entièrement d'accord avec la partie civile, qui m'a interrogé tout d'abord, pour déclarer (et il n'est pas indifférent que la Cour le sache puisqu'il s'agit de la partie civile, qu'il s'agit, en somme, de réparer dans la mesure où il est réparable le tort abominable fait à la famille Meyer), que cet homme n'a pas été frappé seulement *à l'occasion de son service*, mais qu'il a été frappé pour des motifs de devoir dans son service : qu'il est véritablement une victime du devoir (*Assentiment de M. l'Avocat Général*); et qu'au demeurant, les coups de poignard qui l'ont frappé s'adressaient indirectement à moi-même, trop bien gardé pour être frappé, — directement tout au moins.

C'est pour cela que je m'excuse de témoigner, non pas avec passion, mais avec mon cœur, à l'égard de cet homme qui avait, le premier, eu le courage, en signant sa dénonciation (ce qui est rare) de me prévenir d'un état de choses abominable.

Quand j'ai su que cet homme avait été frappé, et *frappé traîtreusement par ceux-là même dont il voulait empêcher les malversations*, j'ai été fort ému. Voilà pourquoi j'insiste, — puisque c'est la partie civile qui m'a fait citer, — pour amener la Cour à des dispositions favorables envers cette malheureuse famille qui a tout perdu en perdant son frère et fils, et qui l'a perdu dans l'exercice de son devoir.

M. le Premier. — N'insistez pas... De tous les côtés il a été rendu témoignage de l'irréprochable conduite du brigadier Meyer ; que non seulement il était « l'Européen », comme on l'appelait là-bas au milieu de tous ceux qui volaient et trahissaient ; que non seulement c'était un Français, mais que c'était même un « très bon Français ».

Mᵉ Monbrun. — Nous sommes tous d'accord sur ce point.

M. le Premier. — Avez-vous pu apprécier la somme qui se trouvait dans le coffre-fort ? On a parlé d'une vingtaine de mille francs en pesetas hassanis ? Quelle est la valeur de ces pesetas ?

M. le Général Toutée. — 150 pesetas hassanis valent 100 francs ; officiellement !...

M. le Premier. — Les 25.000 pesetas vaudraient donc ?...

M. le Général Toutée. — Dans les 17.500 francs...

M. le Premier. — Les douaniers qui entouraient Meyer étaient-ils au courant de la comptabilité ? Tous ceux qui vivaient autour de cette petite maison, les gens qui venaient dans le cabaret en face, par exemple, pouvaient-ils savoir, Mohamed ben Mokhtar entre autres, que le coffre devait contenir une somme importante ?

M. le Général Toutée. — Certainement, ils s'en rendaient bien compte toutes les fois que le brigadier allait porter de l'argent à la poste. Ils avaient pu se rendre compte qu'il y avait toujours une vingtaine de mille francs comme fonds de roulement.

M. le Premier. — Y avait-il à peu près constamment une somme importante en caisse ? Cela paraît être, d'après ce que vous venez de dire.

M. le Général Toutée. — L'ensemble des mesures que ces gens ont prises tend à me persuader qu'ils ont été surpris par la nécessité d'agir vite.

Ainsi, s'il y avait eu un complot pour emporter le coffre-fort, on aurait fait venir la mule à l'avance ; on se serait précautionné par avance d'un pic suffisamment fort pour démolir le coffre-fort. Or, les choses se sont passées, en réalité, comme s'ils avaient été surpris par la nécessité d'opérer immédiatement.

M. le Premier. — Vous n'assistiez pas aux dernières audiences, notamment à celle d'hier. Nous pouvons donc revenir sur ce qui a été dit. J'ai fait remarquer dans l'interrogatoire que l'organisation du crime était conçue de façon qu'après l'assassinat de Meyer, chacun devait rester chez soi. D'après le plan primitif, les frères Mokhtar ne seraient pas partis ; les autres douaniers restaient à quelque distance, tous les voisins de la petite maison des douanes où Meyer se trouvait étendu la gorge ouverte, la tête séparée du tronc, n'auraient pas bougé ; et les autorités auraient peut-être été très embarrassées pour retrouver le coupable au milieu de ce groupe. Mais le fait que Mohamed avait reçu au cours de l'assassinat des blessures très graves, que son sang se répandait depuis la maison du brigadier jusqu'à un point situé à une quinzaine de mètres de là, ce fait a empêché absolument le résultat qui avait été prévu. Il a donc fallu s'en aller immédiatement, parce que le coupable portait l'empreinte même de sa culpabilité sur ses deux bras.

M. le Général Toutée. — Je ne voudrais pas dire, Monsieur le Président, que la version que vous donnez vient corroborer d'une façon presque éclatante l'hypothèse que je vous ai indiquée sur les mobiles du crime. S'ils ont voulu assassiner Meyer et ne pas s'en aller, ce n'était donc pas pour voler et uniquement pour voler, puisqu'ils n'ont d'ailleurs même pas pris dans sa poche les 50 francs que contenait son porte-monnaie !

J'ignorais — puisque ceci ressort de l'instruction et que vous me l'apprenez à l'instant même — s'ils avaient pu s'organiser pour que chacun restât à sa place ; mais cela prouve précisément qu'ils ne voulaient pas voler le coffre-fort.

M. le Premier. — Je vous ai donné les indications qui ressortaient de l'instruction. Ce n'est pas moi qui parle de cette supposition. C'est l'instruction même qui nous l'a révélée.

Maître Willm. — Vous ne faites que traduire très exactement ce qui est dans les pièces de l'instruction.

Maître Monbrun. — On peut dire, sur ce point, que c'était l'opinion de M. le commandant Gros, de M. l'officier interprète Renizio, et je crois que c'est l'opinion de tous les officiers du service des renseignements.

M. le Premier. — L'opinion, c'est que le plan a été déjoué par la gravité des blessures reçues par Mohamed. Il était absolument impossible de rester à El-Heymer parce que le lendemain, les blessures du douanier n'auraient pas été explicables.

Maître Willm. — C'est la seule explication plausible de la recherche de la mule en pleine nuit, à la dernière minute !

M. le Général Toutée. — Alors, ceci ne fait que corroborer ce que j'ai dit des mobiles du crime. Il est certain que s'ils n'ont pas voulu prendre le coffre-fort, s'ils ne voulaient pas voler le coffre-fort, s'ils ne voulaient rien voler, *c'est qu'ils voulaient simplement faire disparaître Meyer*, qui était le témoin que vous savez ; et que dès lors, si Meyer avait été remplacé par quelqu'un qui eût été un suragent de l'administration, ce quelqu'un aurait, à son tour, fait disparaître tout tranquillement les reçus que nous nous attendions à trouver dans le poste.

M. le Premier. — J'ai fait la simple observation ; ce n'est pas, bien entendu, un élément de discussion. Le général vient de la répéter et d'ajouter ses explications...

Maître Willm, avez-vous une autre question à poser ?

*M*ᵉ *Willm*. — Une dernière question qui se rapporte tout à fait à l'ordre d'idées dans lequel nous nous trouvons.

M. le Général Toutée pourrait-il dire à la Cour si l'interprète qui se trouvait au poste d'El-Heymer ne parlait pas très couramment le français, le comprenant admirablement, et par conséquent très au fait de tous les événements qui se passaient dans le poste ?

M. le Général Toutée. — Je suis désolé de ne pouvoir répondre à la question de Mᵉ Willm : on m'a toujours soigneusement caché Semghouni. J'ai fait tout ce que j'ai pu pour arriver à causer avec lui, *mais je n'ai jamais pu mettre la main dessus.*

M. le Premier. — Vous savez en tout cas que l'interprète remplissait convenablement ses fonctions ?

M. le Général Toutée. — Ce n'était pas douteux, mais j'en té moigne d'après ce que l'on m'a dit.

M. le Premier. — Somme toute, vous n'avez jamais pu causer avec Mustapha Semghouni ?

*M*ᵉ *Willm*. — M. le lieutenant Garnier a pu se trouver en rapport avec lui !

*M*ᵉ *Monbrun*. — Il répondra sur ce point.

M. le Général Toutée. — Je dois dire qu'on était prévenu de notre visite.

M. le Premier. — Général, vous n'avez plus d'autres explications à fournir ?

M. le Général Toutée. — Ce n'est pas une explication. Mais j'ai eu sous les yeux l'arrêt que vous avez rendu hier. Cet arrêt contient l'affirmation d'un fait que je suis obligé de contredire ; et la Cour m'en excusera puisqu'elle ne pouvait pas savoir la vérité.

Cet arrêt contient, si ma mémoire est fidèle, ces mots : « Attendu que *rien ne prouve que le bissac et le cartable* aient été *entre les mains de M. Kammerer.* »

Or, j'ai reçu de M. Kammerer la déclaration qu'il les avait. Je lui ai adressé des observations. J'ai la réponse à ces observations. Bien mieux ! j'ai reçu l'avis que pendant plus de trois mois ce cartable n'avait pas été remis entre les mains du juge d'instruction.

M⁰ Willm. — Monsieur le Premier, je vous serais très obligé si vous vouliez bien faire observer au greffier l'importance de cette déclaration, toute spontanée, du Général Toutée ; je désirerais que cet incident figurât au plumitif de l'audience.

M. le Premier. — Nous ne prenons jamais acte que des conclusions. Je fais remarquer que nous avons rendu un arrêt hier en nous inspirant des données de l'information. Si vous avez des conclusions à prendre, prenez-les.

M⁰ Willm. — Nous verrons tout à l'heure.

M. le Général Toutée. — En dehors de mon affirmation sous la foi du serment, j'ai des textes que je pourrais vous montrer. Et d'ailleurs, M. Garnier, qui, en sa qualité de juge d'instruction, a pu avoir ou chercher à avoir ces documents, sera entendu.

Je me suis rendu de ma personne devant la commission où était M. Kammerer. Il y avait cinq personnes présentes. Je lui ai dit : J'ai appris que vous aviez dérobé des papiers de justice dans telles conditions... *Il n'a pas nié*. Le fait matériel ne fait aucun doute, et au moins une lettre de Kammerer en fait foi.

M⁰ Monbrun. — Le général Toutée dit qu'il a la preuve écrite de ces demandes adressées à M. Kammerer à plusieurs reprises. Est-ce qu'il l'a ? Est-ce qu'il pourrait la produire ? Ce serait très important. Non pas que je mette en doute la parole du général ; mais s'il nous affirmait qu'il en a la preuve écrite, ce serait bien plus intéressant.

M. le Général Toutée. — Pardon ! Ici nous sommes sur un terrain très précis, le terrain de l'affirmation de faits. Il s'agit de faits que j'affirme sous la foi du serment.

Je n'ai pas fait de démarches réitérées pour obtenir ces pièces. J'ai fait une démarche de vive voix en présence de témoins, et puis ensuite j'ai écrit une lettre. Je n'ai pas la lettre, mais *je possède l'accusé de réception* de cette lettre où les termes de ma demande sont à peu près exactement reproduits.

M. le Premier. — Nous sommes, Messieurs, dans l'examen d'un procès, et il est bien certain que toutes les observations venant de témoins qui peuvent être, à un degré quelconque, favorables aux accusés, seront retenues.

Je me demande s'il y a un grand intérêt à sortir complètement des limites de l'affaire, et, avec les conclusions qui sont déposées, à lui donner des développements alors que ces développements ne contiendraient pas une source d'atténuation sensible en ce qui concerne la culpabilité des cinq accusés.

Les observations qui sont faites par le Général restent, je puis vous en donner la plus ferme assurance, Maître Monbrun, dans l'esprit de tous les juges de vos clients. Si vous estimez qu'il y a lieu de donner de l'importance et de l'étendue à l'incident, nous ne pouvons pas vous empêcher de poser des conclusions.

M. le Général Toutée. — Je me permets de parler de l'importance du fait parce qu'à l'époque dont je parle nous savions déjà que les reçus de pièces avaient disparu du poste d'El-Heymer ; et déjà à ce moment-là, c'est-à-dire le 6 et le 7 novembre, nous soupçonnions les accusés de les avoir ou détruits ou emportés. Il en résulte que la possession des papiers qui étaient *entre leurs mains* était considérée comme *une chose capitale*.

M. le Premier. — Si dans mes interrogatoires d'hier (auxquels vous ne pouviez assister) on avait relevé contre les accusés une charge provenant de la destruction de ces papiers, si on avait dit, par exemple : « Les accusés avaient entre les mains des pièces très importantes et ils se sont empressés de les faire disparaître » ! Mais je n'ai relevé aucun élément contre les accusés dans les interrogatoires...

M. le Général Toutée. — Ce n'est pas une charge, c'est une atténuation absolue. Si par hasard on avait trouvé des reçus qu'ils avaient enlevés, il est certain qu'on aurait pu dire d'une façon précise que ces gens-là avaient eu leur bras armé par d'autres personnes, et notamment par le signataire du reçu.

Me Monbrun. — Les éclaircissements que le général Toutée peut fournir rentrent complètement dans le système de défense des accusés.

M. le Premier. — Je ne vous dis pas le contraire. Je répète que si vous croyez que les affirmations du général constituent une atténuation en ce qui concerne vos clients, vous pouvez poser des conclusions. Je fais cette dernière observation, non pas pour vous empêcher de prendre des conclusions, mais pour vous indiquer que je me demande, dans l'intérêt du débat sinon dans celui des accusés, s'il est nécessaire de soulever un nouvel incident, cette atténuation restant, avec son importance et sa portée.

Me Monbrun. — Le général Toutée a déclaré qu'il n'était pas exact que le bissac et le cartable, avec les papiers qu'il contenait, n'aient pas été dans les mains de M. Kammerer ; qu'en fait, il a eu l'occasion de les réclamer à ce dernier, et qu'il a entre les mains une lettre de Kammerer reconnaissant la possession de ces pièces, lesquelles n'ont jamais été versées au dossier de l'instruction militaire.

M. le Général Toutée. — Ah ! Pardon !... ceci, je n'en témoigne pas ! Je dis que je sais qu'on l'a dit. M. Garnier vous dira, lui, s'il l'a reçu, oui ou non. Si quelqu'un a insisté pour l'avoir, c'est lui qui a apporté cette insistance ; c'est donc lui seul qui peut en témoigner de première main.

M. l'Avocat Général. — C'est bien le sous-main qui est ici auquel on fait allusion ? ..

Me Willm. — Voilà la grosse question !

M. le Premier. — Non ; le sous-main qui est ici est rempli de pièces arabes.

M. l'Avocat Général. — Ce n'est pas celui-là !

Me Willm. — Nous n'en savons rien, remarquez !

Me Monbrun. — Si l'on n'en sait rien, c'est bien la faute de ceux qui, ayant trouvé les papiers, n'en ont pas fait l'inventaire !

M. le Premier. — J'ai fait observer tout à l'heure qu'il pouvait y avoir des atténuations au profit de vos clients. Vous avez posé des conclusions. Si vous croyez que ce système est favorable à vos clients, raisonnons par conclusions et par arrêts, puisque vous placez le débat sur ce terrain, puisque vous croyez devoir continuer ce jeu de conclusions !

Maintenez-vous vos conclusions ?...

Me Monbrun. — Oui, Monsieur le Premier.

M. le Premier. — Monsieur l'Avocat général désire-t-il prendre la parole ? (*Réponse négative*).

Interprète, expliquez aux accusés que le Général a dit que quand il est allé à El Heymer avec M. Sauvalle, il avait trouvé là le brigadier de gendarmerie de Martimprey...

Qu'on avait fait disparaître pour un moment l'interprète Mustapha Semghouni ;

Que le Général dit que le bissac contenant des pièces avait été remis à Kammerer, le consul.

L'Interprète. — Ils déclarent n'avoir pas connaissance.

M. le Premier. — Dites leur encore que leur défenseur a pris des conclusions demandant que la Cour rende encore un arrêt sur ce point.

L'Interprète. — Ils déclarent s'en rapporter à leurs avocats.

M. le Premier. — Général, je veux vous poser une question. Avez-vous encore en votre possession la lettre par laquelle le brigadier Meyer vous informait qu'il avait des confidences à vous faire ?...

M. le Général Toutée. — Non, Monsieur le Premier. Je l'ai détruite à l'instant même de sa réception ; elle ne pouvait me servir à rien, — qu'à compromettre son auteur — et puisque j'allais recevoir de sa bouche des déclarations complètes dont sa lettre n'était en quelque sorte qu'une préface !

M. le Premier. — La Cour va se retirer pour délibérer sur les conclusions.

(*La séance, suspendue à 3 heures, est reprise à 3 heures 5*).

M. le Premier. — Relisons les conclusions qui ont été prises par la partie civile...

Maître David, avoué. — Non ; ce n'est pas la partie civile.

M. le Premier. — Ou plutôt par les avocats des prévenus :

« Donner acte qu'au cours de sa déposition, M. le Général Toutée a déclaré qu'il n'était pas exact que le bissac et le cartable avec les pièces qu'ils contenaient n'aient pas été entre les mains de M. Kammerer ; qu'en fait il a eu l'occasion de les réclamer à ce dernier, et qu'il a entre les mains une lettre de M. Kammerer reconnaissant la possession de ces pièces... »

Est-ce là ce que vous avez déclaré dans votre déposition, Général ?

M. le Général Toutée. — La lettre de M. Kammerer ne dit pas : « Je reconnais que, etc... » ; elle dit : « Dans votre lettre d'hier, vous m'avez réclamé telles et telles pièces, etc... ».

M. le Premier. — Nous allons vous donner acte de conclusions qui ne sont que le reflet de votre déclaration. Il faut que celle-ci soit nette.

M. le Général Toutée. — Je trouve que votre résumé, Monsieur le Président...

M. le Premier. — Ce n'est pas mon résumé, c'est celui de la défense. Le système de conclusions prises par les défenseurs a tenu trois audiences ; et la loi nous oblige à répondre à toutes les conclusions.

Je reprends la lecture des conclusions qui ont été déposées.

« Donner acte de ce qu'au cours de sa déposition, M. le Général Toutée a déclaré qu'il n'était pas exact que le bissac et le cartable n'aient pas été entre les mains de M. Kammerer ; qu'en fait il a eu l'occasion de les réclamer à ce dernier, et qu'il a entre les mains une lettre de M. Kammerer reconnaissant la possession de ces pièces ».

M. le Général Toutée. — ... Ou tout au moins le fait que ces pièces sont entre ses mains.

« Reconnaissant » est peut-être trop précis.

M. le Premier. — On me demande acte de votre déclaration. C'est pourquoi j'insiste.

M. le Général Toutée. — Je ne peux pas vous dire autre chose que ce que me dit ma mémoire, qui a pourtant la réputation d'être fidèle.

M. le Premier. — Ce n'est pas vous qui posez des conclusions ; mais parce que vous êtes témoin on vous demande de préciser les termes de votre déclaration. Je ne peux pas faire autre chose que de vous demander quels sont ces termes mêmes.

M. le Général Toutée. — M. Kammerer me dit : « Par votre lettre en date du... vous m'avez réclamé le bissac arabe et le cartable français. J'ai l'honneur de vous dire que ces *pièces font partie du dossier que j'ai à examiner...* » Si ce ne sont pas là les termes précis qu'il a employés, c'en est le sens certain. En tout cas, cette correspondance permet de constater qu'il a les papiers de justice ; il ne discute pas qu'il les ait ; et je vous ai déclaré que je le lui avais reproché de vive voix, lui disant qu'il les avait dérobés par des *moyens frauduleux.*

M. le Premier. — Voulez-vous que votre déclaration soit celle-ci :

« ... Une lettre de M. Kammerer qui, en accusant réception

de ma dépêche, ne méconnaît pas qu'il les ait entre les mains ? »

M. le Général Toutée. — Pour servir d'appui à mon témoignage, mon témoignage oral est celui-ci : Le 7, j'ai reproché devant témoins à M. Kammerer d'avoir frauduleusement soustrait les pièces de la procédure. Je le lui ai reproché devant témoins ; il m'a répondu : « Elles sont sans importance ». Immédiatement, je lui ai écrit pour les lui réclamer, et il m'a dit : « Par lettre de ce jour, vous me réclamez ces pièces. Je ne peux pas les donner ou les envoyer à l'instruction ».

M. le Premier. — Alors, il reconnaît la possession de ces pièces.

M. le Général Toutée. — Cela résulte de sa correspondance.

M. le Premier. — Les conclusions sont le reflet de la déclaration du Général. J'en donne acte dans les termes mêmes où elles ont été posées.

ARRÊT

A PROPOS DE LA POSSESSION DES PIÈCES PAR KAMMERER

« Considérant que Maîtres Clérico et Monbrun, avocats des accusés, prennent, au cours de la déposition faite devant la Cour criminelle par M. le Général Toutée, témoin cité à la requête de la partie civile, des conclusions tendant à ce qu'il leur soit donné acte d'une partie de la dite déposition ;

« Qu'il y a lieu, à toutes fins utiles, de décerner le donner acte demandé ;

PAR CES MOTIFS, LA COUR :

« Donne acte à Maîtres Clérico et Monbrun de ce qu'au cours de sa déposition M. le Général Toutée a déclaré qu'il n'était pas exact que le bissac arabe et le cartable avec les papiers qu'il contenait n'aient pas été entre les mains de M. Kammerer ; qu'en fait il a eu l'occasion de les réclamer à ce dernier et qu'il a entre les mains une lettre de M. Kammerer reconnaissant la possession de ces pièces ».

M. le Premier. — Avez-vous une question à poser, Maître Willm ?

Maître Willm. — Non, Monsieur le Premier.

M. le Premier. — Et les avocats de la défense ?... Monsieur l'Avocat général ?...

Interprète, traduisez l'arrêt que nous venons de rendre en disant que nous donnons acte d'une partie de ses déclarations à M. le Général Toutée concernant la possession du bissac entre les mains de M. Kammerer.

(L'interprète traduit la phrase).

RÉPONSE DU GÉNÉRAL TOUTÉE

A UNE QUESTION DE L'AVOCAT GÉNÉRAL

M. l'Avocat Général. — D'après les renseignements qui ont été fournis à la procédure, Mohamed ben Mokhtar aurait gagné le Riff et se serait enrôlé dans la harka des Riffains. Est-ce qu'il est possible, Général, d'aller le prendre là ?

M. le Général Toutée. — Ah ! cela, je ne sais pas ! En tout cas, il faut d'abord BIEN VOULOIR le prendre.

M. l'Avocat Général. — Si on « *voulait* » le prendre ?

M. le Général Toutée. — J'ai reçu moi-même une lettre de la sœur de Meyer qui m'informe de ce bruit.

M. l'Avocat Général. — C'est constant ; c'est certain. Les autorités savent qu'il aurait réussi à gagner le Riff et à s'enrôler dans la harka des Riffains, qui combat les Espagnols. A cause des dangers qu'ils courent — car ils sont en pays ennemi — les émissaires sont revenus, et voici la lettre qu'écrit Memoun-ben-Mamenia.

« Je me suis rendu chez le chef nommé... J'ai appris que l'indigène recherché avait couché deux nuits dans la méhalla de ce dernier et avait été chez les Djemmlés avec trois compagnons. Je chercherai à le capturer ; j'y consacrerai le reste de ma vie, etc.

« Il se trouve dans la harka du Riff qui est à l'est des Beni-Sahit ».

Est-ce qu'il est possible, Général, d'aller le prendre là ?

M. le Général Toutée. — Il m'apparaît possible que d'ici un an ou deux, les autorités françaises et les autorités espagnoles, si elles sont bien décidées à s'emparer de Mokhtar, arrivent à se saisir de lui.

M. l'Avocat Général. — Il faudra si longtemps que cela ?

M. le Général Toutée. — Songez que les Espagnols ne sont pas maîtres de la zône qui leur a été attribuée. Nous ne sommes pas complètement maîtres nous-mêmes de la zône du Maroc que les traités nous ont accordés ; nous n'avons donc pas à nous étonner que les Espagnols ne soient pas maîtres de la leur, attendu qu'en face d'eux se trouvent des populations d'une valeur guerrière extraordinaire.

Par conséquent, si Mokhtar se trouve au milieu de ces guerriers, il a beaucoup de chances de pouvoir continuer la lutte pendant longtemps, d'être blessé, d'être tué et de disparaître même. Il se peut cependant qu'il finisse par être pris ; il « peut » se faire qu'à la suite de négociations habiles, où l'argent jouerait un certain rôle (*Sourires*), on puisse l'obtenir assez facilement...

SUITE DE LA DÉPOSITION DU GÉNÉRAL

M. le Général Toutée.— J'ai une excuse à présenter à la Cour.
J'ai employé le mot « frauduleux » tout à l'heure pour qualifier les actes de M. Kammerer. Je dois dire que je regrette de
l'avoir employé. Non pas qu'il soit inexact ; mais j'estime qu'en
qualité de témoin je dois éviter toute qualification, et m'en tenir
aux faits. Je tiens seulement à définir ces actes, car ils ont leur
importance. Ils témoignent pour la Cour de l'immense intérêt
que pouvaient avoir certains partisans d'un autre ordre de
choses à s'emparer des papiers emportés par les assassins. Cet
immense intérêt découle de ceci qu'un consul de France, chevalier de la Légion d'honneur, un homme considérable, recevant
24.000 francs d'appointements (plus les « accessoires ») a passé la
nuit dans les conditions que vous allez voir : partant à dix heures
du soir, au travers des montagnes des Beni Snassen, qui ne sont
sillonnées par aucune route empierrée, traversant ces montagnes
et arrivant à près de minuit dans le poste de Martimprey ; réveillant le capitaine Joubé, lui exhibant sa commission de consul
et disant : « En vertu du pouvoir judiciaire que voici, je requiers
la livraison des prisonniers ».

On est surpris quand on examine l'ensemble de cet effort
dans lequel ces Messieurs risquaient leur vie, dans lequel
M. Kammerer risquait plus que sa vie, puisqu'il risquait un peu
son honneur étant donné qu'il *affirmait avoir des pouvoirs judiciaires...* — je ne dis pas qu'il n'avait pas ; ce n'est pas à moi
d'apprécier s'il ne les avait pas... — mais je dis qu'au jour même
où il s'en attribuait, à cette heure où il se livrait aux actes que
j'ai qualifiés tout à l'heure, il parlait, il écrivait ; et ses actes
mêmes prouvaient qu'il avait la conscience qu'il n'en possédait
aucun. — Les actes administratifs les plus graves ont été commis
par lui dans cette journée du 6 novembre, journée où — on le

rappelait hier — il s'est délivré un mandat d'amener à lui-même ; les actes administratifs les plus graves ont été commis par lui ; il a interrompu tout le cours de la justice dans l'amalat, « parce que ... » disait-il, « ...je n'ai pas reçu de pouvoirs judiciaires, et que je ne peux pas les déléguer » : le même jour, dis-je, il s'est délivré à lui-même, en qualité d'homme investi de pouvoirs judiciaires, un mandat d'amener. Je me trompe ; ce n'est pas le même jour ; car s'il avait pu établir un mandat d'amener en faveur de lui-même ou de M. Ballereau, il n'aurait pas montré au capitaine Joubé sa commission de consul et autres pièces accessoires en lui demandant les prisonniers ; il aurait tout simplement montré le mandat d'amener. Ce mandat d'amener n'a donc été établi que le lendemain.

Quand j'ai fait observer à M. Kammerer l'immense inconséquence de ses manières de procéder, quand je lui ai dit : « Hier vous m'avez déclaré que vous n'aviez pas de pouvoirs judiciaires ; non seulement vous me l'avez dit, mais vous avez accompli un acte d'une importance extraordinaire, qui est la suspension de la justice fonctionnant depuis trois ans dans l'amalat ; et après l'avoir accompli, vous partez, et vous abusez de l'ignorance du capitaine Joubé par l'exhibition de pièces non pertinentes pour procéder à des arrestations, à des saisies de papiers judiciaires, quand je lui eus dit cela, il ne m'a pas répondu du tout : « Mais non ! j'ai remis un mandat d'amener à M. Ballereau, qui l'a fait valoir ». Pas le moins du monde. *Il m'a dit : « Ces pouvoirs judiciaires, je ne les avais pas*, mais je les attendais d'une manière si certaine que j'ai cru pouvoir m'en servir ».

Il s'est donc emparé des hommes d'abord, et aussi des papiers ! Les hommes, on les a mis aux fers, on leur a attaché le carcan au cou. Evidemment il aurait mieux valu s'en dispenser, on pouvait s'en dispenser, c'était très facile ; c'était donc mal de se livrer à ces sévices, mais ce n'était pas un mal irréparable. Tandis que les papiers ! « Vous ne les avez déjà eus que trop longtemps », disait-on. « Rendez-les nous au plus vite ; vous courez le plus grand danger ! »

Eh bien, Messieurs, j'ai eu le tort de qualifier ces actes de frauduleux. Je ne dois rien qualifier. Il vous appartiendra de qualifier l'acte de quelqu'un qui se dit non muni de pouvoirs judiciaires, qui l'écrit dans la journée ; et qui, quelques heures après l'avoir dit, après avoir accompli des actes administratifs en raison de cette carence de pouvoirs, se délivre à lui-même des pièces qu'il montre comme lui attribuant les pouvoirs judiciaires ; et qui, finalement, grâce à ces manœuvres, remporte cette victoire d'enlever les assassins et leurs papiers !

Je vais plus loin. Le lendemain et le surlendemain, M. Kammerer, qui aurait pu à la rigueur recevoir dans l'intervalle ces pièces lui attribuant juridiction, a agi, a parlé et a écrit comme s'il ne les avait pas reçues ; et, en fait, il ne les avait pas reçues, même le 8 ; et l'enlèvement des documents réclamés est du 6.

M. le Premier. — Nous laisserons la cour de Cassation statuer avec calme sur le point de savoir s'il y avait un consul et un consulat à Oudjda.

Je crois que j'ai laissé toutes les dépositions se produire très librement, parce qu'elles peuvent avoir une répercussion sur la situation des cinq accusés. Il me semble que maintenant nous pouvons passer à un second témoin.

Huissier, faites entrer le lieutenant Garnier.

DÉPOSITION DE M. LE LIEUTENANT GARNIER

M. le Premier. — Vous êtes le Lieutenant Garnier (Frédéric). Vous comptez à l'effectif des bataillons d'Afrique ? Vous êtes âgé de 34 ans. Vous jurez de dire toute la vérité, rien que la vérié. Levez la main droite, et dites : Je le jure.

(*M. le Lieutenant Garnier prête serment*).

Vous étiez adjoint au Commandant supérieur du Cercle.

Vous n'êtes pas l'ami ou le parent des accusés, ils ne sont pas à votre service et vous n'êtes pas au leur.

La partie civile, qui a fait citer le Lieutenant Garnier, a-t-elle une question précise à lui poser ?

Me Willm. — Une seule, Monsieur le Premier.

Je voudrais que M. le Lieutenant Garnier fasse part à la Cour des constatations qu'il a été amené à faire lorsqu'il s'est rendu à El-Heymer pour enquêter sur l'assassinat ; et en même temps qu'il veuille bien nous dire si, au cours de son enquête, il a eu l'occasion de recueillir des renseignements sur le brigadier Meyer, et quels ont été ces renseignements.

M. le Lieutenant Garnier.— Les constatations que j'ai eu à faire avaient évidemment pour but de rechercher quel pouvait avoir été le mobile de l'assassinat et du vol.

Je ne sais pas si, d'après les pièces qui sont dans le dossier que vous avez entre vos mains et d'après les dépositions des inculpés qui sont ici, vous avez pu avoir une certitude à ce sujet. En ce qui me concerne, vu l'état de l'instruction que j'ai établie, je n'ai pu avoir de certitude bien ferme, je n'ai pu qu'émettre des hypothèses.

Si vous voulez, Messieurs, avoir une notion bien précise de la valeur de l'enquête judiciaire que j'ai moi-même menée, je crois qu'il est indispensable que vous sachiez de quelle façon elle a été limitée. En effet, je n'ai pu faire en somme, comme enquête sérieuse, que l'enquête sur place qu'on m'avait demandée. Dès le lendemain de ma rentrée d'El-Heymer, j'ai dû comparaître devant une Commission d'enquête qui avait peut-être un caractère politique, diplomatique ou administratif, mais qui certainement n'avait pas un caractère judiciaire, et qui m'a invité poliment, mais clairement, pour des considérations d'ordre politique, qui m'a, dis-je, invité sans rire à ne plus m'occuper de l'affaire d'El-Heymer. Il est certain qu'après ma comparution, je me suis cru tenu à une extrême réserve !

J'ajouterai du reste qu'à partir de ce moment-là, surtout pendant les quelques semaines qui ont suivi cette comparution, il m'aurait été extrêmement difficile de faire citer certains témoins. Il aurait été, je crois, très dangereux, non pas pour moi (je ne dis pas cependant que je n'avais rien à craindre, notez-le), mais surtout pour les témoins, d'être amené à déposer devant le Conseil de Guerre. Une bonne partie des témoins qui ont déposé à cette époque surtout et pour d'autres affaires, devant les magistrats du Conseil de Guerre, ont été emprisonnés, bâtonnés ; on les a attachés les uns aux autres, et on les a occupés à des travaux de routes au milieu de la ville d'Oudjda... évidemment pour impressionner les populations, et pour servir d'exemple à ceux qui auraient été tentés de les imiter !

Les investigations ont été par conséquent, du côté des témoins, extrêmement limitées.

J'ajouterai qu'en ce qui concerne les documents, il m'était très difficile de les avoir. Je ne sais si vous vous rappelez un précédent procès au cours duquel j'ai été appelé à déposer ; mais pour avoir des documents, nous avons été obligés, à un moment, d'en faire d'abord la demande au Commissaire du Gouvernement qui nous a répondu, diplomatiquement, qu'il « *ne pouvait pas* » nous les fournir. A une autre réquisition, « au nom du peuple français », le commissaire du Gouvernement n'a pas cru devoir nous donner satisfaction et exécuter notre réquisition.

Nous ne pouvions donc avoir aucun document ; il nous était *matériellement impossible de faire notre enquête.*

C'est dans ces conditions que, sur les ordres du Ministre, j'ai été dessaisi.

D'après l'enquête que j'ai pu faire, j'ai donc été amené à émettre un certain nombre d'hypothèses au sujet du mobile du crime.

L'hypothèse qui présentait le plus de surface était celle du vol, le vol du coffre-fort et de la caisse. Elle présentait une certaine vraisemblance.

Une autre, qui est résultée d'une des dépositions de Mokhtar, est la suivante : Mokhtar prétendait que le brigadier Meyer avait un chien très méchant qui l'avait mordu autrefois et que la haine du chien à son endroit était partagée par son propriétaire ; le brigadier Meyer aurait montré, en certaines circonstances, une profonde antipathie à l'égard du douanier, qui lui en aurait voulu au point de lui « faire son affaire ».

Je crois que j'aurais été obligé promptement d'abandonner cette hypothèse parce que de l'opinion de tous les douaniers que j'ai interrogés, Meyer était un homme extrêmement bienveillant, un chef très bon ; il résulte des dépositions que j'ai reçues qu'il faisait même des cadeaux à ses hommes ; et en ce qui concerne Mokhtar, je crois me souvenir qu'à un certain moment il lui aurait prêté de l'argent. Un chef qui prête de l'argent à un de ses subordonnés ne lui manifeste pas précisément de l'antipathie ! J'ai donc dû écarter cette seconde hypothèse.

Une autre supposition que j'ai faite est celle de l'adultère, qui aurait provoqué la haine de Mokhtar et l'assassinat de l'homme qui aurait osé toucher à sa femme.

Au sujet de cette hypothèse, je dois affirmer qu'elle a été combattue par toutes les dépositions que j'ai reçues dès le début de mon enquête : déposition de la femme Zineb, déposition des douaniers qui vivent dans des gourbis situés tout près de celui de Mokhtar et dont par conséquent, étant donné la promiscuité de tous ces gens, la déposition aurait été, à mon avis, très concluante. Or, toutes ces dépositions ont été nettement *défavo-rables à l'hypothèse de l'adultère.*

De plus, le magistrat instructeur est très souvent impressionné et convaincu par la manière, par l'accent de sincérité du déposant, plutôt que par la réponse elle-même. Or, j'ai été frappé de l'air d'ahurissement et de profonde surprise des douaniers et de la femme, quand je leur posais une question pareille.

Mohamed Mokhtar (c'était le douanier) m'a fait à moi une déposition dans ce sens-là, mais c'est la seule.

Mohamed a fait une première déclaration au sujet de l'assassinat chez le caïd de la tribu espagnole chez lequel il s'était réfugié.

Il a fait, d'autre part, des confidences au rekkas que le commandant du secteur de Berkanne avait envoyé sur la rive gauche de la Moulouya, alors qu'il était sans méfiance vis-à-vis de cet homme qui était de son pays et avait su s'attirer ses bonnes grâces ; or, il n'a fait à ce moment aucune déclaration se rapportant à cette hypothèse.

Enfin, lorsque les autorités militaires espagnoles eurent livré Mokhtar, le douanier, et son frère Si-Ahmed, c'est l'interprète Renizio (officier du secteur de Berkanne) qui a recueilli les dires des assassins. A ce moment, les prisonniers, qui avaient alors le plus grand intérêt, pour s'éviter des mauvais traitements de la part des hommes de l'escorte, à indiquer la jalousie comme mobile du crime (ce qui aurait désarmé la haine de leurs coreligionnaires), n'en ont nullement parlé. — Mokhtar n'a commencé à y faire allusion que quelques heures avant le moment où il aurait dû comparaître à El-Heymer, alors qu'il avait été enlevé dans l'automobile du Commissaire du Gouvernement. C'est très probablement une simple coïncidence ! mais j'ai dû le constater.

Je crois donc que si j'avais continué l'instruction, j'aurais été amené à écarter nettement cette hypothèse.

Reste une dernière hypothèse. Celle-là est extrêmement délicate ; elle m'oblige à beaucoup de circonspection car je tiendrais absolument à ne faire aucune personnalité.

Ceci m'oblige à vous parler d'une précédente affaire, du détournement d'une somme appartenant au poste d'El-Heymer (veuillez bien vous rappeler ici les débats d'un procès qui s'est déroulé devant vous au mois de février 1912) : il s'agit, je crois, d'une somme de dix mille francs qui est sortie de la caisse d'El-Heymer, envoyée à Oudjda par le chef de poste ; qui a certainement été réçue par quelqu'un puisque le reçu, portant une signature, a été rénvoyé au poste d'El-Heymer, a été porté en rentrée par le chef de poste, et mis dans le coffre-fort. Par conséquent, il y a un personnage à Oudjda — je ne le cite pas, je ne sais pas lequel — qui a reçu cette somme de dix mille francs, l'a mise dans sa poche et a oublié de la verser à la caisse.

Qui donc aurait pu dénoncer ce personnage ? Evidemment le reçu, sur lequel il avait mis sa signature, et qui était dans le poste d'El-Heymer. Qui aurait pu encore le dénoncer ? Le brigadier Meyer qui, lui, connaissait très probablement les papiers qu'il avait mis dans le coffre, et qui pouvait avoir vu le nom du personnage signataire du reçu. Par conséquent, il y avait quelqu'un à Oudjda qui avait intérêt à faire disparaître le reçu qui se trouvait dans le coffre-fort, et au besoin à faire disparaître les deux, le reçu et le brigadier.

Le brigadier a été tué ; je n'ai pas à fournir la moindre explication à ce sujet. Quant au reçu, il a été brûlé avec un certain nombre d'autres papiers qui étaient dans le coffre-fort.

Au sujet de la disparition de ces papiers par le feu, j'ai été obligé également de faire moi-même certaines constatations.

Je connais suffisamment les indigènes, puisque je vis auprès d'eux depuis une dizaine d'années ; je les connais aussi comme magistrat instructeur ; et il y a ici un avocat éminent que j'ai eu en face de moi à la barre, à Oran, qui pourrait en témoigner : j'ai eu à m'occuper, comme magistrat instructeur, d'un certain nombre d'affaires indigènes, l'indigène en territoire militaire étant justiciable des Conseils de guerre, pour tous les crimes ou délits, de droit commun ou non.

Eh bien ! connaissant ainsi les indigènes, je crois pouvoir déclarer que la façon dont on a opéré pour détruire les papiers est absolument anormale pour des Arabes, qui n'attachent aucune importance à un papier sur lequel quelque chose est écrit : cela ne leur « dit rien ».

Etant donné les circonstances de fait, je suis obligé de faire une constatation. C'est que ces gens, qui étaient en fuite depuis plusieurs heures, devaient s'attendre à ce que d'un moment à l'autre on se lançât à leur poursuite ; ils n'avaient donc aucun intérêt à perdre du temps. Or, ils en ont certainement perdu pour brûler ces papiers et pour les brûler très soigneusement ; et pour un homme aussi particulièrement méfiant que Mokhtar, il y avait une imprudence très grave à faire brûler des papiers dans la nuit ou au point du jour, car les traces du feu auraient pu, s'ils avaient été poursuivis, servir de point de repère aux poursuivants.

M. le Premier. — Vous avez parlé tout à l'henre d'un émissaire qui avait été envoyé sur le territoire espagnol, au lendemain même de l'assassinat, pour s'efforcer d'arracher la vérité à ceux qu'on soupçonnait être les assassins. Cet émissaire, c'est le nommé Derkaoui.

Lorsque Derkaoui est revenu, il a comparu devant vous, et vous l'avez interrogé ?

M. le Lieutenant Garnier. — Il a d'abord fait des déclarations à l'officier de renseignements Renizio.

M. le Premier. — Jamais Derkaoui n'a été employé comme interprète dans cette affaire, ni par vous, ni peut-être par d'autres ?

M. le Lieutenant Garnier. — Semghouni ? Je ne le pouvais pas, c'était un de mes inculpés !

M. le Premier. — Je note cette constatation, parce que les accusés se sont plaints de l'interpète.

M. le Lieutenant Garnier. — Ils incriminaient la mauvaise foi de Mustapha Semghouni.

M. le Premier. — Cette observation étant faite, je vous prie de vous expliquer devant la Cour sur les conditions dans lesquelles l'émissaire Derkaoui, venant de la zone espagnole, vous a raconté les aveux des deux frères Mokhtar.

M. le Lieutenant Garnier. — J'ai été mis sur la voie des aveux par un rapport que j'ai incorporé au dossier et dans lequel M. Renizio, officier interprète, faisait connaître le résultat de l'interrogatoire de Derkaoui à sa rentrée de la zone espagnole. J'ai immédiatement convoqué Derkaoui à El-Heymer, afin de recevoir personnellement sa déposition sous la foi du serment. Je crois qu'il m'a fait des déclarations à peu près analogues à celles qui figurent dans le rapport de M. Renizio.

M. le Premier. — Vous vous souvenez donc qu'il a bien déclaré que Mohamed Mokhtar lui avait raconté toutes les circonstances de l'assassinat et du vol.

M. le Lieutenant Garnier. — Y compris le rôle joué par son frère. Je crois me rappeler que Derkaoui lui ayant demandé pourquoi il avait tué Meyer, l'assassin aurait répondu : C'est parce que son chien ne m'aimait pas ; et puis, Dieu seul le sait !

Ceci si mes souvenirs sont précis, car il y a déjà un an que j'ai fait l'instruction.

M. le Premier. — Il y avait donc une précision spéciale apportée par Derkaoui dans les aveux recueillis par lui de la part des deux frères, aveux qu'il vous a rapportés après les avoir racontés à M. l'officier interprète Renizio ?

M. le Lieutenant Garnier. — Je puis même ajouter que j'ai eu l'impression que l'Arabe avait parlé avec une précision qu'on trouve assez rarement chez les indigènes. On avait évidemment choisi quelqu'un d'intelligent pour l'envoyer là-bas.

M le Premier. — Aviez-vous à ce moment le sentiment que Derkaoui était non seulement intelligent, mais sincère ? C'est une question que je tiens à vous poser.

M. le Lieutenant Garnier. — L'impression que j'ai eue a été qu'il était absolument sincère.

M. le Premier. — En corroborant les détails de tous ces aveux qu'il avait reçu des deux frères, aussi bien de Mohamed que d'Ahmed qui est présent devant nous aujourd'hui, il vous donnait l'impression d'un homme qui dit la vérité ?

Réponse. — Oui. Quant au mobile du crime il n'était pas très explicite ; mais en ce qui concerne les circonstances du crime, il m'a paru être extrêmement sincère. Je crois d'ailleurs que ses affirmations ont été confirmées par le rapport du médecin.

M. le Premier. — Vous répondez nettement à cette question : il vous a donné l'impression d'un homme intelligent et sincère ?

Réponse. — Oui, Monsieur le Premier.

M. le Premier. — Je vais faire traduire vos dépositions aux accusés.

Interprète ! Dites aux accusés que le Lieutenant Garnier, magistrat instructeur du Conseil de guerre, déclare qu'il croit que le crime a pu être commis, non pas à cause du chien, non pas parce que Meyer aurait voulu violer la jeune femme de Mohamed...

L'interprète. — Ils disent qu'ils n'ont pas connaissance de cela.

M. le Premier. — ... mais peut-être parce qu'une personne aurait eu intérêt à faire disparaître les papiers qui étaient dans le coffre-fort volé par les accusés.

Expliquez bien à Si-Ahmed ben Mokhtar, le premier des accusés ici présents, que le Lieutenant Garnier croit que l'émissaire Derkaoui a dit la vérité, quand il a raconté les aveux de Si-Ahmed et de Mohamed.

L'interprète. — Ahmed dit que M. le Lieutenant Garnier l'a interrogé à Oudjda et qu'il lui a dit que ce n'était pas cela.

M. le Premier. — Le principal est que la traduction ait été faite.

Mᵉ Clérico. — J'aurais une question à poser au témoin.

Comment M. le lieutenant Garnier a-t-il su que parmi les pièces à conviction, il y avait un sous-main contenant les papiers du poste d'El-Heymer ?

A qui M. Garnier les a-t-il réclamées et quelle est la réponse qu'il a reçue ?

M. le Lieutenant Garnier. — J'ai entendu parler dans le rapport d'une communication du Général m'avertissant que les prisonniers avaient été remis aux autorités françaises par les autorités espagnoles et qu'on avait saisi avec ces deux prisonniers un bissac, ou plutôt un sous-main avec des papiers. L'interprète Renizio m'a fait la même déclaration ; quand il a pris livraison des prisonniers, il a reçu en même temps un bissac contenant un sous-main et des papiers.

Enfin, mon chef, le Capitaine Guennebaud, commissaire rapporteur au premier Conseil de Guerre d'Oudjda, qui était à Oudjda au moment où les prisonniers sont arrivés en automobile, savait qu'en même temps que les prisonniers on avait ramené du poste de Martimprey un bissac. Il me semble qu'il est fait mention également de ce bissac au rapport de M. le Capitaine Joubé, qui figure au dossier.

M. l'Avocat Général. — Il en est question dans le rapport du procès-verbal de la remise des accusés par les autorités espagnoles; on y lit ceci : « Comme pièces saisies sur eux, un bissac indigène trouvé sur les assassins, contenant un sous-main rempli de papiers ;

2° Vingt francs.

3° Un couteau trouvé sur les assassins.

Prison d'Oudjda, etc. »

M. le Lieutenant Garnier. —C'est que ces documents ont alors été demandés, probablement par le rapporteur à Oudjda ? Je ne suis rentré que huit jours après, lorsque mon enquête a été terminée.

M. le Premier. — Vous n'avez plus d'autre question à poser, Maître Clérico ?... (*Réponse négative*).

M. l'Avocat Général. — Est-ce qu'il y avait encore des traces de sang, lorsque vous êtes arrivé à El-Heymer ?

M. le Lieutenant Garnier. — Sur le sol, la place n'était pas très nette, c'était tacheté. Mais le crime était déjà ancien.

M. l'Avocat Général. — Vous êtes arrivé le 7 novembre au matin à El-Heymer, et l'assassinat était du 29 octobre ?
Réponse — Oui.

Demande. — Avez-vous vu l'endroit où était le coffre-fort ?
Réponse. — Je me suis livré à une inspection minutieuse des lieux.

D. — Pensez-vous qu'une seule personne ait pu le sortir de l'endroit où il était ?
R. — Je crois que c'est absolument impossible ; il a fallu le rouler ou le traîner pour le sortir de la maison.

D. — Vous n'êtes pas allé à l'endroit où ont été découverts les débris du coffre-fort ?
R. — Je me proposais d'y aller, mais mon instruction a été arrêtée subitement.

D. — Le coffre-fort a été retrouvé finalement à une distance de deux ou trois kilomètres ?
R. — Plus que cela.

D. — En effet ; un berger a trouvé dans la brousse, à cinq kilomètres, des morceaux du coffre-fort.

M. le Lieutenant Garnier. — J'ai interrogé ce berger.

M. l'Avocat Général Arrighi. — L'instruction a commencé le 28 octobre ?

R. — Pas la mienne, mais celle de M. le Capitaine Guennebaud. Je n'étais pas à Oudjda à ce moment, j'étais à 150 kilomètres de là, et c'est sur télégramme que je suis revenu.

M. l'Avocat Général. — M. Guennebaud a entendu deux témoins dans un ordre d'idées tout particulier : M. Ledoux et
M. Ramon Pérès?

R. — C'étaient des gens du pays qui rapportaient des rumeurs
plus ou moins publiques.

M. le Premier. — Les assassins n'étaient-ils pas retournés
chercher des instruments dans la maison?

R. — Ceux qu'ils avaient n'étaient pas assez puissants ; on
n'a pas pu ouvrir le coffre-fort à cet endroit, et c'est à cinq kilomètres de là qu'on l'a défoncé.

M. l'Avocat Général. — Certains des accusés prétendent qu'ils
l'ont trouvé à cent mètres.

Votre instruction, Lieutenant, s'est arrêtée le 9 novembre?

R. — Ma comparution devant la commission d'enquête se
place le lendemain, à Oudjda. J'ai été très limité, vous le voyez.

M. l'Avocat Général. — Cette instruction n'a été reprise que le
23 mars.

Il s'est donc passé cinq mois avant la reprise de l'instruction.

M. le Premier. — Avez-vous des questions à poser, Monsieur
le Rapporteur?...

Et Monsieur l'Avocat Général?... (*Réponses négatives*).

M. le Général Toutée. — Vous entendez ce que dit le témoin?

M. le Premier. — Il confirme ce que nous savions déjà.

M. le Général Toutée. — Je tiens à faire confirmer par le témoin
qu'on ne lui pas a remis les papiers, et que, par conséquent, du
6 novembre au 25 mars, ces papiers sont restés sans être inven-
toriés, à la disposition d'un personnage qui les avait acquis de la
façon que je vous ai indiquée.

DÉPOSITION DE M. DRIOT

M. le Président pose au témoin les questions d'usage, dans les formes habituelles.

M. Driot, 26 ans, demeurant à Oudjda, « notable ».

M. le Premier. — La partie civile a fait assigner ce témoin...

Mᵉ Willm. — Nous avons assigné M. Driot parce qu'il a fait partie du tribunal consulaire d'Oudjda. Il a même fini par refuser d'y siéger, parce qu'il estimait que ce qu'on demandait de faire n'était pas compatible avec la dignité et la conscience d'un magistrat. Il a à ce sujet adressé une plainte à M. le Premier Président de la Cour de Cassation.

C'est sur cette plainte que je voulais l'interroger, afin que nous soyions édifiés sur la façon dont a fonctionné le prétendu tribunal consulaire d'Oudjda. Mais je suis le premier à reconnaître qu'après l'arrêt de la Cour, la question n'aurait plus qu'un intérêt rétrospectif et ne peut retenir votre attention. Dans ces conditions, étant donné que la lettre de plainte figure au dossier, je voudrais demander au témoin si, en ce qui concerne l'affaire Meyer, en dehors de toute question de procédure, il a, étant à Oudjda, entendu parler du crime d'El-Heymer, — s'il peut nous faire connaître la réputation dont jouissait le brigadier Meyer, et si dans les conversations qui ont été tenues autour de lui, il a appris quelque chose au sujet des mobiles du crime. Je désire écarter du débat tous les éléments qui ne cadrent pas avec mon procès.

M. le Président. — Vous avez parfaitement raison ; vous avez fait remarquer vous-même qu'il s'agit d'une délibération prise dans le sein même du tribunal consulaire ; il serait assez délicat pour nous de poser des questions au témoin, et il serait encore plus délicat pour le témoin d'y répondre. Ceci dit, les questions que vous posez sont tout-à-fait à leur place.

Le témoin habitait à Oudjda au moment du crime. Qu'a-t-il entendu dire ?

M. Driot. — Je ne pourrais pas dire grand'chose, Monsieur le Premier. J'ai entendu surtout des racontars de la ville ; mais je suis à peu près certain, je suis persuadé que les indigènes qui sont ici sont de bonnes gens (*sic*) que je connais, et qui sont, par le fait, de braves gens ; qu'ils sont innocents du crime horrible qu'on leur reproche. Je suis presque certain que s'ils n'avaient pas été poussés par d'autres, par un ordre supérieur, que si on ne leur avait pas presque donné un ordre formel...

M. le Premier. — Vous pouvez vous asseoir. Les accusés ont des avocats qui parleront peut-être avec plus de calme et plus d'autorité que vous ! Allez vous asseoir dans le public.

M. le Premier. — L'audience est suspendue.

(*L'audience, suspendue à 3 h. 50, est reprise à 4 h*).

M. le Président. — Vous avez la parole, Maître Willm, au nom de la partie civile.

Maitre MANDO

AVOCAT A LA COUR D'APPEL DE PARIS

SECRÉTAIRE DE M° ALBERT WILLM

PLAIDOIRIE DE Mᵉ WILLM

AVOCAT DE M. MEYER PÈRE, PARTIE CIVILE

Mᵉ Willm. — Messieurs, j'ai l'honneur de me présenter pour M. Meyer, comme partie civile au procès ; et je viens vous demander de vouloir bien nous allouer les conclusions qui ont été prises et déposées sur le bureau de la Cour par Mᵉ David, avoué occupant. Je me suis fait à moi-même la promesse d'être bref ; je tiendrai cette promesse. Je sens trop l'effort que ces audiences vous ont imposé, et je m'en voudrais véritablement de prolonger votre fatigue, alors surtout que je considère qu'à l'heure actuelle votre conviction, déjà établie à la suite de ces débats, n'exige plus un surcroît d'attention.

Vous connaissez l'affaire. Vous la connaissez admirablement ; vous en avez suivi tous les détails dans les audiences précédentes, et j'ose dire que mon rôle très modeste se bornera à vous en rappeler les grandes lignes.

Aussi bien n'est-il pas dans ma tâche de venir me dresser à cette barre pour requérir contre les hommes qui sont sur ces bancs ; la robe que nous portons nous prépare mal à ce rôle, et certes, je ne le remplirais ni avec l'éloquence ni avec l'autorité qu'y apportera tout à l'heure le magistrat chargé ici de requérir au nom de la vindicte publique.

Ce que j'ai à faire, c'est de vous dire d'abord pourquoi nous sommes à cette barre : vous le rappeler surtout. Et ensuite vous faire partager la conviction de l'avocat de la partie civile sur les responsabilités engagées dans cette affaire, au point de vue de l'accusation actuelle.

Je ne reviens pas sur ce que je disais, et la façon toute bienveillante avec laquelle la Cour m'écoutait au début de mes explications m'a prouvé que j'avais, dès la première minute, trouvé le chemin de vos cœurs.

Vous savez que je représente ici, en effet, un vieillard ; un vieillard de soixante-dix ans qui a vu dans une seule journée se produire pour lui, non point seulement la catastrophe la plus épouvantable, mais s'évanouir aussi les espérances qui animaient d'une foi vive et continue les dernières années qui lui restaient à vivre.

Alsacien d'origine, venu sur le territoire français pour être au milieu des siens, il avait eu la douleur de perdre successivement une de ses filles, la plus jeune, puis de perdre ensuite la compagne des bons et des mauvais jours d'une vie qui fut toujours honnête et qui fut toujours laborieuse. Deux enfants lui restaient : le brigadier Meyer, et une jeune femme, institutrice, chez laquelle il s'est actuellement réfugié, chez laquelle il vit ; veuve elle-même depuis cinq ans d'un sous-brigadier de douanes, élevant péniblement deux enfants, avec la pensée angoissante de se demander si son état de santé précaire lui permettra de continuer à remplir les modestes fonctions qu'elle occupe. Et ce qu'il y avait peut-être de plus beau dans l'union intime qui réunissait tous les membres de cette famille, c'est que Meyer, celui qui avait accepté de s'expatrier, d'aller là-bas, en Algérie d'abord, au Maroc ensuite, avait fait le serment devant les siens assemblés, qu'étant donné que la mort avait déjà si souvent frappé dans les rangs de ceux qu'il chérissait le plus, il resterait, lui, le soutien normalement et naturellement désigné en cas de nouveaux deuils pour venir en aide à ceux qui survivraient. Il avait fait le serment de ne pas se marier lui-même, de ne pas créer de famille, de ne point fonder de foyer ; non pas par sécheresse ou par indifférence de cœur, mais parce qu'il lui semblait que ce qu'il gagnait devait venir soulager les derniers jours du vieillard, les derniers jours aussi, peut-être, de sa sœur et de ses neveux. Il avait promis, devant les inquiétudes que cette jeune femme lui révélait parfois, que cette sœur chérie lui laissait entrevoir, il avait promis que si jamais le destin s'abattait sur cet être qu'il aimait tant, il deviendrait le tuteur naturel, le protecteur dévoué, se substituant au père et à la mère disparus pour veiller sur l'avenir de ces deux neveux qu'il chérissait.

C'est dans ces conditions que la famille Meyer apprit tout à coup le drame horrible de la nuit du 20 au 21 octobre 1911.

Ah ! Laissez-moi vous dire, Messieurs, que ce drame est peut-être un des plus épouvantables qu'il nous ait été donné d'entendre évoquer dans les audiences criminelles les plus émouvantes, lorsque viennent s'asseoir sur le banc des accusés les malfaiteurs les plus endurcis. Vous connaissez maintenant la scène dramatique, vous la voyez d'ici : dans cette petite maisonnette, perdue là-bas dans les confins qui séparent la zône espagnole de la zône française, un homme s'était couché ; il s'était couché pour prendre un repos mérité. Il avait pu le faire avec d'autant plus de confiance que tout ce qui existe dans le dossier, relativement à son caractère et à sa manière d'être, le peint comme un homme *estimé et aimé*, ayant su conquérir l'affection et la confiance de tous ceux qui vivaient autour de lui : il était naturellement *bon*, *serviable et dévoué*. Voilà en quels termes tous ceux qui ont déposé au cours des enquêtes successives, se sont exprimés sur le compte de Meyer : *Il rendait facilement service.*

. Lorsqu'on a voulu se préoccuper de savoir ce qu'il y avait de vrai dans une calomnie odieuse qu'on avait dirigée contre lui et qu'on avait essayé de jeter, à la fin de l'enquête, sur la mémoire de celui qui n'est plus, rappelez-vous que tous ceux qu'on a interrogés ont répondu : « Point du tout ! Meyer ? il ne venait même pas dans les gourbis, il ne s'approchait point de nos cases ». Et l'un des témoins a dit : « La seule fois qu'il s'est approché de nos gourbis, c'est un jour que je lui demandais l'emplacement où je devais placer le mien : c'est lui qui est venu me montrer l'endroit ».

Voilà l'homme. Il est confiant ; il est là dans cette maisonnette, d'autant plus rassuré, je le répète, qu'il ne craint rien et que d'autre part, s'il est armé par les soins de l'administration des douanes, par l'autorité française, il est entouré de gens qui sont ses collaborateurs et qui font partie du même service que lui. Tout à coup il entend un de ses hommes lui crier à travers la porte : « Lève-toi, voilà les goumiers de la douane qui sont là. Ils ont besoin de toi ». Et Meyer se lève, il ne prend même pas le soin de se vêtir complètement ; il ouvre la porte, et avant même qu'il ait pu se rendre compte de ce qu'on lui voulait, *il reçoit un coup terrible* qui l'atteint en pleine poitrine, qui perfore les intestins, déterminant une large plaie par où s'échappent les entrailles.

Il a néanmoins, cet homme qu'on vous a dépeint à juste titre comme étant doué d'une force peu commune, l'énergie nécessaire pour essayer d'étreindre l'agresseur qui vient soudainement de se dresser devant lui. Un corps à corps a lieu ; il crie (ceci est constaté dans la procédure). Pendant ce temps, dans l'écurie voisine, le chien qui, par des circonstances mystérieuses, ne se trouve pas comme d'habitude dans le poste, fait retentir de lugubres aboiements dans la nuit. Le corps à corps qui s'est engagé dure pendant quelques instants qui durent paraître singulièrement longs aux acteurs de cette scène dramatique ; finalement, Meyer, déjà grièvement blessé, *reçoit de nouveaux coups aussi terribles que le premier*. Ils lui ont été portés par *un second agresseur* placé derrière celui qui était engagé dans le corps à corps avec la victime ; et c'est ce qui explique les blessures faites à son complice par ce second agresseur. Le brigadier Meyer, malgré son courage héroïque, atteint les limites extrêmes de ses forces : il ne peut plus résister ; toute sa vaillance devient inutile, *il tombe à terre.* Et alors, froidement, sur ce malheureux étendu sans forces et privé de sentiment, un dernier et odieux attentat est commis : on lui ouvre la gorge d'un coup si violent que *la tête est presque séparée du tronc !*

Voilà, brièvement résumées, les différentes phases de la scène du crime. Crime épouvantable, crime abominable, qui jusqu'au lendemain restera inconnu.

Quels sont ceux qui l'ont perpétré ? Quels sont ceux qui sont les véritables assassins ? Ah ! Messieurs, laissez-moi vous dire que j'évoquais moi-même au cours de ces débats le souvenir d'une affaire qui certainement est présente à l'esprit des magistrats qui m'écoutent.

Ceux d'entre vous qui ont eu l'occasion de parcourir, dans nos recueils judiciaires, le récit si impressionnant et si dramatique d'une affaire célèbre qui s'est déroulée en Algérie, l'attaque à main armée de la diligence de Tlemcen par le capitaine Doineau, évoqueront facilement les silhouettes de ces Arabes que les comptes-rendus nous montrent comme changeant à chaque instant de système, mentant, se disculpant ou s'accusant successivement et mutuellement. Ceux d'entre vous qui ont conservé le souvenir des quelques illustrations qui accompagnent, dans l'édition des *Causes célèbres de tous les peuples*, de Fouquier, ne pourront se défendre d'un rapprochement qui s'impose. Je fais ici allusion à la réunion tenue la veille de ce crime, réunion au cours de laquelle le complot prit corps, où le mot d'ordre fut transmis aux conjurés par un être mystérieux venant parler au nom de celui qui, leur disait-on, devait les protéger contre toutes les recherches de la justice. Rappelez-vous la scène du serment où, inclinés sur un exemplaire du Coran, la main étendue pour jurer, ceux qui devaient être les complices du capitaine Doineau reçoivent la bénédiction avant d'aller accomplir l'œuvre de sang, l'œuvre de mort.

Malgré moi, je revoyais ces pages que l'on ne peut pas lire sans frissonner lorsqu'on a, comme vous l'avez tous et comme je l'ai moi-même, la curiosité de rechercher ailleurs que dans les romans et dans les écrits du jour, les traces, à travers l'humanité, des mêmes passions qui agitent les hommes.

Qui a armé le bras des assassins ? Je n'en sais rien pour le moment, mais là est la question vraiment grave de ce procès, et qu'il aurait fallu éclaircir à tout prix. Comment l'assassinat s'est-il accompli ? Je n'en sais que ce que l'instruction me révèle, et pour le moment, je me borne à voir ce qu'il y a dans cette instruction ».

Qu'y a-t-il dans cette instruction, Messieurs ? Il y a un fait qui domine tout le débat : C'est que deux hommes, incontestablement, ne peuvent pas échapper aux présomptions et aux preuves qui se sont accumulées dès la première heure contre eux.

L'un d'entre eux est Mohamed ben Mokhtar ; et ce qu'il y a peut-être de plus troublant dans cette affaire, c'est que celui sur lequel il semble que la surveillance de la justice aurait dû jusqu'à la dernière minute s'étendre avec un soin jaloux, est celui justement qui a pu s'échapper dans les conditions étranges qu'a rappelées M. le Conseiller rapporteur ! Non seulement il s'évade ; mais il s'évade dans les conditions que vous savez : il semble que sa fuite ait été préparée ; on dirait que là encore, la même protection soit venue le chercher jusqu'au fond de la prison du pacha où on l'avait enfermé.

Il est certain et incontestable que c'est lui qui a porté le premier coup, que c'est lui qui est venu frapper à la porte pour réveiller Meyer ; il est certain aussi qu'il n'a pas frappé seul le malheureux brigadier. Ce qu'il y a de particulièrement angoissant dans ce forfait, et ce que M. l'Avocat Général, avec sa grande expérience des affaires criminelles, rappelait à une audience précédente, c'est que, par une de ces coïncidences impressionnantes comme il s'en accumule dans cette affaire, c'est le matin même du jour qui précède la nuit où le crime va s'accomplir, que Si-Ahmed ben Mokhtar, qui ne voyait ses parents que de loin en loin, vient (dans des conditions qu'il a été impossible de déterminer) à El-Heymer. Pourquoi ? Le mobile de cette démarche n'apparaît pas clairement. Ahmed a, dans cette journée, des conciliabules secrets avec son frère, et son rôle semblera d'autant plus troublant et suspect que lui qui est le plus instruit de tous les accusés, lui qui est « *taleb* », il représente non pas seulement l'instruction arabe dans ce qu'elle a de littéraire ou de scientifique, mais surtout le côté un peu mystérieux et religieux de cette instruction telle qu'elle se transmet de génération en génération aux Arabes cultivés,

Il est venu là pour un motif qu'il n'a jamais voulu révéler ; il a eu avec son frère, loin de tous, des entretiens secrets. Que se sont-ils dit ? Que s'est-il passé ? Quel mot d'ordre est-il venu transmettre ? Je n'ai pas la prétention, Messieurs, de faire ici, avec les modestes moyens dont je dispose, ce que les uns ont essayé de faire mais ce qu'on ne leur a pas permis d'accomplir jusqu'au bout, et ce que d'autres volontairement n'ont pas fait, parce qu'ils ne voulaient ni la lumière ni la vérité.

Ce que je sais me permet seulement de dire qu'il est étrange de voir, sans motif apparent, sans explication raisonnable, les conciliabules de ces deux hommes dans la matinée qui précède le crime. Ce que je sais aussi, c'est que toutes les dénégations ne vaudront rien contre les constatations que je vais rappeler, et qui sont la démonstration évidente de la façon dont le crime a été accompli.

Je n'ai point la prétention de vous dire que les documents auxquels je fais allusion vous donnent l'explication complète du crime ; mais j'espère qu'ils vous sembleront suffisants pour établir d'une façon nette, en ce qui concerne les deux accusés dont je m'occupe (celui qui est en fuite et celui qui est ici), la part de responsabilité qui appartient à chacun d'eux.

Si je n'avais en effet, pour me guider, que les contradictions successives qui figurent dans le dossier, je pourrais avoir un doute, je pourais me demander où est la sincérité. Mais le rapprochement de deux pièces suffit à rendre vaines toutes les explications contraires.

Au lendemain du crime, l'autopsie du cadavre du malheureux Meyer est faite par le médecin militaire, qui a apporté dans l'accomplissement de sa mission le plus grand souci d'être, sur le ter-

rain de la science médicale, un auxiliaire utile de l'œuvre de la
la justice. Il ne s'est point contenté de relever les blessures, d'en
montrer l'importance, d'en déterminer le siège et surtout les
causes et l'origine. Il a décrit la nature de ces blessures : il
a démontré par ses commentaires judicieux qu'il fallait, pour
expliquer le siège et le nombre de ces blessures, qu'il y ait eu au
moins deux hommes ayant pris part à la scène de l'assassinat.
Il a en effet établi d'une manière péremptoire, ne laissant place
ni au doute ni à la discussion, que deux armes au moins avaient
frappé Meyer, déterminant chacune des blessures différentes.

Ce document médico-légal, d'une concision et d'une netteté
impressionnantes, était bien entendu resté entre les mains de
l'autorité militaire à laquelle il était destiné.

Pendant qu'avait lieu sur place l'enquête de l'officier rapporteur, pendant que l'autopsie était pratiquée par les soins du
médecin-major, le commandant dont dépendait le cercle d'El-
Heymer et qui se trouvait le plus rapproché de la zone espagnole
avait pris le soin d'envoyer, sur le territoire occupé par les
troupes espagnoles, un rekkas qui avait été lancé sur la piste
des assassins.

Ce rekkas est venu plus tard faire part à ceux qui l'avaient
envoyé du résultat de ses investigations, consigné d'abord dans
un rapport de l'officier qui l'avait détaché en mission et ensuite
dans une déposition où il a confirmé de la façon la plus absolue
toutes les constatations du dit rapport.

Que s'était-il passé ? Le rekkas s'était transporté dans la tribu
où s'étaient réfugiés les deux frères Mokhtar ; et ce qui donne
bien à son récit le caractère de la plus absolue sincérité, c'est
qu'il s'empresse tout d'abord de dire (ce qui ne surprendra personne), qu'il a été accueilli avec beaucoup de défiance ; au début les frères Mokhtar n'ont voulu avoir aucun rapport avec lui,
flairant en lui un adversaire, un ennemi, un danger. C'est alors
qu'il est entré en rapport avec le caïd chez lequel les assassins
avaient reçu l'hospitalité.

Ce qui démontre encore la sincérité de son rapport, c'est qu'il a placé dans la bouche du caïd cette phrase qu'on n'invente pas et qui est évocatrice de tout un état d'âme : « Qu'importe le meurtre d'un douanier français ! actuellement, ils n'ont rien à craindre, ils sont ici en territoire espagnol ! ».

Voici donc deux points du récit qui suffisent à préciser la valeur documentaire de ce qui va suivre.

Le caïd fait au rekkas un premier récit du crime en lui disant que les frères Mokhtar lui ont exposé les conditions dans lesquelles l'assassinat avait été commis ; Mohamed ben Mokhtar (celui qui est en fuite à l'heure où je plaide), s'est présenté et a frappé à la porte. Meyer est venu, il a été frappé d'un premier coup. Alors c'est le corps à corps, la lutte, les aboiements du chien, et puis Si-Ahmed voulant venir au secours de son frère et placé derrière lui (alors que Mohamed étant aux prises, Meyer se cramponnait à lui), ce frère frappant au hasard dans l'obscurité et atteignant Mohamed de deux blessures bien nettes et bien distinctes.

Si vous lisez le rapport d'autopsie, vous suivez pas à pas la scène ; vous la suivez instant par instant, minute par minute.

Est-ce tout, Messieurs ? Non ! lorsque quelques jours après les deux frères Mokhtar vont être livrés par les autorités espagnoles et vont venir s'expliquer sur le territoire français, ils seront soumis à une visite médicale des plus minutieuses. Que va révéler cet examen médical ? Tout d'abord que l'un des deux frères, Si-Ahmed ben Mokhtar (celui qui est présent devant nous aujourd'hui) ne porte aucune trace de blessure ; ensuite que Mohamed (celui qui est aujourd'hui en fuite) a reçu deux blessures aux endroits mêmes qui avaient été désignés à l'avance dans le rapport du rekkas !

Bien mieux (et ceci donnera sa physionomie définitive à tout le procès) : le médecin constatera que l'arme qui a provoqué les deux blessures reçues par Mohamed ben Mokhtar, est une arme semblable à celle qui a occasionné à l'infortuné Meyer les blessures *autres que celles* qui lui ont été faites par l'arme que portait son premier agresseur !

Ai-je besoin d'insister ? Est-ce que vous n'avez pas là, minute pàr minute, le récit de la scène du meurtre ? Non pas — je le sais bien, — le récit entier et complet de la tragédie dans ses origines et dans ses causes peut-être lointaines ; je suis persuadé en effet que nous ne tenons qu'une partie de la vérité, que ceux qui de loin ont dirigé les coups ne sont point encore connus à l'heure actuelle. Mais vous n'êtes point obligés, pour juger, d'avoir toute la vérité ; s'il en était ainsi, peu d'affaires pourraient être solutionnées par la justice ! Mais il suffit que vous ayez sur l'accomplissement même de l'assassinat des preuves nécessaires et suffisantes de culpabilité pour qu'il vous soit possible de statuer sur le sort de ceux qui vous sont déférés.

Continuons, si vous le voulez bien.

Les frères Mokhtar avaient raconté, si l'on en croit le rekkas, que Semghouni, l'interprète — celui qui sait parler français, ne l'oubliez pas, Messieurs, — avait ouvert la porte de communication entre les deux pièces : celle où il couchait et celle où se déroulait l'assassinat. Ce Semghouni est un homme plus habitué à nos mœurs que les autres indigènes ; quelles que soient les promesses qu'on aurait pu lui faire, peut-être n'aurait-il pas observé jusqu'au bout le silence fatidique et fanatique de ceux qui sont ici aujourd'hui. Cet homme, ayant déjà servi dans les rangs de la police, n'aurait peut-être pas hésité, lorsqu'il se serait trouvé en présence d'un péril immédiat et qui lui serait apparu comme définitif, à nous révéler tout ce qui reste encore d'obscur derrière le rideau qu'un avocat, à votre barre, essaie de soulever de ses faibles mains.

Ce Semghouni était là, couché, séparé par une simple cloison de planches, de la chambre où était le brigadier Meyer, et encore cette simple cloison était-elle percée d'un vasistas. Il est certain que dès le premier instant il a fort bien entendu ce qui se passait dans la chambre voisine ; il est incontestable qu'il a assisté à la scène. Je vais plus loin ; il semble difficile d'admettre qu'il n'y ait point pris part.

Il avait au début déclaré qu'il n'avait rien entendu, qu'il avait le sommeil lourd, qu'il avait eu la fièvre. Tous ceux qui ont eu à un titre quelconque à justifier de leur inaction coupable dans cette triste affaire, ont trouvé des motifs de ce genre : vous vous rappelez sans doute, au sujet de l'évasion de Mohamed ben Mokhtar, le gardien de la prison du pacha qui avait mal au ventre, et son subordonné qui avait mal à la tête (*Sourires*).

Semghouni, lui non plus, n'avait rien entendu d'après son premier interrogatoire. Or les frères Mokhtar, sur ce point, ont été très affirmatifs ; ils ont soutenu que l'interprète avait, à un moment donné, ouvert la porte, qu'il était venu voir ce qui se passait, et qu'ayant vu la scène qui se déroulait dans la chambre voisine, il avait immédiatement repoussé la porte et s'était enfermé. Ils ajoutaient qu'une fois le meurtre accompli, ils avaient frappé à la porte de Semghouni et lui avaient demandé la clef au moyen de laquelle ils avaient ouvert l'écurie afin de prendre le cheval sur lequel s'est enfui Mohamed ben Mokhtar.

Voilà donc la preuve que, pendant tout le cours de cette scène effroyable et sanglante, Semghouni a été mêlé à ses divers incidents dans des conditions justifiant toutes les hypothèses et autorisant tous les soupçons. Je vais plus loin : il ne s'est pas contenté d'avoir été mêlé à ces incidents ; c'est lui qui a ensuite facilité la fuite des assassins.

Dès le lendemain du crime, l'autorité militaire n'avait pas hésité à incarcérer Semghouni ; c'est ce que nous disait tout à l'heure le lieutenant Garnier, lorsqu'au cours de sa déposition, répondant à une interpellation de M. le Premier Président, il disait : « Semghouni n'a pas pu me servir d'interprète pour l'excellente raison que je l'avais moi-même inculpé ».

Mais dès que l'autorité militaire eut été dessaisie, dès que le prétendu tribunal constitué par les soins de M. Kammerer se fût emparé de l'instruction, immédiatement Semghouni a été mis hors de cause.

De sorte que nous assistons à un spectacle déconcertant : le principal accusé a vu la porte de la prison s'ouvrir devant lui, sans qu'il ait eu le moindre effort à faire pour reconquérir sa liberté ; tandis que celui qui avait été incontestablement l'un des complices, ou tout au moins l'un des personnages les plus suspects et aussi les plus utiles pour la recherche et la découverte de la vérité était mis hors de cause ; il est d'ailleurs impossible à l'heure actuelle de savoir sur quel point du Maroc on l'a dirigé.

Il y a là un fait intéressant et important qu'il était utile de signaler au passage.

Une fois le crime commis, que va-t-il se passer ?

Les assassins ont eu certainement pour complices actifs, au moins pour complices tacites et passifs ceux qui vivaient à ce moment soit dans le local occupé par le service des douanes, soit dans les gourbis voisins. Si vous examinez le plan qu'on vous a remis, en effet, vous serez certainement frappés de l'invraisemblance qu'il y a à admettre que tous ces gens aient pu ne pas être réveillés soit par les cris de douleur, soit par les aboiements lugubres, soit surtout par les allées et venues en pleine nuit des assassins et de leurs compagnons. Ajoutez à cette considération que les investigations de l'un des magistrats instructeurs ont établi qu'il faisait un superbe clair de lune, qu'il n'y avait pas le moindre vent, et que par conséquent toutes les allées et venues autour du poste ont dû attirer l'attention de tous ceux qui vivaient aux alentours.

L'infortuné Meyer abattu sur le sol, leur crime accompli, les meurtriers ont-ils le souci de fouiller leur victime, vont-ils commencer (si c'est le vol qui les a amenés là), par prendre ce qu'il leur est le plus facile de dérober, ce que leur victime a dans sa poche, ce qui peut être contenu dans les meubles ou dans les tiroirs, qui ne se défendent point contre les investigations et les effractions ? Pas du tout ! Meyer a dans la poche de son pantalon une somme de cinquante francs ; on la retrouvera le lendemain, personne n'y aura touché. Par contre (ce qui stupéfiera quiconque veut bien réfléchir), les assassins vont avoir la pensée étrange, l'idée folle d'emporter un coffre-fort qui pèse plus de deux cents kilos.

Il y a lieu de ne pas oublier (si la scène du meurtre s'était déroulée comme le prétendent les accusés) qu'il n'y avait à ce moment-là, pour enlever le coffre-fort, que deux hommes sur les lieux. Que dis-je, « deux hommes » : « *un seul homme !* » Pourquoi ? Parce que Mohamed a été si grièvement blessé par son frère, venu par derrière pour lui prêter main-forte dans son corps à corps avec Meyer, qu'il ne peut plus être d'un concours efficace ; il est immobilisé, réduit à l'impuissance, ne disposant d'aucun effort utile. Il ne reste donc plus qu'un seul homme, et cet homme, c'est Si Ahmed ben Mokhtar.

Que va raconter Si-Ahmed ? Oh ! après des réticences et bien des variantes ! vous sentez bien que je ne vais pas suivre les accusés dans chacun des interrogatoires qu'on leur fait subir. Je prends ce qui ressort avec netteté, comme pouvant être la version définitive, de leurs explications au cours des diverses instructions. Si-Ahmed déclare qu'il est allé à quelques kilomètres de là réveiller deux de ses cousins, qui sont les deux autres inculpés que vous voyez sur ces bancs, Abdelkader et Mohamed ben Ahmed. Il va leur dire : « Mon frère vient d'assassiner le brigadier Meyer, venez m'aider à le déménager ». Les deux cousins ont avoué, ne l'oubliez pas, et leurs dénégations à l'audience d'hier ne signifient rien, ne peuvent rien contre les aveux qui sont très nettement relevés dans la procédure. Bien plus ! Ces aveux ont d'autant plus d'intérêt et d'importance qu'ils ont été provoqués par les accusés eux-mêmes. Si vous vous reportez, en effet, aux procès-verbaux d'aveux, vous verrez que la première question qu'on leur pose est celle-ci : « Vous avez, dites-vous, des aveux à me faire. Quels sont ces aveux ? » Et c'est là qu'ils ont raconté l'un et l'autre séparément (car ils n'ont jamais pu arriver conjointement à s'entendre sur un point quelconque), qu'ils reconnaissaient, d'une façon très nette, qu'Ahmed ben Mokhtar était venu les chercher au milieu de la nuit.

Il y a plus encore. M. le Conseiller Laugier, dans son désir d'arriver à la découverte de la vérité, a envoyé plusieurs commissions rogatoires destinées à lui donner des indications précises au sujet de certaines constatations matérielles. J'avoue qu'il n'est point très commode, pour un magistrat siégeant à Aix, d'obtenir des renseignements par commission rogatoire émanée de la Cour criminelle des Echelles du Levant et des Etats barbaresques ; mais cet effort de M. le Conseiller Laugier était tout à fait digne d'éloges et on ne peut rien lui reprocher ; car si la lumière n'a pas été faite complètement, ce n'est certainement pas à lui qu'en incombe la responsabilité.

M. Laugier s'est donc efforcé de savoir si les premières dénégations des accusés pouvaient être considérées comme ayant une valeur quelconque ; et alors c'est avec juste raison que le magistrat instructeur disait à Abdelkader et à Mohamed ben Ahmed, qui niaient, au début, être allés ensemble et sur le conseil de Si-Ahmed s'emparer du coffre-fort : « Comment voulez-vous qu'au milieu de la nuit on soit venu prendre la mule de Moulay Amar, sans que vous et lui ayez rien entendu ? Vos gourbis sont en torchis, tous les bruits se perçoivent admirablement dans la nuit, et vous couchez à côté de la porte ». Et les accusés de répondre imperturbablement : « Pas du tout ! Nos gourbis sont éloignés les uns des autres et nous ne savons pas ce qui se passe chez les voisins ».

Reportez-vous alors à ce supplément d'enquête de M. le Conseiller Laugier et vous verrez que l'une des constatations faites au cours des commissions rogatoires et sur lesquelles il a insisté pour en bien marquer l'importance dans ses interrogatoires ultérieurs, c'est que les gourbis étaient, au contraire, très rapprochés les uns des autres. Et il pouvait dire aux accusés : « Contrairement à ce que vous m'avez raconté (je viens de recevoir la réponse à l'une de mes commissions rogatoires), vous logez les uns à côté des autres, tous vos gourbis se touchent et tout ce qui se passe chez l'un est fatalement connu de l'autre ». En présence de ces constatations, les accusés ont été contraints de reconnaître qu'ils avaient menti.

Ceci, Messieurs, vous indiquera quelle est la valeur de leurs déclarations et de leur système de dénégations. Si-Ahmed ben Mokhtar, lui, a reconnu dès la première heure qu'il était allé chercher ses deux cousins, que ses deux cousins l'avaient suivi, qu'ils étaient accompagnés d'une mule ; et que les deux hommes et la mule s'étaient rendus à l'endroit où se trouvait alors le coffre-fort.

Là, Messieurs, surgit un point délicat à examiner.

Je ne crois pas du tout, pour ma part, que ce soit à l'heure indiquée par le premier accusé dans sa réponse aux interrogatoires, qu'on est allé chercher les deux cousins ; mais peu m'importe. Ce dont je suis encore bien moins convaincu, c'est que ces cousins se soient arrêtés, comme ils le prétendent, sur le bord du canal d'irrigation. Je persiste à croire que guidés par Semghouni, aidés par les gens du poste de la douane (car il fallait tous leurs efforts combinés pour obtenir le résultat qu'ils ont atteint), ils ont pénétré dans la maison du crime, soit pendant, soit après l'assassinat ; ils ont commencé par s'emparer du coffre-fort, qu'ils ont dû rouler, non sans peine, jusqu'au canal d'irrigation. Arrivés là, s'apercevant qu'ils étaient impuissants à défoncer et à forcer ce coffre comme ils en avaient l'intention, ils lui ont fait franchir une deuxième étape, celle qui l'a porté à quatre ou cinq kilomètres de là, où il a été, finalement, défoncé.

Sur ce point ils sont d'ailleurs entrés dans la voie des aveux. Point de doute : ils ont reconnu que le coffre avait été forcé en leur présence, qu'il avait été complètement vidé de son contenu, que l'argent avait été partagé entre eux. Ils ont même ajouté (et c'est ce qui reste comme étant le plus troublant dans tout ce drame) que tous les papiers avaient été brûlés.

Tous les papiers ? Quels papiers ? Et avec quel soin il les ont
brûlés ! Vous savez, Messieurs, combien il est difficile de détruire
intégralement des papiers. Il a pu nous arriver, aux uns et aux
autres, d'avoir chez nous l'occasion de brûler des papiers devenus inutiles, des enveloppes, des vieilles lettres. Jetez tout
cela dans un foyer, même ardent ; si vous voulez que le papier
disparaisse sans laisser de traces, vous êtes obligés d'entretenir
le feu, de l'attiser constamment, de le surveiller sans répit, car
il semble que les papiers se prêtent une assistance mutuelle pour
se défendre les uns les autres contre l'atteinte de la flamme. Il
faut donc admettre que, pour qu'il ne soit resté aucune trace de
l'incendie des papiers du coffre-fort, ces hommes aient vraiment
senti que la mission qui leur avait été confiée revêtait une importance exceptionnelle, qu'elle exigeait impérieusement la
destruction totale ainsi qu'ils l'avaient promis, destruction qui
ne devait laisser aucune trace, même la plus minime, des papiers contenus dans le coffre-fort. Quels étaient donc ces papiers ?
C'est la question qui reviendra sans cesse à la pensée de tous
ceux qui auront suivi avec soin les multiples incidents de ce
drame horrible. Ces papiers ne gênaient en rien les assassins ;
ils n'avaient pour eux aucune importance ; il leur suffisait de les
jeter aux quatre vents, de les abandonner dans la brousse s'ils
voulaient à tout prix s'en débarrasser ; il n'y avait, *pour eux*,
rien de compromettant dans ces papiers, car ils ne pouvaient
à aucun titre mettre sur la trace de ceux qui avaient commis le
crime. Et cependant, alors qu'ils viennent de commettre un abominable et lâche assassinat, alors que, par la nuit claire, ils courent le risque d'une surprise ou d'une délation ; alors que les instants, que les minutes sont pour eux d'autant plus précieux qu'ils
ne peuvent assurer leur sécurité que par une *fuite rapide*, ils s'arrêtent, *allument un feu* qui à lui seul pouvait être la cause de leur
perte, et détruisent entièrement ces papiers !

Et alors, de nouvelles variations surgissent entre les accusés.
Toutefois, dans leurs intervalles de sincérité, les uns et les autres

sont obligés de reconnaître le fait du partage entre eux de l'argent volé.

Et les fusils ?... Ils avaient commencé par dire que les deux frères avaient emporté tous les fusils. Car veuillez retenir, Messieurs (et si je ne vous l'ai pas dit plus tôt c'est parce que jusqu'ici ma discussion ne m'avait point amené à en parler) : on ne s'était pas contenté de s'emparer du coffre-fort et des papiers ; on avait volé aussi les quatre carabines du poste qui auraient dû constituer pour le brigadier Meyer la sécurité, qui auraient dû lui assurer la vie sauve, et qui, hélas ! n'ont été retrouvées qu'entre les mains de ceux qui l'avaient lâchement assassiné : ces quatre carabines furent découvertes plus tard dans une meule de foin qui se trouvait tout près de la demeure du père des Mokhtar.

Par conséquent, sur ce point, pas de discussion possible. L'accusation est nette, précise et catégorique : lorsque le coffre-fort a été défoncé, lorque les papiers ont été brûlés, lorsque l'argent a été partagé, les deux frères Mokhtar sont partis l'un sur un cheval (qu'il avait pu prendre dans l'écurie du poste, grâce à la clef que lui avait donnée Semghouni), l'autre sur la jument qui appartenait certainement à son père et qu'il avait amenée dans l'intention de s'en servir pour fuir.

Telle a été, dans ses grandes lignes et dans ses grands détails, la scène du crime.

Les deux frères Mokhtar s'étant réfugiés en territoire espagnol, furent arrêtés quelque temps après et remis aux autorités françaises. Vous connaissez les incidents d'une procédure bizarre qui ont eu pour résultat de faire de cette affaire criminelle une des plus mouvementées et des plus étranges qu'on ait vues se dérouler dans une enceinte de justice.

Quelle est la part de responsabilité de chacun des accusés ? C'est à vous, Messieurs, qu'il appartiendra de le dire définitivement dans votre haute sagesse, dans votre désir évident de justice et d'équité.

Mais il est encore, sur ces bancs, deux autres accusés dont je n'ai pas ou peu parlé jusqu'à présent. Vous ne serez pas surpris si je ne puis me défendre d'un sentiment de tristesse en songeant que les deux derniers accusés que je vois assis devant moi sont deux vieillards, deux vieillards arrivés à l'extrême limite d'une existence longue et pénible. Je ne puis pas oublier que je porte moi-même la parole à cette barre pour un vieillard en deuil, pour un vieillard qui pleure son fils lâchement assassiné, et s'il était là, je me demande s'il pourrait se garder d'une sympathie instinctive pour ceux qui, comme lui, sont au déclin de leur vie, et dont les jours, on peut le dire, sont dès maintenant comptés. Aussi vous ne serez point étonnés si je vous demande la permission de ne point insister sur les faits de l'accusation en ce qui les concerne.

Quel a été le rôle de l'oncle Moulay-Amar, quel a été le rôle du père Mokhtar ben Abdelmoumen ? Vous aurez à apprécier les éléments sur lesquels on vous demande d'asseoir votre conviction.

Il est certain — cela n'est pas contesté — que la mule appartenait à l'oncle. Il est incontestable également que c'est cette mule qui avait servi à transporter le coffre-fort. Mais dans quelle mesure et comment Moulay-Amar a-t-il collaboré ou coopéré aux divers incidents de la nuit tragique ? Je n'en sais rien : je n'en trouve aucune trace précise dans le dossier. Il vous a répondu, quand vous l'interrogiez : « Ma mule erre la nuit en liberté, ils l'ont prise en dehors de moi et malgré moi ! ». Sait-il dans quel but on s'était emparé de cette mule ? a-t-il même su qu'elle eût disparu dans la nuit ? Je l'ignore. Vous verrez dans quelle mesure il vous sera permis de suivre l'accusation sur ce terrain.

Quant à Mokhtar ben Abdelmoumen, songez que ce vieillard est déjà accablé par la douloureuse surprise, au déclin de ses jours, (alors que sur lui-même les renseignements au point de vue moralité et honnêteté sont excellents de tous points), d'apprendre que deux de ses fils, dont l'un est en fuite et dont l'autre comparaît devant vous, sont des assassins poursuivis pour un crime qui peut entraîner pour chacun d'eux le châtiment suprême, la peine de mort. Peut-on, vraiment, le rendre responsable du seul et unique fait que les fusils étaient cachés sous une meule de foin à proximité de son douar ? Vous aurez à vous prononcer, Messieurs. Est-il possible de retenir davantage contre lui le fait que l'argent qui aurait été enterré sous un palmier, en un lieu dont il aurait connu l'emplacement exact pendant sa détention dans la prison où se trouvaient ses fils, a disparu depuis sa mise en liberté provisoire ? Peut-on retenir contre lui cet autre fait que lorsque l'un des deux cousins, Abdelkader je crois, eut conduit le consul devant la cachette où l'on croyait découvrir l'argent volé et lorsqu'on eut constaté qu'il n'y avait plus rien, les femmes du douar déclarèrent spontanément : « Il est inutile de chercher ! vous ne trouverez pas l'argent, c'est le père Mokhtar qui l'a pris » ?

Autant de questions que je n'ai point à trancher et que je laisse à votre sagesse, à votre prudence, le soin d'éclairer et de résoudre.

Vous verrez ce que vous devez faire. Pour moi, ce que je retiens comme définitivement établi par l'accusation, c'est la *participation active et nettement démontrée à l'assassinat* lui-même et aux actes qui l'ont précédé et suivi, *du premier des accusés* assis sur ces bancs, ainsi que des *deux autres complices* qui ont pris place à ses côtés.

Vous aurez à vous préoccuper (mais ceci ne rentre pas dans mon rôle d'avocat de la partie civile) du degré de responsabilité et de culpabilité de chacun d'eux. Vous aurez enfin à appliquer en toute indépendance et en toute autorité des dispositions de la loi pénale ; c'est à M. l'Avocat général que revient la mission de prendre, au nom de la vindicte publique, telles réquisitions qu'il lui plaira.

Ce que je tiens à déclarer en terminant, tout en m'excusant

d'avoir dépassé de quelques minutes le temps que je m'étais
assigné, c'est que, profondément ému par ces débats douloureux,
je m'en remets entièrement à votre justice du soin de statuer sur
le sort de ceux qui vous sont déférés.

*Quelle que soit votre décision, elle ne pourra pas apporter les
sanctions complètes et définitives.* Vous savez que cette affaire ne
se présente pas entière devant vous ; vous le sentez. Vous
n'ignorez pas que si vous n'avez pas fait droit à nos conclusions,
c'est parce que, pour le moment au moins, vous ne pouviez pas
nous suivre jusqu'au bout. Vous avez cru devoir, vous plaçant
sur le terrain du droit, nous faire application d'une jurisprudence
que je n'ai pas à qualifier et devant laquelle je m'incline ; mais
peut-être me sera-t-il permis de dire qu'au fond de vous-mêmes
vous sentez bien qu'en fait *c'est nous qui avons raison.* Quel que
soit votre verdict, vous avez le pressentiment qu'il restera toujours comme *l'ombre d'un mystère projetée sur cette affaire.* Il
apparaîtra à beaucoup que la mémoire du fonctionnaire sans
peur et sans reproche que pleure le vieillard désespéré que je
représente ici n'aura pas été complètement vengée du lâche
attentat commis sur sa personne ; il semblera, en effet, que si
ceux qui ont porté les coups mortels sont sur ces bancs, celui
qui a été l'âme, *l'instigateur et l'inspirateur du drame,* ou ceux
qui, avec lui ou derrière lui, ont armé le bras des assassins, *ne
sont point devant la justice* à l'heure du règlement des comptes.
C'est peut-être ce qu'il y a de plus triste et de plus grave dans
l'application qu'on vous demande de la loi qui, dans la procla-
mation du jugement, devrait être égale pour tous. (*Longue sensation dans l'auditoire*).

RÉQUISITOIRE
DE M. L'AVOCAT GÉNÉRAL ARRIGHI.

M. l'Avocat Général. — Messieurs, il y a plus d'un an, un modeste mais digne et loyal serviteur de la France tombait assassiné sur les confins algéro-marocains ; on peut ajouter qu'il tombait dans l'exercice de ses fonctions et en essayant de remplir un acte de ces fonctions mêmes.

Vous savez dans quelles conditions les assassins l'ont attiré sur la porte de son bureau. Il était couché ; il jouissait d'un repos bien gagné, lorsqu'on vint lui crier du dehors quelques mots pour une affaire de service. Toujours zélé, il sauta de son lit en bras de chemise, et sans même se donner le temps de s'habiller, courut à la porte pour aller là où son devoir l'appelait. Derrière cette porte, deux hommes se tenaient blottis ; et, parmi ces deux hommes, il y en avait un qui était sous les ordres de Meyer, il il y avait un de ses douaniers, dont il avait reconnu la voix et à l'appel duquel il s'était rendu. C'est celui-là qui, aidé de son frère, posté derrière la porte, attendait la victime ; à peine cette victime se présentait-elle qu'il se précipitait et l'éventrait ! Meyer, surpris, essaie de se défendre ; et alors, Messieurs, s'engage cette lutte sauvage de ce frère qui vient à côté du douanier Mokhtar, une arme à la main lui aussi, s'acharner sur un homme seul. A cet homme sans défense, on ouvre le ventre, on coupe la gorge ; et lorsque dans la lutte, on craint qu'il ne puisse pas mourir assez vite, on s'acharne sur lui au point que lorsque le médecin viendra le lendemain relever sur son cadavre les blessures faites, il constatera neuf coups de couteau, neuf coups de stylet.

Je n'ai pas à dramatiser un crime pareil ; il se dramatise tout seul. Ce que j'en dis là, c'est pour vous montrer simplement toute son horreur, qui vous a dès longtemps frappés : un homme a été traîtreusement, lâchement, abominablement assassiné, et cet homme ne méritait en rien le sort qui l'a frappé.

Il était non seulement *un digne serviteur de la France*, mais il était, on peut le dire, le *père de ses subordonnés* ; il suffit de jeter les yeux sur la procédure, de lire ce qu'est ce douanier si attaché à son bureau pour comprendre combien est grande la responsabilité qu'ont encourue les assassins, et quel châtiment exemplaire ils ont mérité.

Voyons ce qu'ont dit tous ceux qui étaient en rapport avec Meyer, ce qu'ils ont dit de sa bonté, ce qu'ils ont dit de sa bienveillance et de son affabilité.

Chacun déclare : « Meyer était un brave homme, aimé de tout le monde ; il faisait beaucoup de bien aux indigènes, qui pourront le certifier ». Et les indigènes le certifient.

C'est le nommé : Chali Oud Saïla : « J'aimais beaucoup le brigadier qui m'avait protégé un jour que j'avais été maltraité. Il s'est plaint au caïd des Beni Mamouch. Il me donnait parfois des sous ; il n'était pas méchant envers les gens, et j'ai eu beaucoup de peine, comme bien d'autres, quand on m'a appris cette mort ».

C'est un de ses subordonnés indigènes : « Je ne l'ai jamais entendu se disputer, il était bon, il nous prêtait de l'argent. La seule fois qu'il s'est approché de nos gourbis, c'est le jour où il m'a montré l'endroit où je devais construire le mien ».

C'est Mohamed ben Imari : « Que pensez-vous, lui demande-t-on, du brigadier Meyer ? Réponse : Nous le considérions beaucoup parce qu'il était gentil ; il ne venait jamais chez nous, et nous laissait bien tranquilles. Il nous prêtait de l'argent quand nous en avions besoin. Je ne l'ai pas vu dans les gourbis ; cela me paraît impossible, parce qu'il n'en approchait jamais. Mohamed m'a dit qu'il était très bon pour tout le monde ; qu'il prêtait souvent de l'argent aux douaniers qui en avaient besoin ; et pour mon compte personnel je puis dire qu'il a été toujours généreux pour moi. Oui, il prêtait de l'argent, il en a prêté à diverses reprises. Entre autres, à la fête du Rhamadan, Mohamed a chargé

Semghouni d'expliquer au brigadier qu'il avait besoin d'argent pour la fête, et il en a reçu dix francs ».

Et quel était, Messieurs, ce Mohamed qui empruntait dix francs à Meyer ? Ce Mohamed, c'est son assassin ! Voilà l'homme au sujet duquel la justice va enfin avoir à prononcer son mot.

Elle ne pourra pas atteindre en ce moment tous ceux qui ont participé à ce crime ; n'oublions pas que la justice, parfois lente, voit quelquefois son heure arriver ; tardivement, mais elle l'entend sonner. Aujourd'hui, je n'ai à requérir que contre ceux qui sont devant vous.

J'ai à me demander d'abord, étant donné le crime accompli, quel est le mobile qui a pu armer leur bras. Je me demanderai ensuite quelle est la responsabilité qui pèse sur chacun d'eux.

Vous savez (je viens de vous l'indiquer), dans quelles conditions ont été commis les actes matériels du crime lui-même.

Ce crime est-il né, a-t-il germé dans la tête de ces assassins à l'heure même où il a été commis ? Il est permis d'en douter. Aucune circonstance, aucun événement, aucune cause immédiate n'a pu le précipiter, leur armer le bras ; je veux dire aucune cause venant de Meyer lui-même !

La journée s'était passée tranquille ; aucun incident n'était survenu entre Meyer et les hommes de la douane qui l'entouraient. La veille même, il était allé à Port-Say ; on l'y avait vu le jour du crime ; quelques minutes ou quelques heures avant qu'il ne fût tué, il avait encore fait une bonne action : un de ses hommes avait la fièvre, il lui avait donné de quoi se soigner ; donc, aucun incident dans la journée, aucun incident dans la soirée ; et tout le monde, s'il faut en croire les dépositions qui sont dans la procédure, s'était tranquillement couché sans aucune crainte d'événement tragique pour la nuit.

C'est alors, Messieurs, qu'un homme se réveille et que l'idée lui traverse l'esprit d'aller assassiner le brigadier Meyer. Pourquoi ? *Parce qu'un chien l'aurait mordu !* Interrogeons les hommes du poste, pour savoir si, en effet, le chien de Meyer a mordu

Mohamed ; et nous trouvons simplement, dans la déposition de l'un d'eux, qu'un jour (mais il y a bien longtemps de cela), le chien de Meyer a arraché un fragment du burnous de Mohamed. Ce n'est donc pas le souvenir à long intervalle de ce lambeau de burnous arraché par le chien qui a réveillé à un moment donné Mohamed en sursaut, et qui a armé son bras.

Lorsque Mohamed et Si-Ahmed seront ramenés par les autorités espagnoles en territoire marocain sous la domination française, ils seront, comme vous le savez, enlevés ou amenés la nuit (c'est un grand honneur pour eux !) dans l'automobile de la douane, eux les assassins du douanier ; ils seront conduits à Oudjda et seront interrogés par le représentant consulaire. Alors, intervient une nouvelle indication du mobile qui a armé le bras des Mokhtar. Ce mobile, ce serait *la jalousie* ; Mohamed déclare que Meyer obsédait sa femme ; Meyer « pénétrait dans son gourbi en son absence », et il l'a « assassiné par jalousie ».

A quel moment s'étaient donc passés ces faits, que Mohamed attribue à Meyer? sont-ils récents ? Avait-il, par exemple, surpris dans la journée sa femme en tête à tête avec Meyer ? Aucune précision ; il a « dit », et ne sort plus de là. D'explications il n'en donne pas, et lorsque sur ce point encore, on questionne ceux qui entourent le poste d'El-Heymer, on interroge ces douaniers, qui ont dit de leur brigadier ce que je vous ai rapporté tout à l'heure, il est fait allusion à la réserve absolue du chef en ce qui concernait les demeures de ses hommes. Tous ont déclaré que jamais Meyer ne pénétrait chez eux. Il y en a même un qui a dit : « Il m'a simplement, un jour, indiqué l'endroit où je devais construire ma hutte ».

Ainsi, *rien*, à El-Heymer, ne vient confirmer cette accusation de Mohamed, ce mobile qu'il attribuait au crime ; sauf un événement ancien et sans portée, nous ne trouvons rien dans l'attitude de Meyer — à l'encontre des Arabes —, qui ait pu provoquer la jalousie ou le ressentiment de Mohamed.

Si donc aucun évènement actuel n'est venu armer son bras, il est absolument impossible d'admettre ce que Mohamed a soutenu et ce que Si-Ahmed soutient, c'est-à-dire que ce crime n'a pas été *préparé* par eux et que Mohamed l'a commis sous une impulsion instantanée, dans la nuit du 20 au 21 octobre 1911.

Un mobile a armé le bras de ces hommes. Quel est-il ?

Il y a, dans la procédure, un *fait matériel*. Ce fait matériel, c'est le vol qui a suivi.

Ce vol a-t-il été le mobile du crime, ou bien le coffre-fort n'en a-t-il été que la récompense ?

Sur ce point je ne puis rien affirmer ; sur ce point je ne puis donner à la Cour aucune indication précise, aucune indication sur laquelle la justice puisse se baser. Mais je dis que le crime était prémédité ; qu'il ait eu le vol pour mobile ou que les assassins aient obéi à un mobile tout autre (en dehors des deux que je vous ai indiqués et qui ne sont pas admissibles, car tout le dément dans la procédure), ce n'est pas instantanément que l'idée du forfait a surgi dans leur cerveau ; ils n'ont pas rêvé soudainement qu'il fallait, pour être agréable à Dieu ou à Mohamed (celui dont Allah est le prophète), assassiner le brigadier Meyer. Est-ce que je dis cela à la légère ? Est-ce que je n'ai pas dans la procédure des éléments suffisants, précis, matériels, pour affirmer qu'il n'a pas pu en être ainsi ?

On trouve, Messieurs, dans la famille de Mokhtar, un lettré ; un homme qui, par ses connaissances, sort du commun. Cet homme, c'est Si-Ahmed. Il avait sollicité un poste de cadi ; c'est-à-dire la seule place qui existât dans la région d'El-Heymer. Sa demande remontait à plus d'un an ; elle n'avait pas reçu satisfaction. Lorsque nous voulons savoir d'où venait Ahmed, le père nous répond : « Ahmed ? Je ne l'ai pas vu depuis quelque temps ; mais il circulait de Saïd à Berkanne, à la recherche d'un poste de cadi ». Il était donc en instance et faisait des démarches pour obtenir ce poste. C'est dans ces conditions qu'Ahmed arrive à El-Heymer dans la matinée du 20 octobre 1911.

Appelé à s'expliquer sur le motif de cette visite à son frère, il n'a pas pu le préciser et est en désaccord avec Mohamed. Il nous a déclaré qu'il s'était disputé avec son père, depuis quelque temps, et qu'il ne le voyait plus, alors que son frère dit, dans un de ses interrogatoires : « Je crois qu'il venait chercher ses papiers ».

Mais ce qu'il y a de certain, c'est qu'il est arrivé dans la matinée du 20 octobre vers onze heures. On l'a aperçu avec son frère ; ils sont sortis ensemble. Ils ont été vus se dirigeant du côté où, le soir, allait se trouver le coffre-fort après la première tentative d'effraction. On les a vus rôder autour du poste et le contourner. Nous savons aussi que le soir ils ont pris ensemble leur repas.

Leurs contradictions au sujet de cette arrivée nous permettent de supposer qu'elle n'est pas étrangère au crime. Et du reste — c'est encore une coïncidence si vous voulez, mais dans ce procès sur beaucoup de points nous sommes obligés de nous contenter des coïncidences, sans chercher même à leur attribuer toute la portée qu'elles semblent avoir, parce que ce ne sont que des coïncidences — ; ce qu'il y a de certain, c'est que, comme je vous l'ai dit, sans raison déterminée, le crime est commis alors qu'Ahmed, venant de je ne sais où, est à El-Heymer, et après que les deux frères se sont promenés longuement, explorant les lieux.

Nous savons encore, par la femme très discrète de Mohamed, que le soir, quand elle leur a servi le dîner, ils ont causé ensemble en un « aparté » dont elle n'a pas naturellement pu saisir le sens.

Il s'agissait pour eux de tuer Meyer dans le poste, à côté d'un gardien de ce poste. Le brigadier était un homme solide, un homme courageux ; on ne pouvait pas aller là sans précautions, on ne pouvait pas y aller aussi facilement que s'il avait été question de se poster derrière un mur ou un tronc d'arbre pour attendre quelqu'un au passage et lui tirer un coup de fusil ou lui plonger un couteau dans le dos ; pour attaquer Meyer face à face dans ces conditions, des précautions étaient donc nécessaires. Et surtout un homme ne pouvait pas se réveiller la nuit et se dire tout d'un coup : « Tiens, je vais aller frapper à la porte du brigadier et je le tuerai dans son poste », car Meyer avait son revolver sur sa table de nuit.

Tout cela, Messieurs, suppose une préparation antérieure, des calculs, des précautions : une entre autres, celle de ne pas aller seul s'exposer ainsi à attaquer chez lui un homme qui dispose de quatre carabines et d'un revolver, un homme qui a vécu au milieu du danger et qui ne le craint pas.

Donc, de ce chef encore, il a fallu préparer le crime, il a fallu prendre des précautions ; il a fallu s'assurer qu'on réussirait, et qu'au lieu de faire une victime, on ne tomberait pas victime soi-même.

Et puis, il y a autre chose. Il fallait prévoir le cas où l'évènement ne se produirait pas tel qu'on l'espérait et où l'on ne pourrait pas rester là, tranquillement, à côté du cadavre, jouant la comédie tragique, après avoir assassiné cet homme. On a donc soin de donner au cheval qui devait être utilisé pour la fuite éventuelle une ration d'orge supplémentaire. Or, on voit Mohamed aller, à 7 heures du soir, emprunter dans le café voisin du poste une ration d'orge évidemment destinée à son cheval.

D'après les deux accusés, eux-mêmes, ils sont rentrés chez eux à six heures. Chez eux ? Oh ! à quelques pas du poste. Chez eux, au milieu de tous leurs camarades ; et nous savons, malgré la discrétion qu'elle a observée, que c'est la femme de Mohamed qui a servi à tous les deux le repas ; elle prétend qu'ils ont mangé *toujours ensemble* : de même qu'ils avaient tous les deux dans la journée circulé autour du poste comme pour explorer les environs, de même qu'ils avaient eu ensemble une conversation mystérieuse à la porte du gourbi, — là encore, après avoir dîné en tête à tête, ils ont conversé tous deux à côté du gourbi de la femme de Mohamed ; c'est encore tous les deux, s'isolant de la famille, qu'ils sont allés se coucher dans le gourbi voisin, à les en croire.

Ainsi donc, il ne faut pas admettre un seul instant que l'idée du forfait a germé soudainement et que le crime a été exécuté aussitôt ; les précautions étaient prises, le plan était tout dressé, et il devait s'exécuter. Ils ont dit que Dieu l'avait voulu. Ils doivent bien reconnaître qu'il a bien fallu Dieu pour que l'un des frères blessât l'autre, et que c'est encore Dieu qui a voulu que ce lâche et infâme assassinat ne restât pas impuni.

Ici, nous n'avons qu'à laisser la parole à l'accusé Mohamed. Il prétend en effet s'être levé vers neuf heures, onze heures ou minuit — il n'est pas très précis, — et dit être allé seul vers le poste. Il reconnaît qu'il a appelé Meyer pour une affaire de service et il ajoute : « Dès qu'il a ouvert la porte, je lui ai plongé mon couteau dans le ventre ». A part cela, il feint d'être fortement embarrassé pour expliquer les circonstances qui entourent et les circonstances qui suivent le crime.

En ce qui concerne Ahmed, ai-je besoin de longs efforts pour vous prouver la part qu'il a prise à cet assassinat ?

Vous connaissez aussi les versions qui ont successivement été données par les deux frères en pays marocain d'abord, et ensuite aux autorités françaises.

Je n'ai pas besoin, Messieurs, pour être assuré que vous m'accorderez la répression que je demande, d'en dire davantage au sujet du mobile qui a armé le bras de ces hommes. J'arrive à l'exécution du crime. Il me suffit de l'examiner avec les faits qui l'accompagnent et avec ceux qui la suivent.

Vous n'entendez pas que je fasse mienne l'opinion qui a été émise par le dernier témoin que vous avez entendu, « que vous n'avez à juger là que de braves gens, et que du moment où ils ont assassiné Meyer, si on admet que ce soit pour le compte d'autrui, ils ne sont dignes que de pitié ». Qu'on assassine pour soi ou qu'on assassine pour les autres, lorsqu'on assassine on est coupable au même degré, sinon plus.

Il est à regretter que les bras *seuls*, dans les circonstances dont nous nous occupons, aient à répondre de leurs actes devant la justice ; mais ces instruments n'en sont pas moins responsables, et responsables au degré suprême. Tout ce qu'on peut regretter, s'il y a d'autres responsabilités, c'est qu'elles ne soient pas judiciairement en jeu ; mais cela peut-il atténuer en quoi que ce soit la responsabilité de ceux que vous avez à juger, étant donné le crime et étant données ses circonstances ?

Ces arabes sont accusés d'assassinat prémédité, de meurtre prémédité et accompli avec guet-apens. Ils sont en outre accusés du vol d'un coffre-fort et de l'argent qu'il contenait, ces deux crimes étant concomitants.

Ce que j'ai à établir, c'est que l'accusation est fondée et que la procédure ne laisse aucun doute sur les charges qui pèsent sur les accusés. J'envisage donc l'exécution.

Meyer est tué. Le meurtre ou l'assassinat avaient-ils pour but d'enlever le coffre-fort ? Ceci m'est indifférent, je n'y appuierai pas. Ce qu'il y a de certain, c'est que le crime est commis, et que le coffre-fort est enlevé ; ce qu'il y a de certain, c'est que ce sont ceux qui ont assassiné qui ont volé. Ce qu'il y a de certain, c'est que parmi ceux-là, il en est que vous avez à juger aujourd'hui.

Mais ici encore, il faudra envisager deux hypothèses.

Il y en a d'abord une sur laquelle je n'ai pas besoin de m'arrêter ; c'est que les malfaiteurs ont exécuté des ordres venus d'ailleurs ou qu'ils ont voulu agir pour le compte d'autrui. On pourrait penser qu'ils n'avaient pas songé au début à voler le coffre-fort ; mais, judiciairement parlant, rien dans la procédure ne permet de tabler sur cette hypothèse.

Et alors, que j'admette que le vol a été le mobile du crime, ou qu'il en a été la récompense, dans ces deux cas la préparation est obligatoire, les précautions antérieures sont nécessaires, la préméditation, même pour le vol, est indispensable.

Ces gens-là ne se seraient évidemment pas laissés aller à commettre un assassinat sans profit ; et tout ce qu'on peut dire, en allant jusqu'à admettre qu'on a pu leur suggérer l'idée du crime, c'est qu'en même temps on leur ait suggéré l'idée de la récompense qui pouvait se trouver au bout : l'idée de la récompense, c'est le vol du coffre-fort.

Eh bien, dans les deux hypothèses, le vol devait être accompli après l'assassinat commis ; et, cela étant, il fallait prendre des précautions, non seulement pour tuer, mais même pour voler, (et surtout pour voler un coffre-fort du poids de 200 kilos, l'enlever et l'emporter !) Si donc vous admettez que le vol a été le mobile du crime, si vous admettez qu'il en a été la récompense, dans les deux cas des précautions devaient être et étaient prises pour assurer l'assassinat et le vol. Il fallait être plusieurs pour assassiner, il fallait être encore davantage pour soulever le coffre-fort.

C'est ainsi, Messieurs, que les constats, aussi bien en ce qui concerne le crime lui-même qu'en ce qui concerne l'enlèvement du coffre-fort, nous révèlent la façon dont les faits se sont produits.

Meyer sans vie, une première préoccupation paraît s'être emparée, je ne dirai pas des assassins, mais au moins de l'un d'eux, car celui-là a laissé des traces de son passage. Ces traces, à l'intérieur du bureau, nous conduisent d'abord à la table de Meyer, là où se trouvaient, paraît-il, des papiers, un sous-main ; puis aux fusils. Du côté du coffre-fort le plan n'en indique pas ; mais le coffre, nous le savons, est traîné jusqu'à quinze mètres de la maison de la douane. Et il sera enlevé (cela ne se discute pas) après l'assassinat.

Dans quelles conditions ? S'il fallait croire les accusés, il n'y avait là personne. Mohamed a assassiné, et Mohamed, avec son poignet gauche coupé et son coude droit ouvert par une blessure, aurait pris le coffre-fort et l'aurait roulé tranquillement jusqu'à quinze mètres de là ! Cela n'est pas possible ; c'est là une allégation qui ne peut se soutenir.

Reste donc Si-Ahmed, seul avec lui.

Ahmed seul ne pouvait pas soulever le coffre-fort ; il fallait, nous a dit le contrôleur Guétry je crois, quatre hommes pour enlever ce meuble et le déposer sur une charrette. Or il n'y avait là qu'un homme, et un autre qui était blessé ; il n'est pas possible non plus qu'ils aient pu à eux seuls venir à bout d'un tel fardeau. Le coffre-fort a été traîné par plusieurs personnes et ce sont les deux cousins qui ont aidé les Mokhtar. S'il n'était pas déjà à cet endroit — la vérité n'apparaît pas très nette sur ce point — en tout cas la mule de l'oncle est arrivée à quinze mètres du poste, et non à cent mètres plus loin. Le coffre-fort a donc été traîné à la porte même, depuis l'intérieur de la chambre.

Vous vous demanderez alors, Messieurs, si dès ce moment-là Mohamed et Ahmed se trouvaient seuls aux environs de la maison de la Douane ; si, ayant l'intention d'enlever le coffre-fort et de voler, ils s'étaient dit : « Nous allons d'abord tuer le brigadier, et puis après nous irons chercher du secours » ; s'il ne faut pas dès ce moment retenir comme logique la présence sur les lieux des deux complices des deux frères Mokhtar, Mohamed ben Ahmed et Abdelkader.

Sur ce point ils ne sont pas d'accord entre eux ; d'une part ils reconnaissent parfaitement leur participation à l'enlèvement, ils le reconnaissent dès la première heure et font des aveux à ce sujet. Ils racontent que c'est Ahmed qui est allé les chercher, et qu'il leur a dit : « Mon frère veut déménager » ; ils seraient alors partis avec la mule et se seraient arrêtés à cent mètres du poste. Mensonge que cela ! la mule est arrivée jusqu'à quinze mètres de la maison des douanes.

Ils déclarent aussi qu'ils ont enlevé le coffre-fort sous la menace des fusils de Mohamed et d'Ahmed. Mensonge encore ! Ce qui tend à établir (sinon prouve) qu'ils étaient quatre au moment où le crime a été commis, c'est que quatre carabines ont été enlevées ; on ne voit pas bien Si-Ahmed et Mohamed ben Mokhtar s'encombrant l'un et l'autre à ce moment-là de deux carabines.

Les deux cousins reconnaissent qu'ils ont chargé le coffre-fort sur le mulet qu'ils avaient amené avec eux, et qui appartenait à leur oncle. Je vous ai déjà indiqué les raisons de mes suppositions quant à la participation à l'assassinat ; en tout cas la complicité du vol n'est pas discutable et ne saurait être écartée par nous ; les inculpés la reconnaissent d'ailleurs.

Mais ils sont également poursuivis pour complicité d'assassinat. Je vous ai dit ce que je pensais à ce sujet, et quelles étaient les charges qui me paraissaient devoir faire retenir contre eux cette complicité d'assassinat : crime préparé ; nécessité d'être nombreux ; transport du coffre-fort ne pouvant être fait que par plusieurs personnes, et non par deux individus dont l'un blessé ; présence de la mule à quinze mètres de la maison, et enfin déclaration de Mohamed lui-même qui, à un moment donné, fera connaître que le troisième et le quatrième complices auraient pénétré dans le bureau même où Meyer avait été assassiné, que c'est là qu'ils auraient pris le coffre et que c'est de là qu'ils l'auraient enlevé.

Ce coffre-fort a été transporté à une faible distance des gourbis et de la maison de Moulay-Amar, leur oncle. Le croquis qui a été dressé et que vous avez sous les yeux, l'indique. De sorte qu'après le vol tous les accusés se sont dirigés, avec le coffre, à l'endroit où quelques jours après on devait en découvrir les débris ; et c'est à proximité, à une très faible distance de l'habitation de Moulay Amar, qu'on a commencé d'éventrer et de défoncer le coffre-fort.

C'est encore Mohamed qui nous dira, en ce qui concerne Moulay Amar, que lorsqu'il est revenu chez Moulay, accompagnant les neveux (c'est-à-dire après avoir ouvert le coffre-fort), il a raconté à son oncle pourquoi il avait commis le crime ; et il ajoute que Moulay Amar lui a pardonné.

Il y a également en ce qui concerne l'oncle cette circonstance qu'un mulet détenu par lui a servi au transport du coffre-fort et que les fers de ce mulet avaient été enlevés pour qu'il ne laissât pas de traces ; qu'il était déferré lorsqu'on l'a amené à la porte du bureau et qu'on l'a referré depuis avant de le rendre à son propriétaire pour dépister encore la justice.

A la charge du plus vieux des accusés (Mokhtar ben Abdelmoumen), il y a, nous dit-on, la découverte des carabines ensanglantées, quelque temps après, dans une meule de paille lui appartenant et située sur le territoire d'une de ses propriétés. Ce fait suffirait pour le rendre complice par recel car il est indiscutablement établi ; mais de plus, c'est le même Abdelmoumen qui est allé chercher l'argent dans la cachette ménagée par Ahmed ben Abdelkader. Vous savez déjà dans quelles conditions cet argent avait été enfoui.

Le vieux Mokhtar, étant détenu à la prison en même temps qu'Abdelkader son parent, s'est fait indiquer par celui-ci l'endroit où l'argent avait été caché ; et lorsque plus tard, sur les renseignements fournis par Abdelkader, l'agent consulaire se porte sur les lieux pour déterrer cet argent, les femmes des gourbis lui déclarent : « L'argent ? il n'y est plus, c'est le père Mokhtar qui est venu l'enlever à sa sortie de prison ! »

Ainsi donc il y a, me semble-t-il, des charges suffisantes, en ce qui concerne tous les accusés, relativement aux faits qui leur sont reprochés. Leur responsabilité est égale, même en ce qui concerne ceux pour lesquels la prévention retient la complicité de l'assassinat. Je n'ai pas la prétention de soutenir autre chose : mais je dois à la Cour de prendre des réquisitions plus sévères, aussi sévères que la loi me le permet, en ce qui concerne Si-Ahmed.

Mon attention doit s'appesantir sur lui, mais comme l'expiation que je demande est *l'expiation suprême*, j'ai ici le devoir d'établir sa culpabilité sans qu'il puisse s'élever dans votre esprit plus de doutes qu'il ne s'en élève dans le mien.

Si-Ahmed est responsable au même titre que Mohamed (que nous ne pouvons punir pour l'instant, exprimant l'espoir que l'heure de la justice sonne même pour lui). Ahmed, je vous le disais au début de mes réquisitions, sort du commun, c'est un lettré, il est instruit. Il sollicitait un poste de cadi : il avait de l'ambition.

Il est arrivé à El-Heymer la veille du crime dans des conditions qui permettent de supposer qu'il a contribué en grande partie à l'inspirer. S'il ne l'a pas inspiré, tout au moins il y a participé à un titre égal à celui de son frère.

Ai-je besoin de vous rappeler la concordance de la déclaration qui a été recueillie en territoire marocain, avec les constatations médicales qui l'ont précédée ? Si on rapproche ces constatations de celles qui ont été faites postérieurement sur Mohamed, il n'y a plus place pour aucun doute. Il est d'autant moins permis de douter de l'importance de ces constatations ou tout au moins de la conclusion que nous en devons tirer ainsi que de la déclaration de l'agent qui avait été envoyé en territoire marocain que, venant de sources différentes, elles se corroborent, se complètent, et que l'une contresigne l'autre.

Meyer avait été atteint en neuf endroits ; il avait eu la gorge coupée, le ventre ouvert, et portait une blessure au côté gauche. Il en avait six autres parmi lesquelles cinq d'un caractère bien net : vous vous rappelez en effet que ces blessures-là affectaient une forme particulière et qu'elles avaient été faites avec une arme toute spéciale, à forme triangulaire, biseautée. Or lorsque le rekkas envoyé en territoire marocain recueille les déclarations qui lui sont faites par les accusés Mohamed et Si-Ahmed, il apprend qu'après le premier coup porté dans le ventre à Meyer, celui-ci essayant de se défendre Si-Ahmed avait frappé à différentes reprises la victime, mais que deux coups avaient dévié et que l'arme avait, les deux fois, atteint Mohamed !

Or, ce sont précisément les observations qui avaient été faites sur le cadavre, le 22 octobre, par le médecin major, et ces observations se trouvent corroborées par les déclarations des accusés eux-mêmes (qui ignoraient ces constatations médicales puisqu'ils se trouvaient en territoire marocain). Le rapprochement est saisissant, car les déclarations ont été rapportées par un homme qui n'avait pas assisté aux constatations médicales et ne pouvait soupçonner l'importance que la justice a l'habitude de leur donner : c'était, en effet, un arabe, qui était du reste en territoire étranger au moment où elles ont été faites.

« *Il y a eu deux armes* », disent alors les coupables ; « *Il y a eu deux armes !* », avait dit le docteur. Le docteur avait déclaré : « *L'un des assassins a dû être blessé par l'autre*, puisqu'il y a des traces de sang là où Meyer n'est pas tombé ». Et Mohamed raconte qu'ils étaient deux à commettre le crime et *qu'il avait été blessé par son frère* !

Notons enfin qu'au moment où l'agent envoyé en territoire marocain venait ainsi corroborer les constatations médicales qui émanaient d'un médecin major, on eut l'idée toute naturelle de faire examiner Mohamed. Oh ! alors, plus de doute possible ! Les blessures que Mohamed portait était celles-là mêmes qui avaient été faites par l'arme triangulaire. Elles avaient été faites par la même arme qui avait fait les cinq blessures à physionomie spéciale dont j'ai parlé et que le docteur avait relevées sur le corps de Meyer !

Ai-je besoin d'en dire davantage, Messieurs, pour établir la participation d'Ahmed à l'assassinat du brigadier ? On me dira peut-être : « Les Arabes mentent ! Il est difficile de tirer de leur bouche la vérité ! ».

Aussi ce n'est pas à eux que je vais demander la vérité dans les conditions où je vous l'expose : je la demande aux constatations matérielles, je la demande au médecin major. Et si je cite, entre les deux constatations de l'homme de l'art, la déclaration de l'agent envoyé en pays espagnol, c'est parce que, produite entre les deux rapports médicaux, cette déclaration ne peut pas être taxée de mensonge, attendu qu'elle vient les confirmer, et mensonge serait s'il avait rétracté cette déclaration, et mensonge évidemment tout ce qu'on dit en dehors de cela.

Par conséquent, sans recourir aux déclarations des Arabes

eux-mêmes, puis-je mettre en doute un instant la culpabilité
d'Ahmed ? Non, certes. — D'ailleurs je n'ai pas que ces faits
contre Ahmed ! La procédure révèle bien des charges contre lui.
Tout ce qui a été fait pour atténuer sa culpabilité ainsi que celle
de Mohamed son frère, — ce que lui-même a déclaré à différentes
reprises en dehors du crime, — tout ce qu'ont déclaré ici les
Arabes ses coaccusés, tous ces efforts sont vains ; au surplus,
ses coaccusés ont dit formellement : « Lorsque Mohamed était
aux prises, nous racontait Ahmed, je suis intervenu et je l'ai
moi-même frappé en voulant atteindre Meyer. » Que voulez-vous
de plus ?

Rappelez-vous cette enfant de douze ans qui, à la prison, entend les conversations des accusés, et qui vous dit : « Oui, on
racontait devant moi les détails du crime et on racontait qu'ils
avaient été plusieurs pour assassiner Meyer ; et toujours, lorsqu'on parlait de ce crime, on disait : « ils ».

Lisez d'autre part les interrogatoires d'Ahmed ben Abdelkader
et de Mohamed ben Ahmed. Ils se débattent l'un et l'autre dans
des contradictions flagrantes, et l'on entend Ahmed ben Abdelkader s'écrier : « Oui, il m'en veut, mais c'est lui qui a tué ! ».
Vous trouverez encore dans une pièce de la procédure une
déclaration qu' « il avait voulu couper la gorge à Meyer ».

Tout cela, Messieurs, peut-il laisser un doute dans vos esprits ?
Tout cela peut-il faire qu'Ahmed ben Mokhtar n'ait pas été un
coauteur, un auteur principal de cet assassinat ?

Eh bien ! si vous pensez que ce que je viens de dire suffit
à établir sa culpabilité, si vous estimez qu'aucun doute ne peut
s'élever dans vos consciences et dans vos esprits au sujet de la
culpabilité de cet homme telle que je viens de la définir, telle que
la définit la procédure, si vous admettez que Si-Ahmed, ayant
participé au crime, l'ayant préparé si vous le voulez, s'y étant
associé si vous le voulez, (la situation n'en changerait pas pour
cela) ; si vous admettez, dis-je, que Si-Ahmed a sciemment, inten-.

tionnellement, accompagné son frère Mohamed sachant que celui-ci voulait assassiner le brigadier Meyer ; s'il est allé avec lui, armé comme lui, se poster à la porte de la maison des douanes, et attendre là, comme une bête fauve attend sa proie, Meyer qu'ils appellent pour une affaire de service et qui, sans même prendre le temps de saisir son revolver placé sur la table de nuit, arrive confiant dans la voix qui l'interpellait et qui était — croyait-il — une voix amie ; si vous admettez qu'à ce moment-là l'un ait porté le premier coup et que l'autre ait porté le second, que m'importe si c'est Ahmed qui a porté le premier coup, si c'est Mohamed qui a porté le second ; que m'importe que l'un ait frappé et que l'autre ait achevé, que l'un ou l'autre soit venu, toujours dans le même but qui était d'assassiner cet homme, armé d'un couteau ou armé d'un poignard ! S'ils ont fait cela, y a-t-il une différence à faire entre eux ? Est-ce qu'un assassin vaut mieux qu'un autre assassin lorsque tous les deux participent de la même façon à un crime et y participent avec des armes égales ? (*Vive sensation*).

Mais je dirai plus ! C'est que la responsabilité de Si-Ahmed est peut-être plus lourde que celle de son frère, parce que lui est un lettré, parce que lui doit avoir une conscience plus raffinée, au point que lui, quand on l'accusera, mettra Dieu en avant et dira : « C'est Dieu qui l'a voulu ! »

Eh bien ! si Ahmed ben Mokhtar a fait tout cela, si Ahmed ben Mokhtar, après avoir fait tout cela, a lui aussi pris ce coffre-fort, s'il a été occupé à le charger, s'il est allé partager l'argent qui y était contenu, et si comme son frère, pour se soustraire aux atteintes de la justice, il a pris la fuite en territoire étranger, est-ce qu'il peut y avoir une atténuation en ce qui le concerne ? Songez donc, Messieurs, à la victime, au moment où vous allez statuer sur le sort de ces hommes ! Songez à l'infortuné Meyer, songez aux conditions abominables dans lesquelles il est tombé ; songez qu'il n'avait rien fait pour cela, songez qu'il était bon, qu'il était secourable, qu'il était fidèle et loyal serviteur de la

France et qu'il est tombé en pays étranger, qu'il est tombé en faisant son devoir !

S'il était tombé pour autre chose que pour le vol, ce serait encore plus odieux, et leur culpabilité n'en serait pas atténuée.

S'il était tombé parce qu'au milieu de choses qu'on ne voulait pas voir, de choses qui l'indignaient, il a, lui le petit, le modeste, lui le simple brigadier perdu au milieu d'ennemis, pris sa plume et voulu signaler aux autorités des malversations que d'autres pouvaient couvrir, s'il était tombé pour cela, ne serait-ce pas plus abominable encore ?

Oh ! Je ne dis pas qu'on l'ait fait ! Mais je dis que si c'était là le mobile du crime, la chose n'en serait pas moins odieuse. (*Vive impression dans l'auditoire*).

Oui, de toutes façons c'était un bon serviteur, de toutes façons il était secourable, de toutes façons il était seul au milieu d'arabes qui l'ont laissé assassiner, au milieu de gens qui ne sont pas venus à son secours s'ils n'ont pas participé au crime ! Eh bien, tout cela demande justice !

Je ne parle pas ici de vengeance ; *mais le sang de cet homme demande justice* ; et cette justice, Messieurs, dans votre haute majesté, c'est à vous de la donner. Il faut que ces hommes comprennent. Ils se disent peut-être : « Pourquoi donc pour nous ce déploiement extraordinaire de robes rouges ? Pourquoi cette Cour imposante ? » Et ils trouvent sans doute qu'on met bien des formes pour arriver à punir des gens qui n'ont pas hésité, eux, pour satisfaire un vain appétit d'argent, à se faire l'instrument des rancunes d'autrui, à prononcer une peine capitale et à l'exécuter avec toute l'horreur des armes qu'ils ont employées. Eux qui ne voudraient certainement pas qu'on fît passer leur tête sous le couperet, ils n'ont pas hésité, eux, à couper la gorge, avec l'aide d'une arme terrible, à un honnête homme. Eh bien ! encore une fois, le sang de cet honnête homme demande justice, et je suis persuadé, Messieurs de la Cour, que vous la lui accorderez ! (*Sensation prolongée dans l'auditoire*).

TRADUCTION DES PLAIDOIRIES AUX ACCUSÉS

————

M. le Premier. — Interprète, faites lever les accusés...
Vous allez traduire tout ce qui s'est passé depuis l'ouverture
des débats oraux.

L'interprète. — Oui, Monsieur le Premier.

M. le Premier. — Dites-leur que l'avocat de M. Meyer père
a plaidé en demandant que Si-Ahmed ben Mokhtar soit reconnu
coupable d'assassinat.

L'interprète. — Si-Ahmed répond qu'il n'a pas assassiné.

M. le Premier. — Dites-leur que l'avocat de Meyer père a
déclaré qu'Abdelkader et Mohamed ben Ahmed devaient être
reconnus coupables du vol du coffre-fort.

Dites aux deux vieillards que l'avocat de la partie civile n'a
pas insisté en ce qui concerne leur culpabilité.

Dites enfin que l'avocat de la partie civile réclame des répara-
tions, c'est-à-dire qu'il demande qu'on accorde à M. Meyer père
une indemnité parce qu'il est maintenant beaucoup moins riche
que lorsque son fils le soutenait ; dites cela surtout à Ahmed.

(*Ces phrases sont traduites à mesure aux accusés*).

L'interprète. — Ahmed dit qu'on ne doit pas s'attaquer à eux.

M. le Premier. — Dites-leur à tous que M. l'Avocat général a
demandé leur condamnation à tous les cinq... Ici, écoutez-moi
particulièrement bien, et tâchez de traduire exactement.

Dites-leur que M. l'Avocat général a dit qu'Ahmed ben Mokhtar était coupable du crime d'assassinat, le plus grand et le plus
grave qu'on puisse supposer ;

Qu'Ahmed était aussi coupable que Mohamed ;

Traduisez tout de suite ce membre de phrase.

(*L'interprète traduit*).

... Et qu'il a demandé l'application de la peine la plus sévère
contre Ahmed.

L'interprète. — Ahmed demande que s'il est coupable, vous

le jugiez, mais que s'il n'est pas coupable, vous lui rendiez justice (*sic*).

M. le Premier. — Expliquez à Abdelkader et à Mohamed que M. l'Avocat général a indiqué qu'il y avait des charges contre eux pour l'assassinat.

L'interprète. — Ahmed dit qu'il n'a pas participé à l'assassinat ; que s'il y avait participé, il n'aurait pas écrit une lettre à l'officier du poste espagnol.

M. le Premier. — Dites-leur à tous les deux que M. l'Avocat général a déclaré qu'ils étaient convaincus du vol du coffre-fort.

L'interprète. — Celui-ci dit qu'ils y sont allés parce que Mohamed ben Mokhtar voulait les tuer.

M. le Premier. — Dites à Moulay Amar, l'oncle, que M. l'Avocat général a demandé sa condamnation parce qu'il est complice pour avoir prêté la mule.

L'interprète. — Il répond qu'il avait attaché sa mule en dehors de sa maison et que si quelqu'un l'a prise, ce n'est pas de sa faute.

M. le Premier. — Dites au père Mokhtar que M. l'Avocat général a demandé sa condamnation parce qu'il a pris l'argent qui avait été enterré auprès de sa maison.

L'interprète. — Il dit qu'il n'a pas connaissance de l'argent qu'il aurait ainsi pris.

M. le Premier. — Maître Clérico et Maître Monbrun, considérez-vous la traduction comme faite convenablement ?

Mᵉ Clérico et Mᵉ Monbrun. — Oui, Monsieur le Premier, très complète.

M. le Premier. — L'audience est levée et renvoyée à demain, une heure et demie, pour la plaidoirie de Mᵉ Clérico et celle de Mᵉ Monbrun.

(*5 heures 40*).

CINQUIÈME AUDIENCE

(10 JANVIER 1913)

Réponse de M. le Général Toutée à Me Clérico à propos de M. Kammerer.
Conclusions : c'est « sciemment » que Kammerer s'est attribué des pouvoirs judiciaires alors qu'il s'en savait dépourvu.
Plaidoiries de Mes Clérico et Monbrun.
Les Arrêts.

Nouvelle question de Me Clérico au Général.

Réponse de M. le Général Toutée : Toute la question est de savoir si c'est *sciemment* que M. Kammerer a accompli des actes judiciaires alors qu'*il se savait dépourvu de pouvoirs judiciaires.* — Il savait si bien qu'il n'en possédait pas qu'il s'est retranché derrière son incapacité pour interrompre toute justice dans l'Amalat.

Dépôt de conclusions pour demander acte de la déclaration de M. le Général Toutée (c'est *sciemment* que Kammerer s'est attribué des pouvoirs judiciaires alors qu'il s'en savait dépourvu). — **Arrêt** de la Cour donnant acte du dépôt de ces conclusions. — Traduction aux accusés, par interprète.

Plaidoirie de Maître Clérico pour les Mokhtar père et fils. — On voulait faire disparaître les papiers. — L'impression du Général Toutée. — Les aveux à Derkaoui sujets à caution. — Défense du vieux Mokhtar (le père). — Résumé pour les accusés.

Plaidoirie de Me Monbrun pour les deux cousins et l'oncle.
Moulay Amar est innocent. — Le cas des deux cousins.— Aucun témoin ! — Rôle de Semghouni. — *Même pas d'interrogatoire !* — Les soi-disants aveux. — Le vol. — *La justice militaire avait retrouvé les accusés ; la justice consulaire les a laissés partir.* — Indubitablement on a procédé par intimidation. — L'avis de M. le Général Toutée.

Observation de **M. l'Avocat Général** concernant une demande de mise en liberté de Semghouni.

Le résumé de la plaidoirie traduite aux accusés.

Les questions posées à la Cour.

LE VERDICT.

*Arrêt d'***acquittement** *de Moulay Amar et Mokhtar père.*

*Arrêt délibéré sur l'***application de la peine.**

Le débat sur **les dommages-intérêts** (Me Willm et Me Monbrun).

Arrêt fixant les dommages-intérêts.

L'audience est ouverte à 1 heure 1/2.

M. le Premier. — Maître Clérico vous avez la parole :

NOUVELLE QUESTION DE MAITRE CLERICO
M. KAMMERER SE SAVAIT-IL
DÉPOURVU DE POUVOIRS JUDICIAIRES ?

*M*e *Clérico*.— Monsieur le Premier, avant de prendre la parole pour deux des accusés, je serais très heureux si vous vouliez me permettre de poser encore une question, — une seule — à M. le Général Toutée.

M. le Général Toutée, dans sa déclaration d'hier, a indiqué qu'à son avis, M. Kammerer avait commis certains actes frauduleux. Il a retiré immédiatement ce terme.

Je voudrais demander à M. le Général Toutée ce qu'il entendait par des actes frauduleux. Qu'étaient ces actes frauduleux ? Que sait-il sur ce point ?

M. le Premier. — Du moment que le terme a été retiré, je ne peux plus me servir de cette base pour poser une question, puisque la base fait défaut.

*M*e *Clérico*. — Alors j'emploierai, si vous me le permettez, un autre terme. Quels sont d'une façon générale, les actes que M. Kammerer aurait accompli d'une façon plus ou moins irrégulière ?

M. le Premier. — Si vous vous souvenez de la fin de la déposition, je crois que le Général a été aussi explicite qu'on peut l'être. Je me demande s'il est utile de faire redire encore les mêmes choses, les détails ayant été donnés amplement.

Si vous maintenez votre question, qui me paraît superflue en raison des débats qui sont commencés depuis hier, je la poserai.

M⁰ Clérico. — Je suis, Monsieur le Premier, dans une situation bien délicate. Je plaide ici comme substitué...

M. le Premier. — Vous avez entendu toute la déposition du Général Toutée. Je me demande quels détails le Général peut donner, en dehors de ceux qu'il a apportés à la Cour.

M⁰ Clérico. — Je désire une précision sur ces points-là, et je demande à la Cour de me donner acte de la déclaration de M. le général Toutée.

M. le Premier. — Alors, prenez vos conclusions ! La Cour statuera.

M⁰ Clérico. — Je demande à la Cour de vouloir bien (*Lisant*) :

« Donner acte aux inculpés de ce que l'un des témoins, M. le Général Toutée, déposant sous la foi du serment, a déclaré que M. Kammerer, dont l'ordre d'information figure à la base de la procédure suivie contre Ahmed, s'est emparé de la personne des accusés et des papiers dont ils étaient porteurs ; que cet enlèvement, accompli dans la nuit du 6 au 7 novembre 1911, a été exécuté à une époque où M. Kammerer ne possédait pas de pouvoirs judiciaires, et qu'il savait en être encore dépourvu ;

« Que c'est donc sciemment que M. Kammerer s'est attribué des pouvoirs judiciaires qu'il savait inopérants ;

« Que c'est encore sciemment qu'il a rédigé et signé des ordres d'information et mandats d'amener, d'ailleurs antidatés, par lesquels il a essayé le lendemain, c'est-à-dire le 7 novembre 1911, de régulariser les actes de la nuit précédente... »

M. le Premier. — Tout cela a été dit, mais puisque vous voulez qu'on le redise encore, je vais poser la question au Général.

Général, veuillez, sous la foi du serment que vous avez prêté hier, répondre à la question de M. le défenseur.

Vous avez entendu ce que vous demande maître Clérico ; je lui ai fait observer que vos explications avaient été hier très complètes ; il a trouvé sans doute qu'elles ne l'étaient pas assez. Vous avez la parole.

LE GÉNÉRAL RÉPOND AFFIRMATIVEMENT :

« C'EST SCIEMMENT QUE M. KAMMERER COMMETTAIT CES IRRÉGULARITÉS. »

M. le Général Toutée. — A la fin de ma déposition d'hier, vous m'avez dit, Monsieur le Président, que la Cour de Cassation, dans sa haute intégrité et sans passion, dirait le droit en ce qui concerne les pouvoirs judiciaires que M. Kammerer et moi nous pouvions posséder.

Si j'ai bien compris les conclusions qui viennent d'être prises, il ne s'agit plus de savoir si M. Kammerer avait ou n'avait pas de pouvoirs judiciaires. Je crois vous avoir dit hier qu'en qualité de témoin je n'estimais pas avoir à porter de jugement sur ce point : je n'en porte pas. Si plus tard la Cour de Cassation, consultée comme je l'ai demandé dès le premier jour et comme j'espère qu'elle le sera, déclare, par exemple, que j'ai eu tort moi-même de rendre un ordre d'informer le 19 octobre au soir, je m'inclinerai sans aucune aigreur devant cet arrêt qui dira le droit. On ne me reproche à ce sujet ni crime ni délit, mais on discute sur une erreur juridique possible. Je m'inclinerai donc, s'il est dit que M. Kammerer avait des pouvoirs judiciaires, et non moi.

De même, dire de certains actes qu'ils sont *frauduleux*, c'est porter un jugement ; et c'est encore pourquoi j'ai retiré cette qualification, bien qu'elle rendît ma pensée. — Mais aujourd'hui il ne s'agit pas d'une appréciation, *il s'agit d'un fait* que mon rôle de témoin est d'affirmer ou de nier. *La question est*, en effet, *de savoir si*, « SCIEMMENT » (toute la question est là) si c'est SCIEMMENT *que ce magistrat ou ce prétendu magistrat a, dans la nuit du 6 au 7 novembre, opéré les actes qui lui sont en somme reprochés aujourd'hui par la défense comme ils lui ont été, sur l'heure, reprochés par moi-même.*

Pour démontrer que ces actes ont été commis sciemment,

l'avocat s'adresse à moi et me demande mon témoignage. Il me dit qu'étant, moi, le chef de M. Kammerer, — le chef, en somme, de tout ce qui se passait dans l'amalat, — je n'ai pas pu être sans savoir si M. Kammerer s'estimait pourvu de pouvoirs judiciaires.

Et alors je réponds :

Qu'il est certain que M. Kammerer a proclamé, par des actes retentissants, le jour même où il s'est signé ou a signé pour d'autres un mandat d'amener, QU'IL NE S'ESTIMAIT PAS POURVU DE POUVOIRS JUDICIAIRES. *Il l'a proclamé par des actes retentissants*, dont je possède la trace écrite.

Que par conséquent c'est *sciemment* que, dans la nuit qui a suivi, *il a argué de pouvoirs judiciaires qu'il savait ne pas posséder*, et que par conséquent il a franchi toute la distance qui sépare une erreur... d'une faute plus grave.

Il n'a pas commis d'erreur ; il savait parfaitement qu'il n'avait pas de pouvoirs judiciaires ; il l'a écrit, il l'a proclamé ; et il a fait prendre la mesure la plus importante de toutes celles qui ont été prises dans l'amalat, à savoir la suspension totale de l'exercice de la juridiction consulaire.

Auparavant et depuis trois ans, il y avait à Oudjda non pas un tribunal consulaire constitué, mais ce qu'on pourrait appeler une honnête petite juridiction, une juridiction de père de famille, une juridiction de paix.

A la tête de cette juridiction était non pas M. Destailleur, mais un homme absolument éminent qui s'appelle M. Marty. M. Marty en était le président effectif, il a jugé pendant trois ans. C'est un homme qui, comme début de carrière, a commencé par être licencié ès lettres, qui a ensuite étudié le droit musulman, les mœurs musulmanes, et a été le correspondant le plus autorisé de toutes les revues possibles, de toutes les sociétés d'études islamiques. Pendant trois ans M. Marty a rendu la justice dans l'amalat ; il siégeait tous les jours, et je crois que vous-mêmes, Messieurs, qui constituez sa cour d'appel, vous n'avez reçu aucun appel des nombreux jugements rendus par lui. Je ne sais pas s'il y a beaucoup de magistrats — quelle que soit leur honorabilité, leur justesse de vue ou leur compétence —, qui puissent compter sur un pareil bonheur. Ce fait honore d'autant plus M. Marty qu'il rendait la justice dans un milieu plus ardent, plus enfiévré que nulle part ailleurs.

Donc, le 6 novembre, M. Kammerer est venu me trouver et m'a dit : *« Je suis désolé* ; *je n'ai pas de pouvoirs judiciaires* ; et comme M. Marty ne rend la justice qu'en vertu de la délégation qui lui a été donnée par M. Destailleur, la justice est suspendue, ce tribunal ne peut plus fonctionner ! »

— « Vous vous trompez, lui ai-je répondu ; la délégation de M. Marty vient de plus haut que M. Destailleur ; elle vient du quai d'Orsay ou de Tanger. Je crois avoir vu une pièce concernant cette question, signée de M. Weiss, l'éminent jurisconsulte du quai d'Orsay. Cette pièce est ici ou à Oran. Attendez donc, je vais la faire chercher, *cela va s'arranger, ne précipitez rien* ».

Pas du tout ; aussitôt après m'avoir quitté, M. Kammerer a écrit (en se cachant de moi), à M. Marty pour lui *donner l'ordre de cesser toutes opérations judiciaires, même celles en cours !* — remarquez bien ceci, MÊME CELLES EN COURS, — ce qui vous donne une idée du désarroi causé par une pareille mesure. Et c'est le même jour, 6 novembre, *qu'il s'est donné à lui-même* la mission judiciaire d'aller *s'emparer des assassins et de leurs papiers.* Je crois que c'est cette affaire de papiers qui intéresse la défense. C'est le même jour qu'il s'est donné cette mission. J'ai appris hier qu'il s'en était donné une autre, qui consistait *à se signer pour soi-même* — ou pour son adjoint — *un mandat d'amener.* Ce mandat d'amener, je crois vous l'avoir dit, *n'existait certainement pas* le jour dont il porte la date. En effet, le lendemain j'ai reproché devant témoins à M. Kammerer ce qu'il avait fait ; je lui ai dit : « Pourquoi ne m'avez-vous pas parlé ? Qui vous pressait d'agir sans titre régulier ? » Si donc il avait délivré un mandat d'amener régulier à M. Ballereau, il n'aurait pas manqué de me le montrer ; et la nuit précédente, quand il s'est présenté au capitaine Joubé pour procéder à l'enlèvement des papiers et des assassins, lorsqu'il a entrepris de lui démontrer qu'il avait des pouvoirs judiciaires, s'il avait eu entre les mains un mandat d'amener ou s'il en avait délivré un à M. Ballereau, ce dernier aurait montré tout simplement le mandat d'amener au capitaine Joubé ! et il aurait enlevé très régulièrement les accusés et les papiers, sans obliger son chef aux manœuvres employées par lui vis-à-vis du capitaine Joubé.

Par conséquent, s'il existe — ce que je ne sais pas exactement puisque je ne l'ai pas vu, — un mandat d'amener ou un ordre d'informer signé Kammerer et daté du 6 novembre, *cet acte est au moins antidaté*, et la *qualité* que s'y attribue *son signataire* est *contredite* par les actes et les écrits du même personnage, datant du 6 et des jours suivants.

M. le Premier. — Interprète, faites lever les accusés.

Maintenant, faites-leur comprendre que le Général, répondant à une nouvelle question de la défense, a déclaré que comme tout bon citoyen il s'inclinerait devant la chose jugée...

Maître Clérico. — Monsieur le Premier, je considère la traduction comme faite de la réponse de M. le Général Toutée ; ceci pour abréger les débats.

Maître Monbrun. — C'est également mon avis.

Maître Willm. — Ce n'est certainement pas moi qui soulèverai des difficultés sur ce point. Je réponds ainsi à une interrogation muette de votre part, Monsieur le Premier ! (*Sourires*).

M. le Premier. — Bien. Maître Clérico, vous n'avez pas d'autres questions à poser ?...

Maître Clérico. — La Cour voudra bien me donner acte de cette déclaration...

M. le Premier. — De quelle déclaration ?...

Maître Clérico. — Celle de M. le Général Toutée.

M. le Premier. — Je ne puis pas vous donner acte verbalement. Prenez vos conclusions si vous voulez !

Maître Clérico. — Je les ai prises, Monsieur le Premier. J'en donne de nouveau lecture à la Cour.

CONCLUSIONS POUR SI AHMED BEN MOKHTAR
DÉTENU A LA PRISON SOUS L'INCULPATION D'ASSASSINAT.

(contre Ministère Public).

« PLAISE A LA COUR,

« Donner acte au concluant de ce que l'un des témoins, M. le Général Toutée, déposant sous la foi du serment, a déclaré que M. Kammerer, dont l'ordre d'information figure à la base de la procédure suivie contre Ahmed, s'est emparé de la personne de l'accusé et des papiers dont il était porteur ;

« Que cet enlèvement, accompli dans la nuit du 6 au 7 novembre 1911, a été exécuté à une époque où M. Kammerer ne *possédait pas de pouvoirs judiciaires*, et qu'il savait en être encore dépourvu ;

« Que c'est donc sciemment que M. Kammerer s'est attribué des *pouvoirs judiciaires* qu'il savait inopérants ;

« Que c'est encore sciemment qu'il a rédigé et signé des *ordres d'information et mandats d'amener*, d'ailleurs *antidatés*, par lesquels il a essayé, le lendemain, c'est-à-dire le 7 novembre 1911, de régulariser ses actes de la nuit précédente ;

« Que l'ensemble de ces manœuvres et écrits a accompagné la *soustraction de certaines pièces* et en a rendu la production et la lecture impossible aux débats ».

M. le Premier. — Général, vous avez déposé sur ces faits. Je vous demande si, dans votre déclaration, vous avez prononcé à l'encontre de M. Kammerer le mot de « soustraction » ?

M. le Général Toutée. — Ce mot comporte une part d'appréciation, que dans ma situation de témoin je veux m'interdire. Je ne crois pas l'avoir prononcé ; mettez donc « enlèvement »...

M. le Premier. — C'est précisément parce qu'on me demande de donner acte du mot que je ne peux pas le faire...

M. le Général Toutée. — Pardon !...

Maître Clérico. — Il n'y a qu'à changer le mot et à le remplacer par « enlèvement », Monsieur le Premier.

M. le Premier. — M. l'Avocat général n'a pas d'observations à faire ?... (*Réponse négative*).

Interprète, dites aux accusés que Maître Clérico a déposé des conclusions. Demandez-leur s'ils ont des observations à présenter.

L'Interprète. — Aucune, Monsieur le Premier.

M. le Premier. — La Cour va se retirer pour en délibérer.

(*La séance, suspendue à 1 h. 55, est reprise à 2 heures*).

ARRÊT

DONNANT ACTE DES CONCLUSIONS.

« Considérant que Me Clérico, avocat d'Ahmed ben Mokhtar et de Mokhtar ben Abdelmoumen, prend à nouveau des conclusions tendant à ce qu'il lui soit donné acte d'une partie de la déposition faite hier devant la Cour criminelle par M. le Général Toutée cité à la requête de la partie civile ; qu'il y a lieu, à toutes fins utiles, de décerner le donner acte demandé ;

PAR CES MOTIFS, LA COUR :

« Donne acte à Me Clérico de ce que l'un des témoins, M. le Général Toutée, déposant sous la foi du serment, a déclaré que *M. Kammerer*, dont l'ordre d'information figure à la base de la procédure suivie contre Ahmed, s'est *emparé* de la personne de l'accusé et de *papiers* dont il était porteur ;

« Que cet *enlèvement*, accompli dans la nuit du 6 au 7 novembre 1911, a été exécuté à une époque où M. Kammerer ne possédait *pas de pouvoirs judiciaires* et qu'il *savait* en être dépourvu ;

« Que c'est donc *sciemment* que M. Kammerer *s'est attribué* des pouvoirs judiciaires qu'il savait *inopérants* ;

18

« Que c'est encore sciemment qu'il a *rédigé et signé les ordres d'information et mandats d'amener*, d'ailleurs *antidatés*, par lesquels il a essayé le lendemain, c'est-à-dire le 7 novembre 1911, de régulariser ses actes de la nuit précédente;

« Que l'ensemble de ses manœuvres et écrits accompagnant *l'enlèvement de certaines pièces* en a rendu la *production* et la lecture *impossible aux débats* ».

M. le Premier. — Tel est l'arrêt de la Cour.

Interprète, faites comprendre aux accusés que la Cour a donné acte des paroles prononcées par M. le Général Toutée, et que les conclusions à toutes fins utiles de leur avocat ont reçu satisfaction. (*L'interprète traduit la phrase*).

M. le Premier. — Maître Clérico, vous avez la parole.

Maitre CLERICO

AVOCAT A LA COUR D'APPEL D'AIX

PLAIDOIRIE DE Maitre CLÉRICO
DÉFENSEUR DES MOKHTAR PÈRE ET FILS.

Monsieur le Premier Président,
Messieurs de la Cour,

Au moment où je me dresse à cette barre, je me demande si je suis en état de soutenir la défense des deux accusés dont l'un passible de la peine de mort.

Personne ne supposait que Maître Chavernac devait être si tôt frappé dans ses affections. Aussi bien, je ne m'attendais pas à porter la parole aujourd'hui. C'est dire que la tâche en face de laquelle je me trouve dépasse peut-être mes forces et certainement mes prévisions. Malgré la collaboration précieuse mais hâtive que M⁰ Chavernac a bien voulu apporter à la préparation de la défense, malgré les notes substantielles qu'il m'a remises ; malgré les paroles élogieuses que M. le Premier Président m'adressait avant-hier et qui viennent m'aider dans mon devoir, je me pose la question de savoir si mes efforts seront suffisants. Je plaide sans connaissance approfondie du dossier, avec ce que les échos de cette enceinte ont apporté à mes oreilles. Je plaide avant que les différentes pensées qui s'agitent en moi aient pū prendre chacune une place précise dans mon esprit. Je plaide dans une affaire d'une importance considérable. Quelle respon‑ sabilité, colossale pour mes faibles épaules, j'assume à l'heure où je parle, en présence de ces ombres de la mort qui planent ici depuis les réquisitions de M. l'Avocat général ! et je me de‑ mande si je serai capable de les dissiper...

Vous statuez à la majorité des deux tiers des voix, à la diffé‑ rence d'un jury ordinaire qui, lui, peut se tromper ou peut passer pour se tromper, et dont les décisions sont souvent prises à la majorité d'une seule voix. Autant dire, Messieurs, que votre arrêt sera définitif, autant dire qu'aucun recours en grâce ne prévaudra contre lui. Et si, dans quelques instants, vous veniez, contre mes espoirs, prononcer ici une condamnation suprême, celle-ci serait à coup sûr suivie d'exécution.

Ainsi, Messieurs, le grave problème qui se pose à vos consciences est celui de savoir s'il faut ajouter une victime à une autre victime.

Mais avant de songer à sauver la tête d'une seconde victime, je ne puis m'empêcher de penser à la première. J'ai le devoir d'envoyer ici une phrase de regret au malheureux Meyer. Nous joignant à des voix plus autorisées et plus éloquentes, nous avons à cœur de payer un tribut d'hommages à la mémoire de cet homme qui personnifiait une bonté extrême, qui a été victime de son devoir, de sa droiture et du dévouement qu'il consacrait aux intérêts français.

Oui, c'est bien dans cette *noble et loyale conduite* que Meyer a manifesté toute sa vie, qu'il faut chercher *la cause de sa mort* ; et si nous faisons cette déclaration, ce n'est pas seulement pour l'amour de la vérité, mais parce qu'elle constitue la base même de la défense de ceux qui ont tué Meyer, si ceux-là sont ici.

Loin de moi la pensée de chercher cette cause soit dans l'incident du chien qui aurait, quelque temps auparavant, mordu Mohamed, ni dans ce prétendu viol dont aurait été victime Zineb, la femme de Mohamed, de la part de Meyer. Loin de moi cette pensée ! La partie civile ne se trompait pas quand elle disait qu'un pareil système ne viendrait pas de ce côté de la barre.

Mais s'il faut écarter toutes ces hypothèses, il faut écarter aussi l'hypothèse du vol unique mobile du crime.

Le vol, certainement, a été accompli ; mais il a été une occasion, il a été un accessoire, un mobile secondaire. En réalité, on poursuivait un but bien plus important : celui de faire disparaître d'El-Heymer des papiers qui étaient gênants ; des papiers

gênants... et aussi un autre document... un document vivant !
La preuve que *le but que l'on poursuivait n'était pas le vol*, c'est
que si l'on avait voulu tuer Meyer uniquement pour faciliter
l'exécution du vol, on n'aurait pas brûlé certains papiers avec le
soin dont a parlé l'éloquent avocat de la partie civile. On n'aurait pas non plus emporté un sous-main qui a disparu et qu'on
ne retrouvera jamais plus, mais qui aurait pu servir, peut-être,
de socle à la défense ! On avait, sans doute, le désir de faire
disparaître également *Meyer* parce que, comme je le disais, il
constituait un *document accusateur vivant*. Cet homme savait
qu'il y avait dans le coffre-fort d'El-Heymer certains papiers
accusateurs ; cet homme savait que certains actes irréguliers
avaient été accomplis, actes que vous avez connus à la suite de
la déposition du Général Toutée. Cette déposition nous a révélé
que le brigadier, quelques instants avant sa mort, pour ainsi dire,
avait envoyé une lettre au Général Toutée, dans laquelle il disait:
« J'ai des révélations à vous faire ; mais il faut que vous veniez
ici pour les recevoir ». Et nous avons appris que par suite d'une
panne de l'automobile dans laquelle on était monté pour aller,
sous prétexte d'une excursion, interroger Meyer, on n'a pas pu
obtenir ces révélations à cause de la mort de ce chef de poste.

Tel est le but qu'on poursuivait ; et on y est arrivé.

Ce qui prouve que *l'on en voulait à la personne de Meyer* beaucoup plus qu'à son argent, c'est, tout d'abord, que si on avait eu
l'intention de voler l'argent de Meyer, comme M. le Général
Toutée le disait au cours de sa déposition, *on n'avait pas besoin
de le tuer* ; on aurait pu, pendant son absence, dévaliser le coffre-
fort et passer immédiatement sur la terre espagnole voisine.

Ce qui prouve encore que ce n'est pas à l'argent du brigadier
qu'on en voulait, c'est qu'un porte-monnaie contenant cinquante
francs a été retrouvé dans la poche de la victime.

Ce qui le prouve enfin, c'est que le brigadier Meyer sentait
lui-même, avant sa mort, qu'il allait être tué ; et, dans sa lettre
qu'il écrivait à M. le Général Toutée, il disait «... Mais si je fais

des révélations, je crains d'avoir le sort d'El-Ma-Eddi... ». Je
crains !... Lui-même, vous le voyez, sentait sa mort prochaine.
C'est lui qui l'annonçait ; il ne se trompait pas. D'outre-tombe,
nous arrive le témoignage de Meyer. Il n'est pas suspect !

Que le vol ait été le mobile secondaire du crime, cela ne devait
échapper à personne ; c'est l'impression qui jaillit de ce débat ;
c'est l'impression de certains témoins, notamment de M. Ledoux
et de M. Ramon Pérès.

La Cour voudra bien m'accorder quelques instants pour lui
faire connaître ces dépositions qui offrent leur intérêt.

M. le vétérinaire Ledoux est honorable. Il est digne de confiance. M. Ledoux, interrogé au début de l'information, a répondu
de la façon suivante à une question qui lui était posée au sujet
de l'assassinat de Meyer :

« Il y a cinq ou six jours je me trouvais, vers neuf heures du soir, à l'hôtel
Simon, en compagnie de Ramon Pérès. Celui-ci me dit : « Je dînais hier avec
l'agent des douanes qui a été tué à Port-Say ; ma conviction absolue, c'est
qu'il a été assassiné à l'instigation de Pandori. Il se faisait à Port-Say de la
contrebande d'armes de guerre ; ce douanier en savait trop long et on l'a sup-
primé ».

Voici maintenant la déclaration de M. Ramon Pérès :

Demande : Que savez-vous au sujet de l'assassinat dont a été victime le brigadier des douanes décédé à la maison des douanes du Kiss ? »

Et il répond :

« Le lendemain de l'arrestation de Pandori et compagnie, j'ai eu à traiter
des affaires à Port-Say où je me suis rendu en automobile. Vers quatre heures,
à mon arrivée à Port-Say, à l'hôtel, j'ai rencontré le brigadier jouant aux cartes
avec deux civils.

« *D.* — Quels étaient ces deux civils ?

« *R.* — Ces messieurs sont à Port-Say. Je ne connais pas leur nom, mais je
me fais fort de les retrouver.

« A mon arrivée, ayant l' « Echo d'Oran » que j'avais acheté à mon départ de Marnia, j'offris ce journal au groupe et le brigadier le prit en me remerciant, ainsi que ces Messieurs, car ce journal arrive là-bas avec un ou deux jours de retard.

« Dans la soirée, je vaquai à mes affaires. En rentrant à l'hôtel je trouvai une autre personne qui avait accompagné un acheteur de terrains. Dans la salle de l'hôtel on parlait de l'arrestation de Pandori et compagnie. Immédiatement on me demanda ce que je savais. Je confirmai la nouvelle, dont quelques-uns étaient étonnés et dont quelques-uns doutaient. On avertit M. Say, à l'hôtel. Dès qu'on crut sûre la chose, tout le monde manifesta son contentement ; et on parlait de boire le champagne, lorsque M. Furtado, comptable de M. Say, qui est dans le pays depuis plus d'un ou deux ans, me déclara : « C'est bien fait, ce qui arrive ; ils l'ont mérité. Ce n'est pas permis d'agir comme ils agissent ».

« Ces paroles ont attiré mon attention, et je lui ai demandé des renseignements. Il m'a expliqué : « Il y a un an ou un an et demi, un soir, à la nuit, une barque a débarqué des munitions et des fusils. Une quarantaine d'arabes armés — et il n'y avait peut-être pas que des arabes — a (*sic*) reçu le tout ».

« Furtado, surpris de cette façon de faire, courut prévenir à la douane ; un douanier lui conseilla de se retirer et surtout de se taire, parce qu'on pouvait lui faire un mauvais parti et peut-être le faire assassiner ».

« *D.* — M. Furtado vous a-t-il donné des renseignements plus précis ?

« *R.* — Je n'ai pas insisté. Cette conversation m'intéressait, mais néanmoins, je ne lui ai pas posé mille questions (*sic*). Mais je suis convaincu qu'il pourrait vous renseigner, si on sait bien s'y prendre. sur toute la situation, et peut-être même sur les charrettes qui ont emporté les caisses.

« C'est surtout le lendemain, lorsque j'ai appris l'assassinat du brigadier, que brusquement cette conversation, que j'avais eue la veille, m'est revenue à l'esprit ».

Et plus loin le témoin ajoute, à la suite d'une nouvelle question qu'on lui pose :

« Certainement, il y a des gens qui en savent long, dont M. Furtado, et le douanier qui l'a mis en garde et qui pourraient dire ce qu'ils savent. Dans ce pays-ci il faut parler avec prudence. Moi-même je ne suis pas à l'abri d'un mauvais coup de la part de gens auxquels je pourrais nuire. Sans vouloir rien exagérer, je pense qu'il faut être prudent. Il y a des gens qui, tout en sachant quelque chose, ont peur de se compromettre ».

Il résulte par conséquent de ces témoignages qu'au moment où certaines arrestations étaient opérées, il y avait de bons Français qui se réjouissaient de ces arrestations ; mais qu'il y avait aussi, à côté d'eux, des gens qui n'étaient point satisfaits : ceux qui profitaient des avantages procurés par les personnes dont ils étaient les *créatures* ; ceux qui, comme le disait M. le Général Toutée, touchaient 300 francs chaque fois qu'ils n'auraient dû en toucher que 200.

Cette impression est celle de M. le Général Toutée. Foi est due à la déclaration d'un tel témoin. Sa parole mérite un respect profond. Cet homme a vécu dans le pays où ces événements se sont déroulés : il a vécu l'affaire. Tout, dans ses attitudes comme dans ses témoignages, respire la loyauté, la probité, la modération, l'impartialité. M. le Général Toutée a rendu d'éminents services au pays. Certes, dans l'histoire de la colonisation française, son nom restera écrit en lettres de gloire. Peut-on méconnaître aujourd'hui le service rendu à la cause du Juste et du Vrai ?

Ce qui démontre surtout que ce n'était pas le vol que l'on avait en vue, c'est qu'il est impossible que le crime de la nuit du 20 au 21 octobre ait été commis sans la *participation de tout le poste*, de tous les gens d'El-Heymer.

En effet, Meyer a lutté, il a crié, il a hurlé de douleur. Les gourbis sont rapprochés du poste où le crime a été commis ; personne n'a répondu, toutes les oreilles sont demeurées sourdes, personne n'est accouru. L'interprète Semghouni, qui était à quelques centimètres de l'endroit où l'on égorgeait la victime, a eu une conduite des plus ignobles et des plus suspectes ; — je n'hésite pas à qualifier de cette façon l'attitude de cet homme qui ouvre la porte, et la referme quand il s'aperçoit que l'on commet un assassinat dans la chambre voisine ; qui se contredit à tout

instant dans ses déclarations, qui prétend d'abord n'avoir rien
entendu, qui ensuite prétend avoir été guidé par la crainte, alors
que ce douanier, ce militaire avait sous la main sa carabine et
ses cartouches.

Ajoutons que cet homme, qui tout d'abord avait été arrêté, a
fini par trouver — *grâce à des complaisances que je n'ai pas à rechercher ici*, — une retraite impénétrable ; que quelque temps
après, une évasion aussi mystérieuse que sûre était ménagée à
Mohamed ben Mokhtar.

De ces divers éléments, de toute cette information se dégage
une impression à laquelle on ne peut se soustraire et dont M. le
Premier Président lui-même n'essayait pas de se dégager lorsqu'il
constatait pendant les interrogatoires : « Dans cette affaire, tout
le monde a trahi ».

Si donc il est vrai qu'un complot a été ourdi ; s'il est vrai que
d'autres *culpabilités insaisissables mais réelles* ont existé ; que
derrière les culpabilités efficientes et matérielles existent d'autres
culpabilités, celles-là occultes et ignorées ; s'il est vrai que derrière les bras qui ont frappé, des volontés les ont incités ; que
derrière des hommes barbares et aveugles ont travaillé des intel-
ligences raffinées, *que devient alors votre justice*, si perspicace,
lorsqu'elle réclame des comptes à ces hommes primitifs qui, s'ils
avaient agi, n'auraient été que les exécuteurs de desseins qu'ils
n'auraient point conçus ???

Ce ne seraient donc que des instruments que vous auriez à juger aujourd'hui ?

A ce propos, Monsieur l'Avocat Général, vous avez éveillé, au
cours de votre réquisitoire, toute ma stupéfaction lorsque vous
affirmiez que des « choses », que des instruments, que des « bras »
devaient être punis avec la même sévérité que les cerveaux
éclairés instigateurs du crime. Cette thèse est une innova-
tion. Je vous ai moi-même, Monsieur l'Avocat Général, entendu soutenir récemment devant la Cour d'Assises, avec votre

habituel talent, que les plus coupables étaient les instigateurs et non pas les bras inconscients.

Mais, Messieurs, ces instruments sont d'une nature particulière, d'une docilité, d'une passivité que rien ne peut égaler ; ce sont des musulmans à l'esprit borné, des musulmans fanatiques. Pour vous donner une idée de la puissance du fanatisme, laissez-moi vous raconter une anecdote que les journaux ont rapporté ces derniers jours :

Un vieux musulman était depuis longtemps au service des religieuses d'un couvent de Beyrouth et avait témoigné durant tout le temps où il était resté dans l'établissement, le dévouement le plus affectueux à ces personnes religieuses. Un beau jour, au moment où la « guerre sainte » allait éclater, ces dames posèrent une question très brève à leur vieux serviteur. Elles lui demandèrent : « Voyons ! Si jamais vos coreligionnaires donnaient l'ordre de nous égorger, que feriez-vous ? » Et ce vieux serviteur, cet homme qui avait manifesté tout son attachement à ces religieuses répondit : « Je vous égorgerais moi-même pour vous éviter une mort plus cruelle. »

Voilà jusqu'à quel point peut conduire le fanatisme. Et le fanatisme trouve sa place en cette affaire. N'y a-t-il pas une manifestation du fanatisme dans cet aveu de Mohamed dévoilant son crime au rekkas : « Dieu l'a voulu ! » ? Il avouait ainsi qu'il obéissait à des suggestions venues de plus haut que celles de son esprit.

Dans ces conditions, la Cour pourra-t-elle se montrer impitoyable vis-à-vis des accusés parce qu'ils s'obstinent, s'ils sont coupables, à masquer le rôle, même passif, qu'ils ont pu jouer ?

En effet, il ne pourrait s'agir que d'une culpabilité très diminuée, d'un rôle fort atténué, s'il était établi que ces gens ont participé au drame d'El-Heymer. Et cette participation matérielle n'est nullement établie.

Examinons tout d'abord le cas de *Si Ahmed ben Mokhtar*. A son sujet, l'accusation se fonde sur deux points précis : les aveux qu'il aurait faits au rekkas Derkaoui ; puis les aveux qu'il aurait faits à son coinculpé Abdelkader lorsqu'ils étaient tous deux internés à la prison du pacha.

Les prétendus aveux recueillis par le rekkas Derkaoui ! Qui donc pourrait songer à les prendre en considération ? De tels aveux n'ont rien de judiciaire. Au surplus que vaut le personnage qui enregistre et rapporte ces aveux ? Derkaoui, c'est un rekkas !.

Au cours de ces débats, nous avons entendu une traduction euphémiste du mot arabe « rekkas ». On a dit : « Rekkas veut dire émissaire ». Oui, c'est un émissaire, mais un émissaire d'une nature spéciale ; c'est le mouchard dans l'acceptation la plus méprisable du mot ; c'est l'homme qui rôde autour des cases pour surprendre les secrets ; c'est l'homme qui a existé aux plus tristes heures de l'histoire, c'est le sycophante des sombres décadences, le délateur dont le métier d'opprobre et de lâcheté a toujours été l'auxiliaire indispensable des régimes de tyrannie, de terreur et de cruauté ; c'est le délateur salarié, patenté ; son métier est de produire de la délation ; s'il ne dénonce rien il ne fait pas son métier et ne gagne pas son argent. Il faut donc qu'il dénonce. Il faut donc qu'il ait toujours sous la main une confidence accusatrice à présenter en même temps que sa sébile !

Est-il donc possible de tenir pour constants les aveux que le rekkas Derkaoui dit lui avoir été faits ?

Devra-t-on tenir compte aussi des aveux qu'un des inculpés a faits à Abdelkader dans la prison du pacha ?

Conservez le souvenir, Messieurs, que cet inculpé qui prétend avoir reçu des aveux en prison, est lui-même inculpé, et qu'avec la mentalité arabe, les inculpés s'imaginent que le meilleur moyen de se défendre soi-même, c'est d'accuser autrui.

Ajoutons que cette déclaration n'est pas impartiale. Nous savons qu'Abdelkader a manifesté sa haine contre toute la famille

Mokhtar ; il a notamment fourni sur le plus vieux des inculpés, le père des Mokhtar, des renseignements exécrables qui, contrôlés à la suite d'une délégation de M. le Conseiller Laugier, ont été reconnus inexacts : on a trouvé que le père Mokhtar était un homme qui, jusqu'au jour où il comparaît devant vous, avait donné lieu à d'excellents renseignements.

C'est sur ces deux fondements principaux que s'étaie l'accusation ; et M. l'Avocat Général de vous dire : « Je vais requérir une peine terrible contre l'un des accusés ; j'ai donc le devoir de vous apporter une preuve absolue contre lui, j'ai le devoir de vous montrer qu'il n'y a aucun doute au sujet de sa culpabilité. »

Eh bien, Messieurs, il ne me serait pas difficile de vous montrer qu'il y a des éléments dans le dossier qui à eux seuls pourraient déjà éveiller un doute.

Nous soutenons, du côté de la défense, qu'Ahmed était couché au moment du crime ; qu'il était dans son gourbi ; et l'on s'est efforcé, du côté de l'inculpation, de démontrer que cela est inexact. Cependant, Messieurs, il y a une déclaration que vous ne connaissez pas, faite par un enfant qui n'a pas intérêt à mentir. C'est celle de la petite Ianina, qui est la fille de Mohamed, et par conséquent la nièce de Si-Ahmed. Cette fille, qui est âgée de douze ou treize ans, a fait une déposition qui me paraît importante et que je me permets de lire à la Cour :

« Mon père est venu, le soir du crime, nous réveiller en nous disant, à ma mamma, à mon petit frère et à moi : « J'ai tué le brigadier, il faut nous sauver ! ». Mon oncle était couché dans le gourbi... »

— Son oncle, c'est Si-Ahmed, frère de son père, Mohamed ben Mokhtar —

» ... mon oncle a été réveillé en même temps que nous par mon père. Mon père avait le fusil de la douane, il était blessé à la main. Ma marâtre a mis du café sur la blessure et l'a pansée. Alors ma marâtre, mon frère et moi, nous sommes partis. Ma marâtre est allée chez elle ; mon frère plus âgé que moi, et moi-même, nous sommes partis chez son grand-père. Au moment où mon père nous a dit son crime, mon oncle lui a répondu : « Où veux-tu que je te suive et que j'aille avec toi maintenant ? » Mon père et mon oncle sont partis avant nous ; je ne sais pas où ils sont allés. C'est tout ce que je sais ; j'ai dit la vérité ».

Voilà les déclarations d'une enfant qui doit certainement dire la vérité, car elle accuse son père ! et elle n'a pas d'intérêt à l'accuser pour sauver son oncle.

Lorsqu'on se trouve en présence d'une pareille déposition, n'y a-t-il pas quelque chose qui peut faire surgir un doute, surtout si nous joignons à cette constatation qu'au moment de l'évasion, un seul des inculpés prend la fuite. On fait évader Mohamed ben Mokhtar. Pourquoi ne fait-on évader qu'un seul inculpé ? C'est qu'on sait que sa culpabilité est établie. On ne favorise pas la fuite de Si-Ahmed. Pourquoi ? Parce que sa culpabilité n'est pas claire ; parce qu'on espère qu'il sera remis en liberté par la justice, parce qu'on pense *qu'il n'y a rien contre lui*. Oui, c'est à celui qui avait révélé son crime que l'on procure la liberté, à celui qui a été le directeur des assassins et qui est d'autant plus coupable qu'il a égorgé son chef (rappelez-vous qu'il était douanier au poste d'El-Heymer). Si vous songiez à rendre contre Ahmed un arrêt de mort, quelle sentence prononceriez-vous à l'égard de Mohamed si vous aviez ensuite à le juger, puisqu'il serait, dans tous les cas, plus coupable qu'Ahmed ?

Nous avons aussi, Messieurs, à défendre un vieillard de soixante-quinze ans, *le père d'Ahmed*.

Cet homme est accusé de complicité de vol par recel. Mon humble avis est que la preuve de sa culpabilité est insuffisante. En effet, sur quoi repose-t-elle ? Elle repose uniquement sur *une simple phrase* qui se trouve insérée au dossier, phrase prononcée par des femmes qui n'ont *pas été interrogées* à l'information, qui n'ont subi aucune confrontation.

« Les femmes du douar voisin... » — lisons-nous dans une pièce du dossier — »... qui nous avaient aperçus, s'approchèrent de nous, et leurs premières paroles furent celles-ci : « Nous ne savons pas où est l'argent, mais il n'est plus ici, c'est Mokhtar, le père des assassins, qui l'a pris ». Et Ahmed ben Abdelkader nous a déclaré alors que c'était fort probable en effet, étant donné que Mokhtar était resté à la prison avec ses coinculpés et avait pu apprendre où se trouvait l'argent ».

Je relève cette phrase : « Que c'était fort probable ». Ce n'est donc, Messieurs, qu'une *probabilité* !

En outre, le même inculpé, qui a prétendu que dans la prison des révélations avaient été faites sur l'endroit où se trouvait l'argent, a déclaré que cet homme s'était livré à des dépenses exagérées. On a vérifié cette affirmation sur une délégation de M. le Conseiller Laugier ; et il a été prouvé que mon client n'avait pas fait de dépenses exagérées du tout.

Alors, sur quoi fonderez-vous la culpabilité de ce vieillard ?

Il me semble que M. l'Avocat général a passé presque sous silence cet accusé : je n'ai presque rien ouï dire à son sujet dans le réquisitoire : « C'est, Messieurs, un vieillard de soixante-quinze ans..., »

On a recueilli sur son compte des renseignements qui, ceux-là, ne sont pas suspects parce qu'ils ont été fournis à la demande de M. Laugier, le Conseiller à la Cour. Je n'en veux pour preuve qu'un seul passage qui les résume tous. Dans la réponse qui est faite à M. le Conseiller Laugier, on s'exprime de la façon suivante : « Pendant son séjour chez les Beni Men Gouet, la conduite de cet inculpé n'a jamais laissé à désirer. Les renseignements recueillis sur lui sont bons : c'était un brave homme, très respectueux de l'autorité, et il avait *conquis l'estime générale* ».

Telles sont les indications qu'on nous fournit sur ce vieillard, sur cet homme qui, comme le proclamait l'éloquent organe de la partie civile, aurait certainement obtenu pitié de la part d'un autre vieillard, le père de la victime.

Ne ferez-vous pas comme ce dernier ? Est-ce que cet homme n'a pas suffisamment souffert déjà, cet homme qui sait que son fils est incarcéré, cet homme qui souffre depuis de longs mois derrière les murs des prisons ? Cet homme n'a-t-il pas droit à la *liberté* ? Je vous la demande pour lui... Je n'insisterai pas davantage, je suis convaincu que vous la lui accorderez.

Mais je n'oublie pas, Messieurs, que mon devoir de défense s'étend aux deux extrémités de cette barre ; que si je soutiens d'un côté un vieillard prêt à s'éteindre, un corps qui vacille déjà au bord d'une tombe, je dois mes efforts aussi à un homme tout jeune encore : la fin d'une vie d'une part, le début d'une existence de l'autre ; tout cela, c'est moi — faible orateur — qui dois le défendre contre les réquisitions implacables du ministère public ; et je frémis au souvenir des paroles vibrantes et acharnées de M. l'Avocat général qui vous adjurait hier, à la fin de son réquisitoire, de faire choir, sans compassion aucune, une tête de vingt-quatre ans !

Je suis seul, ici, pour sauver ce malheureux, et ma voix pleine d'angoisse n'ouvrira-t-elle pas vos cœurs, pour vous convaincre que je me sens faible en présence de la responsabilité épouvantable que je supporte ; que je tremble à l'heure qu'il est pour la vie d'une créature humaine ! Ne sentez-vous pas, Messieurs, que je me débats, que je lutte et que je me sacrifie pour elle ?

Ah ! laissez-moi, secoué d'émotion, les mains suppliantes, vous demander la vie sauve pour cet infortuné ! Evitez la chute d'une tête ! Oh ! cette chose horrible ! Ayez compassion, Messieurs ! Agréez ce dernier cri de miséricorde d'une voix douloureuse et brisée qui implore votre clémence et votre justice ! ! ! (*Vive sensation dans l'auditoire*).

M. le Premier. — Interprète, faites lever Ahmed et dites-lui, ainsi qu'à son père Mokhtar ben Abdelmoumen, que le défenseur vient de plaider et a demandé l'acquittement de Mokhtar père ; expliquez tout spécialement à Ahmed ben Mokhtar que son défenseur a dit qu'il avait été surtout poussé par d'autres personnes, s'il a commis le crime, et que le défenseur a demandé à la Cour de se montrer indulgente.

(L'interprète traduit à mesure les paroles de M. le Premier. — Les accusés ne font aucune réponse).

M. le Premier. — Maître Monbrun, si vous voulez prendre la parole....

Maître Monbrun. — Je suis aux ordres de la Cour.

M. le Premier. — Nous vous écoutons.

MAITRE Th. MONBRUN

ANCIEN BATONNIER DE L'ORDRE DES AVOCATS

A ORAN

PLAIDOIRIE DE Maitre MONBRUN
DÉFENSEUR DES DEUX COUSINS ET DE L'ONCLE.

Monsieur le Premier Président,
Messieurs,

Vous savez que si mon confrère vient de défendre le premier et le dernier accusés, je suis chargé, moi, de présenter la défense des trois qui sont placés devant vous, entre le père et le fils Mokhtar.

Mon premier devoir est de vous dire quel plaisir j'éprouve de voir que les indications si autorisées de M. le Premier au sujet de M⁰ Clérico, étaient absolument justifiées ; connaissant le talent de notre confrère, il lui disait — dissipant ses craintes — qu'il pouvait accepter, au cours des débats, la défense de l'accusé privé subitement de son défenseur M⁰ Chavernac. M⁰ Clérico vient de remplir cette tâche d'une façon remarquable, et ce m'est une joie, à moi qui vais, dans quelques années, quitter la barre, de sentir qu'il y a à Aix de telles espérances et de telles valeurs parmi nos jeunes confrères.

Je n'ai pas que ce devoir, du reste. Il y en a un autre que je veux remplir avant même de prononcer une parole pour les accusés que je défends devant vous. C'est un pieux devoir, pour moi, Français né sur le sol africain, de saluer bien bas le brigadier Meyer, la noble victime qui est tombée là-bas sous le couteau des assassins. Elle a, comme les soldats, reçu la mort *face à ses agresseurs.* Son nom s'ajoute au long et lugubre martyrologe de ceux qui, sur cette terre glorieuse, depuis 1830 jusqu'à hier, officiers, soldats, fonctionnaires et colons, sont morts pour la France, pour la grandeur de la Patrie ! Leur sang a fécondé cette nouvelle terre, bien française je vous l'assure.

Mais il me faut vaincre l'émotion que cette sorte de prière pour les morts place en mon cœur oppressé ; il me faut tout de suite aller à mon devoir, le faire tout entier devant vous, c'est-à-dire défendre mes clients.

Je le fais à l'aise, car vous connaissez les faits et tous les hommes de ce procès, non seulement ceux qui sont là et que vous avez entendus, mais même ceux qui ne sont pas ici, qui n'ont pas voulu y venir. Vous les connaissez par vous-mêmes, par les commissions rogatoires et par les réponses qu'a obtenues M. le Conseiller rapporteur Laugier, par le rapport si lumineux et si complet que vous a fait, au début de ces audiences, M. le Conseiller Dumas. Vous êtes fixés enfin, qu'il me soit permis de le dire respectueusement, par l'interrogatoire si précis et si complet des accusés par M. le Premier Président. Tout cela était important, car il s'agissait de rechercher ici *toute la vérité*, celle qu'on ne veut pas dire, *celle qu'on vous cache*, celle que peut-être — et c'est plus grave — on cache au pays.

Dans ces investigations, nous allons, à notre tour, tâcher modestement de vous aider. Ne nous gardez nulle rigueur, Messieurs, des incidents qui se sont produits dans cette enceinte ; dans notre pensée ils avaient pour but, à la suite d'une instruction dans laquelle on n'a pas voulu vous aider, de nous faire *jusqu'au bout* les auxiliaires tenaces de votre justice.

Hélas, vous l'avez vu en effet : ceux qui avaient le devoir de rechercher tous les coupables de l'assassinat d'un Français semblent avoir pris plaisir à obscurcir ce drame, déjà si tragique.

Pour simplifier ma tâche, ou si vous voulez, pour aborder tout de suite, après ce préambule, la défense des accusés, je commencerai par le dernier, Moulay-Amar.

Ai-je bien à le défendre devant vous ?

Vous avez vu déjà tout à l'heure comment, avec son cœur,

Me Willm vous disait qu'en ce qui le concerne, il s'en rapportait à votre justice ; et dans les paroles du ministère public, la même pensée se dégageait ; on devinait aussi que pour ce vieillard il s'en rapportait à vous. Et cela non par pitié, non pas à cause de son âge, des sept enfants qu'il a, de la si longue prévention qu'il a subie ; mais parce que *contre lui il n'y a rien*, absolument rien... Rien depuis les débats, et rien avant. Je n'en veux d'autre preuve que ce fait que M. le lieutenant Garnier ne l'avait même pas arrêté au début, ni plus tard du reste. Et d'autres, qui sont cependant moins tendres et qui sont moins justes que lui, ne l'avaient même pas arrêté non plus.

Vous savez que c'est seulement au cours de la procédure, au mois de mars 1912, c'est-à-dire six mois après les faits, que Moulay-Amar a été emprisonné. Et comment ? Après la fuite du premier des Mokhtar parti avec son frère (ce Si-Ahmed que nous voyons comparaître devant vous), on avait envoyé un émissaire qui, après bien des difficultés, avait atteint les fugitifs au-delà de la zône française, dans la zône espagnole. Là, grâce à cet admirable service de renseignements que nous avons en Algérie et au Maroc et qui, à l'avancée de l'armée, la guide, elle et les Français qui vont là-bas ; grâce aussi à M. le commandant Gros et grâce à M. l'interprète Renizio, on avait opéré cette délicate et importante capture. Pour y parvenir, on avait tendu une main loyale aux officiers espagnols en leur faisant comprendre qu'il y a quelque chose au-dessus de tout : la Justice, l'arrestation nécessaire des misérables qui commettent des assassinats. Dans une lettre admirable qui est au dossier, M. le commandant Gros écrivit à son collègue le commandant de la zône espagnole : « Un Français, un fonctionnaire, a été assassiné. En pareille occurrence, si un sujet espagnol venait se réfugier chez nous après avoir commis un crime, nous vous aiderions à l'atteindre : faites-en autant pour nous ». Cet appel à la solidarité internationale contre les malfaiteurs fut entendu.

On a donc atteint les fugitifs, et notamment le principal coupable, le douanier Mokhtar, celui qui a égorgé Meyer. Et lorsque cet individu, si dangereux, a été amené à Oudjda et enfermé à la prison du pacha, ceux à qui on l'avait livré, qui se l'étaient fait livrer de force, l'ont *si mollement gardé qu'ils l'ont laissé échapper !...* Disparition étrange, mystérieuse ! C'est alors seulement que les consuls ont tenté une diversion et que Moulay-Amar a été mis en prison.

Bien que l'on fût parfaitement au courant de toute l'affaire d'El-Heymer, bien que dès les premières pièces de l'information il ait été question de sa mule, Moulay-Amar n'avait pas été inquiété. Il n'est arrêté qu'au moment où Mokhtar s'enfuit de nouveau, en mars 1912. Pourquoi?... Parce qu'on dit que c'est « *sans doute* » lui qui a aidé à faire disparaître Mokhtar !

Messieurs, nous considérons que c'était là une diversion fâcheuse et inutile ; car ceux qui poursuivaient Moulay-Amar savaient à merveille que si, en mars, il était venu à Oudjda, s'il y était resté jusqu'alors, c'est précisément parce qu'il avait été invité par les consuls à se mettre à la disposition de la justice. Or, les consuls n'en avaient rien dit au dossier. Et il a fallu qu'au cours de ses investigations patientes et réitérées, M. le Conseiller Laugier, dans une nouvelle commission rogatoire envoyée à Oudjda, leur demandât pourquoi ils établissaient une relation de cause à effet entre la disparition de Mokhtar et la présence à Oudjda de Moulay-Amar. (C'est à ce sujet-là qu'interrompant hier M. le Premier, — ce dont je m'excuse — j'ai demandé à lire la pièce n° 55, c'est-à-dire la réponse qui a été faite à ce sujet à M. le Conseiller Laugier).

Il fut alors répondu, — alors seulement — par les consuls, que « Moulay Amar avait été invité à rester à Oudjda à la dispo-« sition du magistrat instructeur et que cette circonstance plai-« dait en sa faveur » (*sic*). Mais eux, qui savaient cela avant que M. le Conseiller Laugier l'eût demandé, pourquoi l'ont-ils arrêté, puisqu'il n'y avait aucun rapport entre sa présence à Oudjda et la disparition de Mohamed ben Mokhtar ?

Ah ! C'est peut-être parce qu'il fallait obscurcir l'affaire ! C'est parce qu'il fallait laisser croire que si Mokhtar était parti, c'était grâce au plat apporté par son parent Moulay Amar, plat dans lequel il aurait trouvé une cuiller grâce à laquelle il avait fait une ouverture dans le mur de sa prison ! Et quelle ouverture ! Je l'ai vue, de mes yeux vue ! C'est une ouverture par laquelle, certes un homme ne peut pas passer, même lorsqu'il s'agit de sortir d'une prison ! *Si Mokhtar est parti*, c'est qu'il .est sorti, on peut le dire, « par la grande porte ». Elles sont bien piètres les explications de ceux qui l'ont si mal gardé. Ce qui reste, c'est que cet homme que voici, Moulay Amar, mon client, qui — lui — n'avait rien à se reprocher, qui était resté à la disposition de la justice, n'a aidé en rien à l'évasion du grand coupable Mokhtar.

Donc, — j'avais raison de vous le dire, — ce n'est pas en invoquant la pitié que je vous demande de le mettre en liberté ; c'est parce qu'il n'y a rien contre lui... qu'une arrestation arbitraire, six mois après le crime. Et l'on ne serait pas attristé d'une pareille méconnaissance de la liberté individuelle ?

Mokhtar a fui. M. l'Avocat Général avait hier un dernier espoir. Il demandait à M. le Général Toutée : « Est-ce que vous pensez qu'on ne pourrait pas l'atteindre un jour ? » Rappelez-vous, Messieurs, la réponse du général, qui connaît bien ces régions : « Oh ! Il est parti bien loin de la zône espagnole, à plu-« sieurs centaines de kilomètres, il est avec les Riffains qui com-« battent les Espagnols quand ils ne combattent pas les Fran-« çais ». Dans cette lutte entreprise contre la civilisation que l'Espagne et la France apportent dans ce pays, il est maintenant, Messieurs, un instrument précieux pour les Riffains et extrêmement dangereux pour nous, car il a été habitué chez nous au maniement de nos armes, il connaît toutes les choses qu'il faut connaître à la guerre, il renseigne nos ennemis précisément sur ce qu'ils ignorent de notre tactique, de notre façon de procéder et de notre système pour obtenir des renseignements. — Aussi —

à mon tour — je dis à M. l'Avocat Général que c'est un grand danger que Mokhtar soit en face de nous, avec nos pires adversaires, et que ce soient les consuls qui l'aient laissé échapper.

Voilà l'homme qui a disparu. Pourquoi a-t-il disparu dans les conditions que vous connaissez ? Mystère...

Ah ! Je comprends que M. Kammerer n'ait pas déféré à la citation qui lui avait été adressée ! Il lui aurait été difficile et pénible de venir s'expliquer ici ; il lui aurait été même impossible de justifier que cet homme ait pu ainsi disparaître ! Il n'aurait pu expliquer comment lui, consul français, ayant la charge de la sécurité des Français dans les pays qui sont hors de la métropole, chargé de l'instruction, à qui on avait remis les assassins, en a laissé échapper un, et indubitablement le plus coupable.

Aussi je regrette — comme vous le regrettez certainement vous-mêmes — que la loi ne puisse atteindre que d'une condamnation à 100 francs d'amende celui qui se refuse, dans de pareilles conditions, à venir éclairer la justice au sujet du drame le plus poignant, le plus angoissant certainement que vous ayez eu à juger.

S'il n'y a rien contre Moulay Amar, vous n'aurez donc qu'à l'acquitter, à renvoyer indemne cet homme qui a, depuis plus de six mois, subi une dure prévention, ayant eu au cou, pendant plusieurs mois, ce carcan horrible que j'ai essayé de vous décrire dans une des dernières audiences.

Mais cette prévention n'est pas la dernière de ses douleurs! Il y en a une autre que je vous signale, Monsieur le Premier Président, et que je signale aussi à M. l'Avocat général. Lorsque je suis allé le voir l'autre jour et qu'il m'a demandé ce qu'il allait devenir, je lui ai laissé — connaissant votre justice et votre sagesse — une espérance. Il me disait alors : « Mais, acquitté, que deviendrai-je ici, loin des miens ? »

Lorsque vous aurez rendu votre arrêt, il va se trouver sur le pavé d'Aix, sans ressources. Je vous le recommande, il faut le faire rapatrier en Algérie. Le Gouvernement lui doit bien de le

rendre, non seulement à cette liberté qui lui est chère, mais à sa
famille, après une telle séparation et dans les conditions lamen-
tables que vous connaissez.

J'en ai fini avec lui, et le débat se trouve dégagé d'autant.

J'arrive maintenant à la défense des deux autres accusés, ceux
que M. le Conseiller Dumas a appelés « *les deux cousins* ».

Leur défense paraît difficile. En apparence seulement. Déjà
d'ailleurs, en ce qui les concerne, la partie civile et M. l'Avocat
général ont indiqué que contre ces deux hommes on ne pouvait
pas demander les rigueurs de la loi. Certainement, dans leur
sagesse, après l'examen du volumineux dossier de cette affaire,
mes deux honorables contradicteurs ont compris qu'il n'y avait
pas la moindre preuve d'une complicité d'assassinat, d'une concomitance avec le vol contre les deux cousins ; à mon sens, l'affaire est pour eux bien réduite.

Mon plan, en ce qui concerne cette défense, sera excessive-
ment simple.

Après avoir rappelé très sommairement la seule instruction
qui intéresse ces accusés — parce qu'on a fait dévier sur eux une
instruction qui devait être dirigée sur d'autres, — j'examinerai
une à une les charges qui ont été relevées contre eux, et je
pourrai conclure en vous demandant aussi leur élargissement.
Je compte, en toute hypothèse, arriver à vous convaincre qu'il
ne peut être relevé à leur encontre aucune complicité d'assassinat. Je vous expliquerai ensuite dans quelles conditions le
vol a été relevé, je vous démontrerai — je l'espère du moins, je
le dis très respectueusement et très sincèrement à la Cour —
qu'ils ont agi sous l'empire d'une contrainte à laquelle ils n'ont
pu se soustraire. Enfin, ils ont assez souffert ! La prévention
qu'ils ont subie est déjà assez longue pour que vous n'y ajoutiez
pas encore une condamnation !

Sur ces points, je serai bref, aussi bref que possible, et je vous
demande quelques instants seulement de votre bienveillante

attention, car je me renfermerai strictement dans le cadre que je viens de tracer.

Vous savez, Messieurs, que l'on a eu quelque peine à trouver les assassins, les deux frères Mokhtar, et l'opinion unanime était que les véritables assassins se trouvaient parmi les douaniers. Et si à ce moment là, au lieu de saisir la justice civile, on avait laissé instrumenter la justice militaire déjà saisie, vous auriez aujourd'hui Mokhtar Mohamed.

Mais ce n'est pas tout, hélas ! Pendant de longs mois on a gardé un silence profond, et des *négligences impardonnables* ont été commises. Les dates le prouvent.

Un premier interrogatoire est, en effet, subi par l'aîné des Mokhtar au moment où il est amené à Oudjda, c'est-à-dire les premiers jours de novembre. Mais on ne l'interroge plus ensuite ; et M. le Conseiller rapporteur, qui connaît à merveille les dates de cette instruction, vous dit qu'on ne l'interroge plus que le 5 décembre. Après, plus rien ! il faut aller jusqu'au mois de mars suivant pour trouver un autre interrogatoire ! Ainsi, on avait sous la main le vrai coupable, qui avait été péniblement ramené sur la zône française, et on ne l'interroge pas ! *Pendant des semaines et des mois on n'instruit pas davantage !* C'est pour cela qu'en juillet, lorsque le dossier parvint ici, je fus bien étonné d'apprendre que l'affaire ne viendrait pas avant les vacations.

Une instruction complémentaire dut être faite par M. le Conseiller Laugier. On a fait alors ce qu'on a pu, certes, mais il était trop tard. Pour un crime comme celui-là, commis en pays indigène, ce n'est pas huit mois après qu'on peut se livrer à des investigations. M. le Conseiller Laugier a donc envoyé de nombreuses commissions rogatoires à Oudjda ; mais à qui dut-il s'adresser ? A ceux même qui avaient commis les négligences dont je parle, et qui ont mis encore à ce moment, disons-le, une grande lenteur à renseigner l'honorable magistrat instructeur.

Qu'est l'interrogatoire de Mokhtar ? *Quelques lignes. Aucune confrontation* jusqu'au 25 mars. Et alors, quand on l'interroge, il déclare qu'il était seul. *Aucun inventaire* des pièces, rien. Et cependant si vous vous reportez à l'article 12 de la loi de 1836, vous y voyez que non seulement aux termes des règles générales de procédure criminelle, mais aussi dans les prescriptions mêmes de la loi, il est indiqué qu'un inventaire spécial doit être fait des pièces. On n'en a fait aucun.

Je reprends donc pour mon compte le dilemme dans lequel M⁰ Willm enfermait cette singulière procédure : ou une ignorance absolue des lois, ou une abstention inexplicable, coupable, qui veut *nous cacher tout* et qui laisse bien mystérieuse cette affaire. Pour une procédure aussi importante, on ne trouve aucune justification de ce long retard à interroger les·accusés, à instruire complètement le crime. Rien ! Le magistrat instructeur se désintéresse des faits, et, ce qui est bien plus grave, il se désintéresse des hommes au point de laisser échapper le plus coupable, Mokhtar.

Pourquoi aussi, alors que mes deux clients avaient été laissés à la prison du camp, c'est-à-dire à la prison militaire où je les ai vus depuis le dessaisissement et jusque pendant le mois de mars, pourquoi lui, Mokhtar, était-il envoyé à la prison consulaire où il n'y a que des gardiens indigènes ? Que ne les a-t-on tous laissés à la prison militaire où les gardiens sont des gendarmes (car aux armées, — vous le savez — la prévôté est chargée de la garde des accusés) ! Les gendarmes sont des hommes de devoir. Ils le sont plus encore peut-être là-bas, à côté de l'armée. Ils n'auraient certes laissé échapper personne, eux, et vous verriez ici tous les inculpés sans les négligences de cette garde indigène à laquelle les consuls les ont bénévolement confiés.

Donc, tandis qu'on laissait les autres à la prison du camp, Mokhtar était envoyé à la prison du pacha. Vous savez comment il s'est évadé. En faisant le bilan de ces tristes négligences, en se remémorant de quelle façon il s'est enfui, on peut dire que *l'autorité militaire* (dessaisie depuis), *elle, avait pris Mokhtar* et que *ceux* qui les avaient pour ainsi dire enlevés à cette juridiction, *les consuls*, eux, l'ont laissé échapper. Comparez !

Mais — pour passer de ces considérations générales à la défense spéciale de chacun des accusés — votre justice, Messieurs, peut-elle, en l'état, doit-elle atteindre ces hommes par un châtiment quelconque ? Je ne le pense pas, et c'est la seconde partie de la thèse que j'ai à développer devant vous.

Qui les a vus ? Quel est le témoin qui est venu dire qu'on avait vu les deux cousins rôdant autour du poste des douanes ? Aucun ! C'est tellement vrai que si, à l'heure actuelle, il n'y avait pas eu quelques déclarations de ces gens, s'il n'y avait pas eu des réponses de Mohamed Mokhtar sur lesquelles je ne reviendrai pas, qui de nous ne frémirait à la pensée de prononcer une condamnation quelconque de ces deux hommes que je défends devant vous ? Qui ? Quel est le témoin qui accuse ? Quel est l'agissement, quel est l'acte de ces hommes ? Rien, rien, je le répète.

Les a-t-on vus (ceci pour répondre à M. l'Avocat Général qui hier, indiquant les préparatifs de cet épouvantable attentat, disait qu'on avait trouvé les deux frères Mokhtar dînant ensemble ce soir-là, après que l'un d'eux fût venu trouver l'autre) les a-t-on vus, eux, mes clients, rencontrant les frères Mokhtar ? Est-ce qu'à ce sujet une indication a pu vous être donnée par l'Avocat général ? Est-ce qu'il a pu vous dire qu'à un moment quelconque, dans cette période qui est notée comme étant celle de la préméditation, on les a surpris se concertant avec Mohamed et Si-Ahmed Mokhtar ?... Non, il n'y a absolument rien.

De prétendues confidences auraient été faites à Semghouni ? Vous savez qu'il n'est pas possible d'en tenir compte ; elles sont trop intéressées, suspectes, les indications de ce douanier interprète. Pourquoi ? A cause du rôle qu'il a joué en cette affaire et qui vous a été indiqué par M. le Général Toutée et par M. le lieutenant Garnier. Hier encore je me suis permis, au moment où le général achevait sa déposition et alors que M. le Premier

Président me demandait si j'avais une observation à présenter, de montrer à la Cour une pièce du dossier en lui disant : « C'est mot pour mot ce que M. le Général Toutée *disait déjà à la date du 6 novembre 1911* ! » Ce qu'il disait alors, c'est qu'on doit certainement trouver les coupables dans le poste des douaniers et que c'est *Semghouni*, PARLANT ADMIRABLEMENT LE FRANÇAIS, *qui a dû fournir toutes les indications aux assassins.*

C'est donc cet homme, si suspect, si compromis et qu'on a emprisonné assez longtemps, qui rapporte qu'il aurait reçu des confidences des deux cousins ? Il veut, lui aussi, faire dévier le débat ; pour écarter de sa tête l'inculpation et la condamnation qui l'atteindront plus tard, il vient dire : « Mes deux coaccusés m'ont fait des confidences ; » Mais comme je le disais mardi à la Cour, à peine a-t-il achevé sa phrase qu'il tend la main et demande immédiatement au magistrat instructeur sa récompense, — sa liberté !

En effet, écoutez la lecture de cette pièce : « Semghouni ajoute « que c'est sur ses instances qu'Ahmed ben Abdelkader, après « avoir longtemps nié, a fini par avouer à M. le capitaine Guen- « nebaud et à lui, qu'il avait pris sa part de l'argent du coffre- « fort ».

Dans une autre déposition que j'ai déjà lue à l'audience, il dit au consul qui l'interroge : « Ils m'ont fait des confidences et « m'ont avoué qu'ils étaient coupables ». Et puis — *in cauda vene-num* (c'est le cas de dire), il ajoute : « Je vous demande ma mise en liberté provisoire ». Il sollicitait ainsi, je le répète, le prix de la déclaration intéressée qu'il avait faite.

Et c'est là, Messieurs, l'homme qu'il faudrait croire ? Ah ! non. Celui-là n'est pas un témoin, et vous ne vous arrêterez pas à ce qu'il dit, ce Semghouni qui, dans la chambre voisine, éloigné, comme vous le disait mon jeune confrère, de quelques centimètres de Meyer, a tout entendu, pendant la nuit tragique, ce Semghouni de qui Mohamed ben Mokhtar — celui qu'on a laissé échapper — disait : « Mais lui, Semghouni, *il a tout entendu* ! », et il l'excusait simplement en disant : « Peut-être il a eu peur ».

Qui donc, dès lors, a-t-on comme témoin contre Ahmed ben Abdelkader et contre Mohamed ben Ahmed ? Personne, puisque Semghouni ne peut pas être cru. Qui avez-vous ? Mokhtar ? Alors celui-là aussi, qui, deux fois, par sa fuite, avoue sa culpabilité, serait le témoin qui se dresserait contre nous ? Il serait témoin, ce misérable, cette bête fauve que M. l'Avocat Général nous montrait hier s'acharnant contre un malheureux Français, le lardant de nombreux coups de couteau, l'éventrant et lui coupant la gorge ? Pour tenter de sauver sa tête, il accuse les deux cousins, non pas lorsqu'il est entendu pour la première fois, mais lorsqu'il est arrêté après sa fuite ; il fait là tout ce que font les accusés — et j'en appelle à cet égard à votre expérience en matière criminelle : — il accuse ses coaccusés pour diviser les responsabilités et essayer de diminuer le châtiment. Et c'est cet homme qui serait témoin contre mes clients ! c'est de ses déclarations, Monsieur l'Avocat Général, que vous feriez état ? Oh ! non, je ne vous fais pas cette injure ; vous ne vous servez pas d'un témoin si indigne et vous avez raison.

Il y en a un autre, dit-on, qui a fait des déclarations ; c'est Si-Ahmed ben Mokhtar, le premier des accusés sur ce banc.

Messieurs, je m'honore de n'avoir jamais prononcé, dans toute ma carrière, une parole contre un coaccusé, et je le ferai encore moins ici, puisque vous avez entendu contre Ahmed ben Mokhtar les plus sévères réquisitions et puisqu'il vient d'être défendu par mon jeune confrère. Pas un mot ne sortira de ma bouche si ce n'est celui-ci : « qu'Ahmed a intérêt, lui aussi, à accuser, à diviser la responsabilité ».

Que reste-t-il alors ? Que reste-t-il de l'ensemble des griefs contre ces deux hommes, puisqu'il n'y a pas de témoin, ceux qui les accusent ne pouvant pas être crus ?...

Ah ! je sais ; on dit : « Il y a quelque chose d'accablant contre eux. Ce sont leurs contradictions ».

Encore une fois, ne leur faites aucun grief de ces variations.

M. l'Avocat Général, qui a été magistrat en Algérie, peut vous dire que les indigènes, ainsi que je me permettais de l'indiquer à la Cour dans une interruption, se livrent sans cesse à des contradictions qui sont absolument flagrantes, et qui, par cela même, ne peuvent rien, ni pour eux, ni contre eux.

Un autre magistrat de la Cour pourrait vous renseigner à ce sujet. C'est M. le Conseiller Chamblard que j'ai eu le grand honneur d'avoir pour adversaire — et redoutable adversaire — au tribunal d'Oran, dans des affaires criminelles. Ces deux magistrats, présents ici, pourraient vous attester qu'en Algérie nous ne faisons pas état des déclarations des indigènes et de leurs systèmes successifs de défense. Nous essayons, dans le chaos de leurs dires, de nous faire une opinion, et de voir d'après l'ensemble du dossier où est la vérité, où sont les vraisemblances. Et alors, sur ces données, nous venons devant les Cours, des deux côtés de la barre, dire sincèrement et loyalement notre sentiment, concourant ainsi — et nous honorant de concourir — à la bonne administration de la justice.

Me sera-t-il permis, Messieurs, de vous convier, à votre tour, à ne pas vous arrêter à ces déclarations des coaccusés, aux contradictions de ces hommes, et à chercher seulement, dans l'ensemble des faits, ce qu'il peut y avoir contre eux ? De cette façon vous ferez la seule justice qui soit bonne, la justice distributive. C'est celle que j'ai l'honneur de vous demander.

On m'objecte : « Il y a autre chose que vous ne pouvez omettre ; il n'y a pas que les déclarations des deux coaccusés, il n'y a pas que le grief qu'on peut leur faire de leurs variations : il y a leurs aveux ».

Eh bien ! examinons ces aveux. C'est après avoir sur ce point fourni quelques explications à la Cour que ma tâche se simplifiera.

Ici je suis à l'aise pour m'expliquer et je puis diviser mon argumentation.

D'abord, comment et sous quelles suggestions ces aveux ont-ils été faits ?

Ensuite, comment ont-ils été recueillis ?

Enfin, s'il m'est permis d'invoquer ici un principe de droit, je vous rappellerai que l'aveu est indivisible, et je crois que j'aurai quelque raison de vous dire, lorsque nous résumerons les faits, qu'aux explications des deux cousins il ne faut pas ajouter autre chose que ce qu'ils ont dit. Nous verrons alors si ce qu'on a appelé des « aveux » peut servir d'élément de preuve aux deux accusations qui sont portées contre eux.

Ils sont (vous le savez par le jeu des questions qui vous ont été posées), accusés d'abord de complicité d'assassinat ; et ensuite d'être, comme auteurs directs, les auteurs du vol qui a été commis. Or, vous savez que jamais, à aucun moment, ils n'ont déclaré qu'ils avaient trempé leurs mains dans le sang ou qu'ils avaient été les complices de l'assassinat.

Je ne voudrais pas faire de redites ; mais je prie la Cour de se reporter à l'interrogatoire qu'ils ont subi, si tardif soit-il, (c'est le seul d'ailleurs) au mois de mars 1912 devant M. le Consul. Là, ils sont entendus, et avec un nouveau mode d'information que vous vous étonnerez de voir employer dans notre beau pays de France, dont notre Algérie et le Maroc ne sont que le prolongement.

Là, dès avant la loi de 1897 sur l'instruction, il semble que le législateur de 1836 ait voulu, lui, que toutes garanties soient données aux accusés. Ceux-ci sont interrogés individuellement ; on doit leur demander s'ils ont fait choix d'un défenseur. Mais dans l'instruction du crime d'El-Heymer, va-t-on interroger séparément les inculpés ? Non ! M. le Consul a fort à faire sans doute : il met cinq mois avant d'interroger les gens, et comme alors il veut rattraper le temps perdu et aller vite en besogne, *il en interroge deux à la fois*. Vous le savez, Messieurs, je n'avance rien qui ne soit dans le dossier. Je signale ce fait non pas seulement parce que c'est mon devoir, mais par respect des magistrats devant lesquels je plaide.

Il les interroge le 27 mars ; il établit *un seul et unique* interrogatoire des deux hommes ; il ne leur fait pas l'honneur de prendre pour chacun une feuille de papier ! Si bien que le seul qui soit interrogé, Ahmed ben Abdelkader, commence ainsi sa déposition : « Ni moi, ni Mohamed ben Ahmed, n'avons pris part à l'assassi-« nat du brigadier Meyer. Nous étions tranquillement chez nous, « un petit village appelé Brida, lorsque Si-Ahmed ben Mokhtar « vint nous chercher en nous disant que le jour allait se lever et « qu'il avait besoin de nous pour déménager son frère ».

Vous connaissez la suite et je n'achève pas la lecture. Mais que trouve-t-on pour le second accusé ? Un mot ! Une ligne ! C'est la première fois de ma vie — et vous aussi j'en suis convaincu, — que je vois chose pareille. Comment ! Un homme est accusé de complicité d'assassinat et de vol avec concomitance, et son interrogatoire devant le consul qui doit ensuite rendre une ordonnance de renvoi devant votre Chambre des mises en accusation tient en une ligne, une modeste phrase : « Mohamed « ben Ahmed confirme de tous points la déposition de son cou-« sin ». Un point, c'est tout ; c'est le cas de le dire. C'est lamentable !

Vous avez donc devant vous un homme qui, au moment où *il a été appelé devant votre Chambre des mises en accusation, n'avait pas été interrogé*, ou si peu ! et qui en tout cas ne l'avait pas été selon les règles du droit commun et selon même la loi de 1836.

Je ne suis pas surpris dès lors que M. le Conseiller Laugier ait voulu avoir quelques précisions et qu'une commission rogatoire adressée à cet expéditif consul d'Oudjda lui ait demandé d'une façon toute spéciale des explications sur l'interrogatoire de ces deux hommes.

Je dois dire que des interrogatoires réguliers sont maintenant à votre dossier ; et c'est alors seulement que les deux accusés eurent été séparément entendus, que la Chambre des mises en accusations rendit son arrêt, prolongeant peut-être la prévention et retardant le jugement, mais complétant ce qui manquait dans l'information des consuls.

Que résulte-t-il donc de cette fameuse déclaration, de ces « aveux » ? On est venu, disent-ils, nous trouver lorsque « nous étions couchés, au moment où l'assassinat était achevé ».

Ici, je ferais injure à la Cour, à M. l'Avocat général, à mes deux contradicteurs, si j'insistais davantage ; tout le monde est bien d'accord, en effet, sur ce fait que l'intervention des cousins ne se produit qu'après la scène du meurtre ; on ne va les chercher qu'après la mort de Meyer. Sur ce point, plus de doute. Dès lors, aucune préparation avec les principaux accusés. D'ailleurs, la preuve qu'ils n'ont pris aucune part au meurtre est qu'ils n'ont, eux, aucune blessure ; alors qu'ils sont examinés immédiatement (puisqu'ils n'avaient pas fui), on ne trouve sur eux aucune tache de sang. Il n'y a donc rien, absolument rien, du chef de la complicité d'assassinat.

Autre chose : Pourquoi Abdelkader et Mohamed ben Ahmed auraient-ils participé à cet assassinat ? Ils n'y avaient aucun intérêt. Ils ne sont pas douaniers ; ils n'ont jamais été employés au poste des douanes et il n'a été relevé contre eux aucun de ces indices si graves qui vous ont été signalés par M. l'Avocat général et par mes honorables contradicteurs. Ils arrivent lorsque tout est fini ; et comme ils n'ont rien à se reprocher, ils n'ont pas besoin de mettre la frontière entre eux et la justice, ils restent là ; quand on veut les trouver, quand on vient les rechercher, rien n'est plus facile ! ils sont là.

M. l'Avocat général vous disait encore qu'il fallait être nombreux pour commettre un assassinat pareil, parce qu'il n'est pas possible qu'un homme seul ait pu égorger Meyer : nous sommes d'accord. Mais en voulez-vous d'autres ? En voulez-vous davantage que ceux que vous trouvez là ? *Il y avait tout le poste des douaniers !* Il est acquis aujourd'hui aux débats que tous ont pris ou semblent bien avoir pris part à l'assassinat.

Et encore était-il vraiment nécessaire d'être plus de deux pour

commettre cet assassinat ? Nous savons que Meyer a été surpris
— hélas, lâchement surpris — : on frappe à sa porte pour affaire
de service, il ouvre dans de telles conditions de tranquillité et
de calme, qu'il laisse son révolver sur sa table de nuit. Par conséquent, deux suffisaient pour l'atteindre, pour l'amener dans ce
guet-apens, pour se jeter sur lui. Il n'est donc pas nécessaire de
dire ou de laisser supposer que la présence des deux hommes
dont je m'occupe était absolument indispensable pour aider les
Mokhtar.

« Mais... » — vous dit-on — « ... on a volé quatre carabines :
« une pour Mohamed ben Mokhtar, une pour son frère Si-Ah-
« med et une pour chacun des deux cousins ».

Non, Messieurs ! Quatre carabines sont si bonnes à prendre
dans ce pays-là, que deux indigènes qui s'en emparent les gar-
dent pour eux sans partager avec deux autres ! Le général peut
vous le dire, elles peuvent être vendues très cher aux Riffains,
avec des balles que nos médecins-majors retrouvent souvent
dans les blessures de nos soldats ! (*Ici, le général fait un signe
d'assentiment*). Par conséquent, ils ont pu eux-mêmes, les deux
assassins, emporter les quatre carabines.

Ce qui est certain, en tous cas, — et j'en ai fini avec cette
partie de ma démonstration — c'est que mes deux clients ne
sont pas entrés dans le bureau. Personne ne le dit, *même leurs
coaccusés*. Aussi, ne les frappez pas, je vous en supplie. Je fais
en cela appel, non pas à votre humanité, mais à cette justice
avec laquelle vous pesez toutes choses.

Si vous prenez une à une les feuilles du dossier, aujourd'hui
complété, dans aucune vous ne verrez la preuve de la participation directe ou indirecte de ces deux hommes à l'assassinat.
Dès lors, sur cette question, je vous en prie, répondez *non*, non
pas à raison de la gravité de la peine qui s'en suivrait, mais
parce que là où il n'y a pas la preuve certaine, des magistrats
comme vous se refusent à prononcer un verdict de culpabilité.

Reste le vol, sur lequel je puis passer rapidement.

Ici, je le disais, le texte des déclarations des accusés est indivisible : « A un moment donné, ils ont pu fracturer le coffre-fort, on a pu leur donner quelques douros ; mais dans quelles conditions cela s'est-il produit ? Je supplie la Cour de se reporter par la pensée à la scène.

Quel est d'abord celui qui les a envoyé chercher ? C'est Mohamed ben Mokhtar. Il l'avoue lui-même : « J'ai dit à mon frère « Ahmed : Va chez nos parents, dis leur de nous prêter la mule « et de venir nous aider à emporter le coffre-fort. » Entre temps le coffre-fort avait été enlevé, et on l'avait porté où ?... à quinze mètres de là ou près de la Séguia, peu importe, mais on l'avait sorti de la maison. Quelle est donc leur participation au vol ? On soutient qu'ils ont fracturé le coffre-fort, et ici, M. l'Avocat Général est impitoyable pour eux. Il leur dit qu'il n'est pas de ceux qui admettent que quand on est commandé pour commettre un crime, on peut s'en excuser en disant qu'on y a été forcé.

Eh bien ! Messieurs, dans les circonstances actuelles, ce n'est pas ces malheureux qui vont nous renseigner. C'est le dossier, c'est toute l'information qui le dit, non seulement par les faits mais par le caractère même de l'assassin, qui, terrible et atroce, va intervenir. C'est pour cela, Messieurs, que je vous conviais à vous reporter à la scène et que je vous disais : « Voyez en présence de qui mes clients se trouvent ; voyez quels sont leurs contradicteurs, voyez quel est l'homme qui s'est trouvé devant eux. »

Ce qu'est cet homme ? Ce n'est pas seulement dans une pièce de l'information, c'est tout le dossier qui vous le dit. « Mokhtar nous a fait des menaces, et il nous a dit : « Si tu ne viens pas, si « tu ne nous aides pas à enlever le coffre-fort, *nous te ferons la peau, (sic) comme nous l'avons fait au brigadier Meyer.* »

Or l'assassin était armé, armé d'une carabine, d'un couteau et il venait de commettre un crime odieux, l'acte abominable que vous savez ; il avait une grande énergie et une grande force ; il était, je le répète, la bête fauve dont parlait hier M. l'Avocat Général. Est-ce que dès lors ces jeunes gens ont pu résister devant lui ? Est-ce qu'il ne faut pas les croire lorsqu'ils viennent nous dire qu'il n'y a pas eu obéissance de bon gré ?

N'y a-t-il pas eu, Messieurs, plus que cette obéissance passive que d'un mot on impose à quelqu'un ? Ecoutez-les : « Il nous a « forcés, la menace à la bouche, nous disant qu'il nous ferait « à nous ce qu'il venait de faire à un Français !

Leur crime est-il d'avoir cédé à ces injonctions ? Mais même nous, à leur place, qu'aurions-nous fait en un pareil moment, la nuit, sans armes, nous trouvant en présence d'un brigand de cette espèce ? Eux, ils n'ont pas su résister. Et parce que dans ce moment terrible ils ont cédé, vous décideriez que le bras de la justice doit s'abattre sur eux? Vous diriez : « Nous allons les condamner, nous allons être impitoyables, et retenir la circonstance de concomitance, l'effraction, la circonstance de nuit, de maison habitée ». Contre qui feriez-vous cela? Contre des hommes qu'on est allé réveiller soudain, qu'on a ramenés de force, et à qui on a crié brutalement : « Aidez-nous ou bien vous allez mourir comme le Français qui est là ! » Il n'est pas possible que vous puissiez avoir cette dureté.

Eh bien, je me reproche à l'heure actuelle de ne pas avoir peut-être assez d'énergie pour vous démontrer que des jeunes hommes qui ont obéi à ces menaces, à ces injonctions, ne peuvent pas être condamnés. S'ils le sont, c'est que j'aurai certainement été insuffisant devant vous, c'est que de mon cœur, de mon âme, ne seront pas sorties les paroles qu'il faut dire pour faire innocenter des malheureux qui, se trouvant en un pareil milieu, en un pareil moment, en face d'un pareil bandit, n'ont pas su résister. S'ils avaient résisté, ils seraient tombés comme Meyer, voilà la vérité.

La preuve qu'ils se trouvaient là en présence d'individus qui, venant d'attenter aux jours de Meyer, étaient capables de les tuer aussi par surcroît, c'est que ces individus, comme s'ils étaient assurés de l'impunité, vont jusqu'au bout de leur forfait et brûlent tranquillement les papiers qu'ils étaient allés prendre dans la maison de la douane. Ces papiers, on vous l'a dit, ils n'auraient pas pu être brûlés s'il s'était agi de voleurs ordinaires. Des voleurs ordinaires n'auraient pas ainsi brandi une torche dans la nuit, éclairé leur visage, risqué de se faire reconnaître. Les hommes qui opéraient là savaient qu'ils ne pouvaient être inquiétés, car personne n'aurait osé agir contre ces gens qui tous étaient des douaniers. De singuliers douaniers ! M. l'Avocat général vous l'a dit, l'un déclare avoir dormi d'un profond sommeil, l'autre, par hasard, avait pris ce jour-là de la quinine parce qu'il était malade. Quant aux autres, ils ne faisaient rien, n'entendaient rien, ne voyaient rien !

C'est dans ces conditions-là que mes deux clients ont été frappés, eux d'une terreur indéniable. Dès lors, Messieurs, ajouterez-vous à cette prévention qu'ils ont subi un châtiment parce qu'ils auraient reçu quelques pièces de monnaie ? La preuve d'ailleurs n'est pas faite absolument qu'ils ont reçu des douros.

Mais je veux même admettre qu'ils auraient reçu un peu d'argent. Est-ce que dans de telles conditions, cet argent ne leur a pas été donné comme à un ivrogne à qui on dit : « Veux-tu boire ? » et qui ne refuse pas de boire un coup. Eux, misérables, minables, ont pu recevoir quelques sous dans ces conditions ; le crime de les avoir acceptés vaut-il les peines qui viennent immédiatement après celle de la peine de mort, travaux forcés, réclusion ?... Je ne le crois pas. Vous penserez, Messieurs, que huit mois de carcan, qu'une année de prévention suffisent à cette faute, à cette imprudence qu'ils peuvent avoir commise, vous estimerez qu'ils sont assez punis par tout cela, eux qui ne sont pas des bandits de profession. Sur eux on ne vous a pas donné les renseignements qu'on vous donne sur Mokhtar, — que la douane chérifienne accueillait si facilement ! Je crois même, à ce sujet, que la famille Meyer pourra faire état plus tard de ces renseignements pour dire : « C'est donc là l'individu qu'on plaçait auprès d'un homme de devoir comme l'était le brigadier ! »

Mes clients, Messieurs, n'ont pas d'antécédents judiciaires, et leur conduite a toujours été bonne, chacun d'eux a des enfants. Ils n'ont pas trempé leurs mains dans le sang ; ils sont pauvres ; enfin ils n'ont tiré aucun profit de ce crime car lorsque M. le Conseiller Laugier — je le cite souvent parce que c'est lui qui a fait toute l'instruction — a voulu savoir s'ils avaient de l'argent, si l'on en avait trouvé chez eux, il a appris par commission rogatoire qu'il n'en avait pas été trouvé du tout ; pas un centime, rien, rien de suspect. Par conséquent, ni tache de sang ni argent.

Serez-vous donc impitoyables, Messieurs ? Ma faible voix ne sera-t-elle pas écoutée par vous, alors que vous êtes là en présence d'hommes qui n'ont été que des comparses, ainsi que vous le disait très justement Me Chavernac dans les quelques mots qu'il a pu prononcer à votre première audience et ainsi que vous l'avez entendu dans l'appel si éloquent qui vous a été adressé par l'avocat qui le substitue. Oui, les deux cousins n'ont été que des *comparses* qu'on menaçait de la carabine et de l'égorgement comme Meyer.

Dans ces conditions, est-ce que vous serez, contre eux, impitoyables ? Que serait alors la justice ?

Nous avons fait le bilan de ce triste procès ; nous avons dit ce qu'avait fait la justice militaire, et ce qu'a fait la justice consulaire. La première avait recherché les assassins et s'en était emparé, la seconde les a laissé partir. Mais faisons aussi le bilan de ceux qui, de près ou de loin, ont participé à cette affaire : les uns sont indemnes, les autres sont partis, tous, quels qu'ils soient, ceux que l'on nomme et ceux que l'on ne veut pas nommer. Et ceux qui sont ici, innocents, contre lesquels ne s'élève aucune preuve, aucun soupçon, subiraient toute la peine de cet épouvantable attentat ?... Serait-ce là de la justice ? Je ne le pense pas. Je ne peux pas croire que *sans preuve* une condamnation puisse intervenir.

En toute hypothèse d'ailleurs, contre Moulay Amar il n'en

peut intervenir aucune. Mais je vous demande aussi la liberté pour ses malheureux neveux.

Je vous avais dit, au début de ma plaidoirie — et maintenant que je suis à la fin, j'estime avoir tenu la promesse que je faisais de vous démontrer qu'ils n'ont pas trempé leurs mains dans le sang et qu'ils ne sont en aucune façon coupables d'assassinat. L'ai-je fait, Messieurs ? Je le pense, mais je crois vous avoir montré aussi que si la matérialité du vol existe, il n'y a pas de preuve d'une volonté criminelle. Or, c'est un élément essentiel que je rappelle devant vous, magistrats. Il faut, à côté de la matérialité du fait, la volonté, *la volonté criminelle*, la volonté absolue. Ceux que vous avez devant vous sont des gens à qui on a imposé un forfait, qui ont *subi une contrainte violente.*

Je ne suis pas seul à penser ainsi. Je ne suis pas seul à le déclarer. Hier, M. le Général Toutée et M. le lieutenant Garnier vous communiquaient leur pensée sur le crime, vous disaient à quoi ils l'attribuent, — quels en sont, à leur avis les véritables auteurs ou inspirateurs, — quelle peut être la participation et la part de responsabilité de ceux-ci.

Il ne m'est pas permis de décerner à M. le Général Toutée et à M. le lieutenant Garnier l'éloge très juste et si légitime que leur décernait mon confrère. Je m'honore d'être depuis plusieurs années l'ami intime de M. le Général Toutée, et je m'honore aussi d'avoir pour ami M. le lieutenant Garnier, le substitut du commissaire du Gouvernement qui a été mon contradicteur devant le Conseil de guerre d'Oran. Je ne veux donc pas froisser leur modestie, mais je puis vous attester que leurs témoignages et leurs appréciations sur les hommes et les choses de ce procès sont basés sur une connaissance parfaite de tout ce qui se passe là-bas et notamment de la mentalité indigène. Ils savent comment notre sécurité peut être assurée dans ces régions. Je m'adresse à eux, hommes de strict devoir, et je dis au général : « Vous étiez là, à l'avancée de l'armée, et le jour où elle ira à Fez par Tazza je sais quelqu'un qui regrettera fort de ne plus y être ; c'est vous

qui deviez y conduire vos belles troupes. » Eh bien ! Messieurs,
ces hommes de guerre offrant leurs poitrines pour joindre les
colonnes qui venaient de planter le drapeau français à Casablanca
et qui, avec une rivalité et une émulation qui les honorent,
allaient le planter aussi de leur côté, bien au delà de la frontière
algérienne, ces hommes viennent-ils en imposer à votre justice
lorsqu'ils vous déclarent, comme hier M. le Général Toutée :
« Ces gens sont évidemment des criminels... » (des criminels au
sens général du mot, voulait-il dire) » ...mais leur responsabilité me paraît être atténuée par la participation occulte d'une ou
de plusieurs personnes au crime qui motive leur présence sur la
sellette », ou lorsque M. le lieutenant Garnier vous disait : « Le
crime a eu pour mobile le désir qu'avaient certaines personnes
de se débarrasser du brigadier Meyer. Comment expliquer autrement la disparition des pièces comptables et leur destruction ?»

J'en ai fini, Messieurs.

Si c'est là la vérité, moi aussi, je vous crie, en me joignant
à mon jeune confrère : Comment la tête du premier accusé
pourrait-elle tomber ? Si, au milieu de ce mystère, vous croyez
qu'elle doit être tranchée, que feriez-vous alors aux pires assassins, à ceux qui n'ont pour eux aucune excuse, que quiconque
n'a poussé, derrière lesquels il n'y a personne ? Or, il est indiqué
par des personnalités autorisées comme M. le Général Toutée et
M. le lieutenant Garnier, qu'à côté ou derrière ceux-ci, il y a eu
quelqu'un. Aux autres criminels, que réserveriez-vous ? Faudrait-
il mettre une sorte de rallonge à la loi pénale ? Faudrait-il pour
ceux-là, avant de les exécuter, recourir à quelque supplice ?

Messieurs, écoutez les supplications de mon confrère, j'y joins
les miennes dans un intérêt de justice et d'humanité, après ce
que j'ai entendu de cette affaire. Je vous supplie de mettre en
liberté mes clients ! Ce qu'ils ont fait, ce qu'ils peuvent avoir
fait, est largement puni par la prévention qu'ils ont subie ; et si vous
prononciez une condamnation, j'emporterais, à côté du souvenir

reconnaissant de l'accueil que vous m'avez fait ici, en France, et dont je remercie principalement M. le Premier Président, — j'emporterais, dis-je, si une condamnation intervenait, le regret profond de n'avoir pas su peut-être faire l'effort qui convenait. Mais si *un doute plane sur la culpabilité* réelle, sur la volonté criminelle de mes clients Abdelkader et Ahmed, il y a dans tous les cas une *condamnation* qui, celle-là, ne fait aucun doute, qui peut être prononcée hardiment et sans aucun regret; c'est celle prononcée par *l'opinion publique*, et qui atteignant en toute hypothèse (n'est-ce pas, Monsieur l'Avocat général ?) *ceux qui*, alors qu'il s'agissait de l'assassinat ignoble, horrible d'un français, *ont oublié de faire tout leur devoir* de magistrats français, d'hommes et de citoyens de notre patrie bien-aimée.

(*Vive sensation dans l'auditoire*).

M. le Premier. — Monsieur l'Avocat Général a, je crois, une observation à faire ?

Je lui donne la parole.

OBSERVATION DE M. L'AVOCAT GÉNÉRAL

M. l'Avocat Général. — Je voudrais établir un point de fait qui est dans la procédure.

Il a été beaucoup question de Mustapha Semghouni et de sa mise en liberté. Or, voici une pièce datant du mois de mars 1911 que je trouve à la procédure sous le n° 132, et qui n'est pas fausse, je crois.

> Le Capitaine Guennebaud, Commissaire rapporteur près le Conseil de Guerre de l'Amalat d'Oudjda, à Monsieur le juge d'instruction près le tribunal consulaire d'Oudjda.

« Pour me permettre de répondre à la demande de Me Monbrun au sujet de ses clients....., j'ai l'honneur de vous prier de vouloir bien me faire connaître si, pour l'instruction de l'affaire des assassins d'Oudjda, vous avez besoin de la présence des trois indigènes Mustapha Semghouni, Mohamed ben Ahmed et Ahmed ben Abdelkader. Comme vous le savez, ces trois inculpés sont détenus depuis le mois d'octobre 1911 ».

Voici, Messieurs, la réponse de M. Ballereau :

« Je me propose de procéder, dans le courant de la semaine prochaine, à la reprise de l'instruction de l'affaire d'El-Heymer. J'aurai besoin, à cette occasion, d'entendre les indigènes dont vous me parlez. En conséquence, je vous serai obligé de vouloir bien conserver les intéressés à ma disposition ».

A la suite de cette lettre il y en a une autre que voici :

(Demande Oudjda, 21 mars).

« Le Capitaine Guennebaud, etc... »

« J'ai l'honneur de vous prier de vouloir bien me faire connaître s'il ne serait pas possible de mettre en liberté provisoire à Oudjda, à votre disposition, l'interprète Mustapha Semghouni, inculpé dans l'affaire d'El-Heymer. Il semble que son rôle dans cette affaire... »

— Il faut bien, Messieurs, donner à chacun ce qui lui revient. —

« ...il semble que son rôle dans cette affaire aurait été assez effacé. Les renseignements fournis sur cet inculpé sont excellents.

« En cas de réponse affirmative de votre part, je l'enverrai prendre vos ordres.

« Signé : GUENNEBAUD ».

Voilà donc une demande de mise en liberté qui émane du capitaine rapporteur du conseil de guerre, et dans laquelle il propose au commissaire rapporteur du gouvernement la mise en liberté provisoire de Semghouni, « parce que sa situation est effacée et qu'il n'y a aucune charge contre lui ».

Par conséquent, le reproche sur lequel on a insisté à chaque instant, et les charges qu'on n'a cessé de vouloir faire peser sur Semghouni, les voilà appréciées par le représentant du Conseil de Guerre.

La pièce dont je parle est à la procédure.

M. le Premier. — Avez-vous des observations à faire, Maître Clérico, Maître Monbrun, Maître Willm ?

(Réponses négatives.)

Maître Willm. — En réponse aux deux pièces que vient de lire M. l'Avocat Général, et sans vouloir du tout instituer une discussion qui d'ailleurs serait trop tardive, je ferai observer que cette lettre du capitaine Guennebaud a été écrite à un moment où l'instruction n'appartenait plus à l'autorité militaire ; le capitaine Guennebaud n'avait plus alors aucune responsabilité dans l'affaire.

M. l'Avocat Général. — C'était au moment où on passait l'instruction !

Maître Willm. — Elle n'appartenait plus à l'autorité militaire !

RÉSUMÉ DE LA PLAIDOIRIE POUR LES ACCUSÉS

M. le Premier. — Interprète, faites lever les deuxième, troisième et quatrième accusés.

Dites-leur que leur avocat, Me Monbrun, vient de plaider en demandant l'acquittement de l'oncle, Moulay Amar ben Ali.

Ensuite que leur avocat a demandé l'acquittement d'Abdelkader et de Mohamed ben Ahmed en ce qui concerne la complicité d'assassinat. (*L'interprète traduit les phrases à mesure*).

Qu'il a demandé également l'acquittement de Mohamed ben Abdelkader en ce qui concerne le vol, parce qu'il aurait agi surtout sous l'impulsion d'autres personnes.

Nous allons maintenant demander aux accusés s'ils ont quelque chose à ajouter pour leur défense.

Interprète, vous allez d'abord interpeller Si-Ahmed ben Moktar, le premier accusé. Demandez-lui s'il a quelque chose à ajouter à la défense qui a été présentée pour lui.

L'interprète. — Il n'a rien à ajouter ; c'est Semghouni qui l'a mis dans ce « travail » (*sic*). Et lui, il n'a rien fait.

M. le Premier. — Faites-lui remarquer une dernière fois que la Cour va délibérer sur son sort, qui est très grave ; et que s'il a la vérité à nous apporter, c'est le moment de s'expliquer. Lorsque la Cour délibérera, il sera trop tard.

L'interprète. — Il déclare qu'il a dit la vérité.

M. le Premier. — Demandez à Abdelkader s'il a quelque chose à ajouter à la défense. (*Réponse négative*).

Posez la même question à Mohamed ben Ahmed.

L'interprète. — Il dit que lui, il a quelque chose à indiquer : il était chez lui, il dormait, et il n'avait pas connaissance de tout cela jusqu'à ce qu'on soit venu le chercher pour l'arrêter.

M. le Premier. — Demandez maintenant à Moulay Amar ben Ali s'il a quelque chose à ajouter à la défense. Posez la même question au vieux Mokhtar. (*Réponses négatives*).

LES QUESTIONS POSÉES A LA COUR

M. le Premier. — Monsieur le Greffier, veuillez donner lecture des questions.

M. le Greffier. — (*Lisant*) :

Si-Ahmed ben Mokhtar est-il coupable d'avoir, à El-Heymer, volontairement donné la mort au sieur Meyer, brigadier des douanes, à El-Heymer ?

A-t-il agi avec préméditation ? A-t-il agi avec guet-apens ?

L'homicide volontaire a-t-il précédé, accompagné ou suivi le fait de vol ?

Le nommé Ahmed ben Abdelkader est-il coupable de s'être, dans la nuit du 20 au 21 octobre 1911, rendu complice du crime d'homicide volontaire dans les conditions ci-dessus spécifiées, en aidant ou assistant, avec connaissance de l'auteur ou des auteurs du crime d'homicide volontaire, dans les faits qui l'ont préparé ou facilité ou dans ceux qui l'ont consommé ?

Le nommé Mohamed ben Ahmed est-il coupable de s'être rendu complice etc... (*Même question que pour le précédent*).

Si-Ahmed ben Mokhtar est-il coupable d'avoir à El-Heymer, dans la nuit du 20 au 21 octobre 1911, soustrait frauduleusement un coffre-fort contenant une certaine somme d'argent, au préjudice du trésor chérifien?

Le nommé Ahmed ben Abdelkader est-il coupable d'avoir, dans la nuit du 20 au 21 octobre 1911 soustrait frauduleusement etc... (*Même question que pour le précédent*).

Le nommé Mohamed ben Ahmed est-il coupable etc... (*Même question*).

Cette soustraction a-t-elle été commise la nuit ?

En réunion de deux ou plusieurs personnes ? Dans des lieux habités?

Avec effraction à l'intérieur ?

Les coupables étaient-ils porteurs d'armes apparentes ou cachées ?

Ont-ils menacé de faire usage de leurs armes ?

Moulay Amar ben Ali est-il coupable de s'être, à El-Heymer, pendant la nuit du 20 au 21 octobre 1911, rendu complice du vol ci-dessus spécifié en aidant ou assistant, avec connaissance de l'auteur ou des auteurs du crime, dans les faits qui l'ont préparé... ou dans ceux qui l'ont consommé ?

Mokhtar ben Abdelmoumen est-il coupable de s'être rendu complice du crime de vol ci-dessus spécifié etc... en recélant tout ou partie de la somme volée ?

COMMUNICATION DES QUESTIONS AUX ACCUSÉS.

M. le Premier. — Interprète, dites aux cinq accusés que le greffier vient de donner lecture des questions aux termes desquelles :

Si Ahmed est accusé *d'assassinat* et de *vol*.

Ahmed ben Abdelkader et *Mohamed ben Ahmed* sont accusés de *complicité* d'assassinat et de vol.

A *Moulay Amar*, le quatrième accusé, on reproche la *complicité du vol* par aide et assistance.

Le dernier accusé, *Mokhtar père* est accusé de complicité de vol par *recel*.

La Cour va se retirer pour en délibérer.

(L'audience est suspendue pendant quelques minutes et reprise à 4 heures 5).

RÉSULTAT DES DÉLIBÉRATIONS

M. le Premier. — L'audience est reprise.

Voici le résultat des délibérations de la Cour ;

« L'accusé *Si-Ahmed ben Mokhtar* est reconnu *coupable* du crime *d'assassinat* dans les circonstances relevées, du crime de *vol* avec concomitance, à la majorité des deux tiers des voix.

Et à la majorité des deux tiers des voix, il y a également des *circonstances atténuantes* en faveur de l'accusé.

Les deux accusés *Abdelkader* et *Mohamed ben Ahmed* sont reconnus coupables uniquement du crime de *vol* avec toutes les circonstances relevées. »

Le verdict est *négatif* en ce qui concerne les *deux autres* accusés.

LECTURE DU VERDICT

M. le Premier. — Greffier, veuillez donner lecture du verdict en lui-même.

M. le Greffier. (*lisant*).

AU SUJET DE L'ASSASSINAT :

Si-Ahmed ben Mokhtar est-il coupable d'avoir, à El-Heymer, dans la nuit du 20 au 21 octobre 1911, *volontairement donné la mort* au sieur Meyer, brigadier des douanes à El-Heymer ?

Réponse. — OUI, à la majorité des deux tiers des voix.

Si-Ahmed ben Mokhtar a-t-il agi avec *préméditation* ?

R. — OUI, à la majorité des deux tiers des voix.

A-t-il agi avec *guet-apens* ?

R. — OUI à la majorité des deux tiers des voix.

Le crime d'homicide volontaire ci-dessus spécifié a-t-il précédé, accompagné ou suivi le crime de vol ci-dessus spécifié ?

Réponse. — OUI, à la majorité des deux tiers des voix.

Le nommé Ahmed ben Abdelkader est-il coupable de s'être, à El-Heymer, pendant la nuit du 20 au 21 octobre 1911, rendu *complice* du crime d'homicide volontaire ci-dessus spécifié, en aidant ou assistant, avec connaissance de l'auteur ou des auteurs du dit crime d'homicide volontaire, dans les faits qui l'ont préparé ou facilité, ou dans ceux qui l'ont consommé ?

R. — NON, à la majorité des deux tiers des voix.

Mohamed ben Ahmed est-il coupable etc... (*Même question que le précédent*).

R. — NON, à la majorité des deux tiers des voix.

SUR LE VOL :

Si-Ahmed ben Mokhtar est-il coupable d'avoir, à El-Heymer, dans la nuit du 20 au 21 octobre 1911, *soustrait* frauduleusement un coffre-fort contenant une certaine somme d'argent au préjudice du trésor chérifien ?

R. — OUI, à la majorité des deux tiers des voix.

Même question et même réponse pour Ahmed ben Abdelkader et Mohamed ben Ahmed.

Cette soustraction frauduleuse a-t-elle été commise la nuit ?
R. — OUI, à la majorité des deux tiers des voix.

En *réunion* de deux ou plusieurs personnes ?
R. — OUI, à la majorité des deux tiers des voix.

Dans une *maison habitée* ou servant à l'habitation ?
R. — OUI, à la majorité des deux tiers des voix.

Avec *effraction* à l'intérieur etc...
R. — OUI, à la majorité des deux tiers des voix.

Les coupables... étaient-ils *porteurs d'armes* apparentes ou cachées ?
R. — OUI, à la majorité des deux tiers des voix.

Ont-ils menacé de faire usage de leurs armes ?
R. — NON, à la majorité des deux tiers des voix.

Moulay Amar ben Ali est-il coupable de s'être, dans la nuit du 20 au 21 octobre 1911, rendu *complice* du vol ci-dessus spécifié, en aidant ou assistant, et connaissant l'auteur ou les auteurs du crime de vol, dans les faits qui l'ont préparé ou facilité, ou dans ceux qui l'ont consommé ?
R. — NON, à la majorité des deux tiers des voix.

Mokhtar ben Abdelmoumen est-il coupable de s'être, dans la nuit du 20 au 21 octobre 1911, rendu complice du crime de vol ci-desssus spécifié, en recélant tout ou partie de la somme volée ?
R. — NON, à la majorité des deux tiers des voix.

SUR LES CIRCONSTANCES ATTÉNUANTES :

Y a-t-il des circonstances atténuantes en ce qui concerne le nommé Si-Ahmed ben Mokhtar ?
R. — OUI, à la majorité des deux tiers des voix.

COMMUNICATION DU VERDICT AUX ACCUSÉS

M. le Premier. — Interprète Hammar, expliquez à Ahmed ben Mokhtar qu'il est reconnu coupable du crime d'assassinat.

(*La phrase est traduite*).

Et qu'il est reconnu coupable du crime de vol qualifié.

Qu'il y a, à la majorité des deux tiers des voix, des circonstances atténuantes en sa faveur.

Dites à Abdelkader qu'il est reconnu seulement coupable du crime de vol qualifié.

Avec cette circonstance qu'il y a eu effraction, et qu'ils étaient plusieurs, la nuit.

Dites à Mohamed qu'il est reconnu coupable uniquement du crime de vol qualifié.

Dites aux deux derniers accusés qu'ils sont reconnus innocents des crimes relevés contre eux.

Je vais donner lecture de l'arrêt.

ARRÊT

SUR L'ACQUITTEMENT DE MOULAY AMAR ET DE MOKHTAR PÈRE.

Nous, Premier Président, Président de la Cour Criminelle des Echelles du Levant et de Barbarie ;

En vertu des pouvoirs qui nous sont conférés par l'article 538 du Code d'instruction Criminelle ;

Vu la déclaration dont il vient d'être donné lecture et de laquelle il résulte que les accusés Moulay Amar ben Ali et Mokhtar ben Abdelmoumen sont reconnus innocents des crimes qui étaient relevés contre eux, ordonnons qu'ils soient mis en liberté en raison de l'acquittement qui est prononcé, *à moins qu'ils ne soient retenus pour autres causes.*

UNE ADJURATION DE M. LE PRÉSIDENT

M. le Premier. Interprète, expliquez à ces deux accusés qu'ils sont acquittés en ce qui concerne l'assassinat et le vol du coffre-fort.

M. le Premier. — Monsieur l'Avocat Général a-t-il une observation à faire. ?

M. l'Avocat Général. — Je requiers l'application de la loi.

M. le Premier. — Maître Clérico ?....
Maître Willm ?....
Maître Monbrun ?...

Maître Monbrun. — Je demande toute l'indulgence de la Cour, et je la prie de vouloir bien aller, s'il est possible, jusqu'à la peine la plus minime dans l'application de la loi.

M. le Premier. — Interprète, expliquez à Si-Ahmed qu'il doit se prononcer, s'il a des explications à fournir à la Cour, sur la peine même dont il est l'objet. Il faut lui demander s'il a des observations à faire sur l'application de la peine.

L'interprète. — Il dit que les paroles qu'il a dites sont bien la vérité. Il réclame toute votre indulgence.

M. le Premier. — Demandez à Abdelkader et à Mohamed s'ils ont des explications à fournir sur l'application de la peine.

(Réponses négatives.)

DÉLIBÉRÉ SUR L'APPLICATION DE LA PEINE

M. le Premier. — « Vu la délibération de la Cour dont il a été donné lecture et portant qu'à la majorité des deux tiers des voix, le nommé Si-Ahmed ben Mokhtar est reconnu coupable du crime d'assassinat et de vol qualifié avec concomitance ;

« Que la Cour a admis, à la majorité des deux tiers des voix également, des circonstances atténuantes en sa faveur ;

« Que de la même déclaration résulte la reconnaissance de culpabilité contre les nommés Abdelkader et Mohamed du crime de vol qualifié avec les circonstances résultant du verdict dont il a été donné lecture ;

« Après avoir entendu M. l'Avocat général, Mᵉ Clérico et Mᵉ Monbrun, défenseurs des accusés reconnus coupables ; les trois accusés eux-mêmes, lesquels ont eu la parole les derniers ;

« Considérant que les faits reconnus tombent sous l'application des articles suivants du Code Pénal : 296 (Meurtre-assassinat) ; 298 (Définition du guet-apens) ; 302 et 304 (Peine de mort) ; 381 (Sur les vols) ; 384 (Travaux forcés) ;

(*M. le Premier Président donne lecture de ces textes, ainsi que de l'article 396 du Code Pénal sur la définition de l'effraction intérieure*).

« En même temps que la déclaration donne lieu à l'application de l'article 463 sur les circonstances atténuantes (*dont lecture est faite*) ;

« Vu également la loi sur la contrainte par corps (Loi du 22 juillet 1867),

« Vu également les articles 44 et 45 du Code Pénal sur l'interdiction de séjour,

« LA COUR,

« Statuant toujours à la majorité des deux tiers des voix ;

« Prononce contre le nommé *Si-Ahmed ben Mokhtar* la peine des *travaux forcés à perpétuité* ;

« Prononce contre le nommé *Ahmed ben Abdelkader* la peine de *douze années de travaux forcés* ;

« Contre le nommé *Mohamed ben Ahmed*, la peine de *douze années de travaux forcés* ;

« Fixe à *dix ans l'interdiction de séjour*, après en avoir délibéré... » ;

M. le Premier. — L'interdiction de séjour ne vise que les deux cousins, Si Ahmed ayant une peine perpétuelle à exécuter.

« ... Dit que les condamnés supporteront solidairement les frais de la procédure ;

« Contrainte par corps, en ce qui concerne les accusés, fixée au minimum ».

COMMUNICATION DE L'ARRÊT AUX ACCUSÉS

M. le Premier. — Interprète, vous allez traduire mes phrases une par une.

Expliquez à *Si Ahmed ben Mokhtar* qu'il est condamné aux travaux forcés à perpétuité.

Dites-lui, dès à présent, qu'il a trois jours francs pour se pourvoir en cassation contre l'arrêt, et que s'il forme son pourvoi, il n'a qu'à faire appeler M. le Greffier.

Dites-lui qu'il est condamné en même temps aux frais de la procédure.

Expliquez à *Abdelkader* qu'il est condamné pour vol à douze années de travaux forcés.

En même temps qu'à dix années d'interdiction de séjour.

Faites-lui la même recommandation qu'à Ahmed pour le pourvoi en cassation.

Dites-lui qu'il est condamné, en même temps, aux frais...

Avertissez *Mohamed ben Ahmed*, le troisième accusé, qu'il est condamné à douze années de travaux forcés.

Et à dix années d'interdiction de séjour, —

Qu'il peut également se pourvoir en cassation,

Qu'il est condamné aux frais du procès.

Dites à Abdelkader et à Mohamed qu'ils sont condamnés tous deux à la contrainte par corps au minimum.

Vous avez bien dit aux trois accusés : Ahmed, Abdelkader et Mohamed, qu'ils ont trois jours francs pour se pourvoir ?

L'interprète. — Oui, Monsieur le Premier.

Maître David, avoué. — La Cour voudrait-elle me donner la parole ?

M. le Premier. — Vous avez la parole.

LE DÉBAT SUR L'ALLOCATION
DE DOMMAGES-INTÉRÊTS

Maître David, avoué. — *Je maintiens les conclusions* que j'ai versées au débat tendant à ce qu'il plaise à la Cour *condamner aux dommages-intérêts les trois condamnés* Si-Ahmed ben Mokhtar, Ahmed ben Abdelkader et Mohamed ben Ahmed.

M. le Premier. — Vous maintenez vos conclusions contre les trois ?

Maître Willm, avocat de la partie civile. — Mais oui, Monsieur le Premier, nous les maintenons.

Je rappelle à la Cour qu'en ce qui concerne les trois accusés que vous venez de frapper, il y a lieu d'envisager pour la partie civile, source de deux préjudices.

Il y a d'abord un préjudice moral dont vous devez comprendre la portée et l'étendue, sur lequel je n'insiste pas, et qui, hélas ! n'est pas évaluable en argent, mais qui cependant doit être l'objet d'une réparation, quand ce ne serait que pour faire comprendre aux accusés condamnés le degré d'horreur qu'inspire le forfait qu'ils ont commis.

Mais il y a un autre élément d'appréciation. Vous n'oublierez pas que je porte la parole au nom d'un vieillard dont le fils chéri, le brigadier Meyer, avait poussé à l'extrême limite l'esprit de sacrifice pour sa famille, puisque sur ses modestes appointements il prélevait tous les mois une somme destinée aux siens.

M. le Premier. — Nous vous avons entendu. On peut vous faire remarquer cependant qu'un seul accusé est retenu comme convaincu d'assassinat.

Maître Willm. — J'entends bien, Monsieur le Premier, et sur ce point il appartiendra à la Cour d'apprécier ; mais je me permettrai de faire observer que la Cour a retenu au moins en principe la culpabilité et la complicité des trois accusés dans un trait de temps dont il est difficile de déterminer la durée exacte ; il n'est peut-être pas impossible de soutenir que le vol, qui a accompagné ou suivi immédiatement le crime, n'a pu être accompli que par les accusés présents sur les lieux et qui ont pu prendre une part quelconque à la scène du meurtre, et que le vol lui-même était destiné à assurer l'impunité des auteurs de l'assassinat.

M. le Premier. — Avez-vous une observation à faire, Maître Clérico ?

(*Réponse négative*).

Maître Monbrun. — Permettez-moi, Monsieur le Premier Président, de prendre la parole. Je ne puis que m'en rapporter à la sagesse de la Cour. Etant donné les dernières observations de Me *Willm*, je vous demande, Messieurs, de *rejeter ses conclusions* en temps qu'elles tendent à faire condamner conjointement et solidairement le second et le troisième des accusés à la réparation civile qui est sollicitée.

La Cour vient, par un arrêt solennel, de déclarer les accusés dont je parle innocents du chef de l'assassinat et d'en acquitter deux autres. Donc, à raison de quoi demande-t-on une réparation ? A raison du préjudice matériel et moral causé à Meyer et à sa famille. Or, eux ne l'ont pas causé !

Néanmoins l'adversaire fait une objection. Il déclare qu'il y a eu une concomitance. Cette concomitance n'existe pas s'il n'y a aucun rapprochement à faire. Au contraire : les faits sont dégagés complètement, et c'est parce qu'ils sont dégagés, je pense, que la Cour a rejeté l'assassinat.

D'autre part, on ne peut pas dire qu'un préjudice matériel aurait été causé provenant du vol, puisque l'argent volé appartenait à la caisse chérifienne, et que même il ressort des débats que le seul argent pouvant appartenir à Meyer était une somme de cinquante francs qui se trouvait dans une de ses poches ainsi que l'ont dit M. le Général Toutée et M. le lieutenant Garnier ;

or, — et c'était là un argument puissant de la défense, — cette somme n'a pas été volée ; nous le savons tous aujourd'hui.

Dans ces conditions, moi Abdelkader et moi Mohamed ben Ahmed, je n'ai causé à la famille Meyer aucune espèce de préjudice, et je demande à la Cour de rejeter les conclusions de la partie civile en ce qui concerne la condamnation solidaire qu'elle requiert contre mes deux clients et le premier des accusés.

M. le Premier. — Je ne serais pas obligé, Messieurs, de faire connaître ceci aux accusés, puisqu'il s'agit d'une discussion au civil ; mais notre débat sera plus complet si je les interpelle.

Interprète, faites lever les accusés.

Faites comprendre à Ahmed ben Mokhtar et aux deux cousins, que le père du brigadier Meyer réclame 50.000 francs de dommages-intérêts.

L'interprète. — Ahmed dit que celui qui a tué, « qu'il paiera ». (*sic*).

M. le Premier. — La Cour va se retirer pour délibérer sur les conclusions de la partie civile.

L'audience est suspendue pendant quelques minutes)

A la reprise M. le Premier Président donne lecture de l'arrêt suivant :

ARRÊT

ALLOUANT QUINZE MILLE FRANCS DE DOMMAGES-INTÉRÊTS A M. MEYER PÈRE.

« Vu l'arrêt de condamnation qui vient d'être prononcé contre :

« 1º le nommé Si-Ahmed ben Mokhtar, reconnu coupable du crime d'assassinat sur la personne du brigadier des douanes Meyer et du crime de vol qualifié ;

« 2º les nommés Ahmed ben Abdelkader et Mohamed ben Ahmed, acquittés sur le chef de complicité dans l'assassinat de Meyer et reconnus coupables du crime de vol qualifié ;

« Vu l'acquittement des nommés Moulay Amar ben Ali et Mokhtar ben Abdelmoumen ;

« Vu les conclusions prises au nom du sieur Meyer père, partie civile, tendant à obtenir des cinq individus ci-dessus des dommages-intérêts et formulant des réserves ;

« Considérant que l'assassinat du brigadier des douanes Meyer atteignant son père dans ses plus chères affections, lui a causé, au point de vue matériel, un grave préjudice ; que Meyer fils, resté célibataire, fonctionnaire esclave de son devoir pouvant compter sur une honorable carrière, soutenait à l'aide de ses appointements son père parvenu à un âge avancé ; que la demande de la partie civile se trouve donc amplement justifiée au regard de Si-Ahmed ben Mokhtar, condamné aux travaux forcés à perpétuité pour avoir assassiné au poste d'El-Heymer dans l'amalat d'Oudjda (Maroc) le brigadier des douanes Meyer ;

« Considérant d'autre part que le dommage dont la partie civile poursuit la réparation ne saurait se rattacher au vol du coffre-fort qui a accompagné l'assassinat ; que les valeurs, objets et papiers soustraits ou détruits étaient complètement étrangers au patrimoine de la victime ; que l'argent dont le brigadier Meyer était porteur au moment où dans la nuit du 20 au 21 octobre 1911 il a été tué, n'a pas été soustrait ; qu'il n'y a pas lieu dès lors d'étendre aux autres accusés qui étaient traduits devant la Cour criminelle des Echelles du Levant et de Barbarie avec Si-Ahmed ben Mokhtar la condamnation que la partie civile obtient par le présent arrêt ;

« Considérant que la Cour trouve dans les faits et documents de la cause des éléments suffisants pour évaluer le préjudice souffert ; qu'il échet, à la demande de la partie civile, de lui donner acte de ses réserves ;

PAR CES MOTIFS,

« Après avoir entendu Me Willm, avocat du sieur Meyer père, M. l'Avocat général, Me Clérico avocat des nommés Si-Ahmed ben Mokhtar et Mokhtar ben Abdelmoumen et ses clients eux-mêmes, Me Monbrun avocat des nommés Ahmed ben Abdelkader, Mohamed ben Ahmed, Moulay Amar ben Ali et ses clients eux-mêmes, lesquels ont eu la parole les derniers ; et après en avoir délibéré selon la loi,

LA COUR :

« Condamne le nommé Si-Ahmed ben Moktar à payer au sieur Meyer père, avec les intérêts de droit, la somme de quinze mille francs à titre de dommages-intérêts ; le condamne également aux dépens liquidés à...

« Donne acte à la partie civile de ses réserves de poursuivre, devant toute juridiction que de droit, toutes personnes civilement responsables du crime commis par le nommé Si-Ahmed ben Mokhtar ;

« Déboute la dite partie civile du surplus de ses conclusions ;

« Ordonne que le présent arrêt sera exécuté à la diligence du Procureur général en ce qui le concerne ».

Me David, avoué. — Dans mes conclusions, Monsieur le Premier, il y avait des réserves de poursuivre toutes personnes pouvant être civilement responsables...

M. le Premier. — Je continue.

« LA COUR,

« Renouvelle les réserves.. ;

« Condamne aux dépens Ahmed ben Mokhtar ;

« Condamne et dit qu'Abdelkader et Mohamed sont exempts de tous dépens... ; »

Me David avoué. — De ce chef ?

M. le Premier. — «... Renouvelle au besoin les réserves qui ont été faites au nom de la partie civile de poursuivre le recouvrement de l'indemnité contre toutes personnes en faisant valoir ses droits ».

M. le Premier. — Messieurs, nous allons lever l'audience.

Gendarmes, vous pouvez emmener à la prison les trois accusés qui sont retenus et qui font l'objet des condamnations prononcées.

(L'audience est levée à 5 heures 1/4.

TABLE DES MATIÈRES

PREMIÈRE AUDIENCE

RAPPORT DE M. LE CONSEILLER DUMAS

DEUXIÈME AUDIENCE

PLAIDOIRIE DE MAITRE WILLM
SUR LA QUESTION DE COMPÉTENCE

PLAIDOIRIE DE MAITRE MONBRUN

DÉFENSEUR DE MOHAMED BEN AHMED, D'AHMED BEN ABDELKADER
ET DE MOULAY AMAR BEN ALI,
(POUR DÉVELOPPER LES MÊMES CONCLUSIONS QUE LA PARTIE CIVILE.)

PLAIDOIRIE DE MAITRE CHAVERNAC

DÉFENSEUR DU PRINCIPAL ACCUSÉ SI-AHMED BEN MOKHTAR
ET DE SON PÈRE MOKHTAR BEN ABDELMOUMEN.

CONCLUSIONS DE M. L'AVOCAT GÉNÉRAL ARRIGHI
(SUR LA QUESTION DE LA COMPÉTENCE).

TROISIÈME AUDIENCE

QUATRIÈME AUDIENCE

DÉPOSITION DE M. LE GÉNÉRAL TOUTÉE

DÉPOSITION DE M. LE LIEUTENANT GARNIER

MONTDIDIER